करो या मरो

अगले CYBER ATTACK से बचने के लिए ज़रूरी क़दम

डॉ. ऋषि आचार्य

INDIA • SINGAPORE • MALAYSIA

ISBN 979-8-89588-386-0

भूमिका

आज की दुनिया में हम जब भी swipe, click, या tap करते हैं, हम एक digital दुनिया में प्रवेश करते हैं जहाँ एक तरफ बहुत सारी opportunities हैं, वहीं दूसरी तरफ अनदेखे खतरे भी छिपे होते हैं। Digital age ने हमें बहुत सी सुविधाएं दी हैं जो पहले कभी हम सोच भी नहीं सकते थे, लेकिन साथ ही, इसके साथ cyber threats भी लगातार बढ़ रहे हैं। Cyber security अब choice का विषय नहीं है; ये अब survival की बात है। इस किताब का नाम **"करो या मरो"** इसलिए रखा गया है क्योंकि ये समस्या जितनी बड़ी है, उतनी ही urgent भी। आपकी digital safety अब सिर्फ एक choice नहीं, बल्कि life or death का सवाल बन चुका है, और इस पर action लेने का वक्त तेजी से खत्म हो रहा है।

बढ़ते हुए खतरे

Cyber attacks अब सिर्फ governments और corporations तक सीमित नहीं रहे हैं। अब ये आम आदमी तक पहुंच चुके हैं। Phishing scams, ransomware, data breaches, और identity theft, इन सभी cyber threats का आंकड़ा दिन-ब-दिन बढ़ता जा रहा है। **Indian Computer Emergency Response Team (CERT-IN)** की report के अनुसार, 2022 में भारत में 13.91 लाख

से ज्यादा cyber security incidents हुए। दुनिया भर में स्थिति और भी खतरनाक है। **Cyber security Ventures** की एक रिपोर्ट के मुताबिक, 2025 तक cyber crime की cost $10.5 trillion yearly हो जाएगी। ये सिर्फ numbers नहीं हैं; ये उन लोगों की ज़िन्दगी हैं जिनका data चोरी हुआ है, savings लूटी गई है, और privacy का उल्लंघन हुआ है।

लेकिन अफसोस की बात ये है कि इतने बड़े खतरे के बावजूद, आम जनता में जागरूकता की कमी है। सरकार, educational institutions और यहां तक कि corporate sectors के द्वारा किये जा रहे प्रयास सराहनीय तो है पर काफ़ी नहीं है। इस समय तक भी हम Schools और colleges में भी cyber security जैसे विषय को प्राथमिकता नहीं दे सके है। कितनी बार आपने सुना है कि बच्चों या बड़ों को online threats से बचने के तरीके सिखाए जा रहे हैं? इसका नतीजा बहुत भयानक है। 2023 की एक बडी आईटी कंपनी के द्वारा किये गए सर्वे के अनुसार, भारत में 60% से भी ज्यादा internet users ये तक नहीं जानते कि अपने devices को secure कैसे करें। इसका मतलब हमारे देश में हर दस मे से छह से भी ज्यादा लोग अपनी साइबर सुरक्षा में अभी भी कमज़ोर है

Action लेने का वक्त आ गया है

इस किताब का मकसद है इस gap को भरना। **"करो या मरो"** हमारी team के सैकडों घंटों की मेहनत, research और practical अनुभव का नतीजा है। हमने leading cyber security experts के साथ in-depth interviews किए, कई high-profile cyber attacks को study किया ताकि आम digital life में उनसे क्या सीखा जा सकता

है, ये जान सकें। इसलिए ये किताब आम आदमी के लिए लिखी गई है, न कि सिर्फ technical experts के लिए।

Market में cyber security पर कई किताबें मौजूद हैं, लेकिन उनमें से ज्यादातर या बहुत भारी भरकम तकनीकी विषयों से भरी है या फिर बहुत ही साधारण बातों से। उनमें से भी अधिकतर किताबों का English में होना उन्हें आम हिंदी भाषी पाठकों के लिए समझना बडा कठिन काम बना, हालाँकि मेरे लिए बतौर लेखक ये आसान होता की मैं इसे English में लिख देता लेकिन फिर भी मैंने ये कठिन रास्ता चुना क्यों की ये केवल एक पुस्तक नहीं है , ये मेरी हर उस आम आदमी के लिए चिंता है जो इन्ही कारणों की वजह से अपनी cyber सुरक्षा से दूर है, इसलिए बाकि किताबों से "करो या मरो" अलग है। इसे लिखने के लिए मैंने जिस हिंदी का या Hinglish का सहारा लिया है उसमे हिंदी , उर्दू, अंग्रेजी सभी तरह के शब्द घुले मिले है क्यों की मकसद हिंदी साहित्य का कोई पुरस्कार जीतना नहीं आपसे सीधा संवाद करना है | ये सीधी-सादी और practical guide है जो आपको अभी के अभी steps लेने के लिए inspire करेगी। हम आपको theoretical बातें नहीं बताएंगे; बल्कि हम आपको real-world solutions देंगे जिनसे आप अपनी digital security को बेहतर बना सकते हैं।

ये किताब क्यों जरूरी है

समय के साथ साथ Cyber criminals बहुत चालाक होते जा रहे हैं, और उनके पसंदीदा target वो लोग होते हैं जो technology से बहुत परिचित नहीं हैं—जैसे बच्चे, बुजुर्ग, या वो लोग जो digital दुनिया के बारे में ज्यादा नहीं जानते। अगर आपको लगता है कि आप target नहीं हैं, तो फिर से सोचिए। Cyber criminals को इस बात से फर्क नहीं पड़ता कि आप technology expert हैं या नहीं; वे बस आपके जागरूकता की कमी का फायदा उठाते हैं।

इस किताब का मकसद है हर age group को secure करना। Cyber crime आज के समय में किसी को भी प्रभावित कर सकता है, और ignorance अब कोई option नहीं है। याद रखिये अगर आप अपनी और अपने पैसों और data की सुरक्षा केवल कंपनियों और सरकार के भरोसे छोड़ कर बैठे है तो शायद Cyber criminals के लिए आपसे बेहतर शिकार और कोई नहीं है। चाहे आप student हों, working professional हों, या Senior Citizen, इस किताब में दी गई जानकारी आपको और आपके परिवार को digital age में सुरक्षित रख सकती है।

स्कूलों और कॉलेजों में इसका महत्व

हमारा मानना है कि cyber security education की शुरुआत school level पर होनी चाहिए। ये किताब सिर्फ बड़ों के लिए नहीं है, बल्कि इसे schools और colleges में core subject के रूप में introduce किया जाना चाहिए। आज की generation एक ऐसी दुनिया में पलेगी जहाँ digital life और भी prominent होगी, और उन्हें सुरक्षित रखने की जिम्मेदारी हमारी है।

लेकिन ये किताब सिर्फ बच्चों के लिए नहीं है। हमारें बुजुर्ग और senior citizens के लिए भी ये और भी critical है। Cyber criminals अक्सर 55 वर्ष से ऊपर के वयस्कों और बुज़र्गों को target करते हैं क्योंकि वो digital security practices से कम familiar होते हैं। **"करो या मरो"** simple step-by-step instructions देती है, जिन्हें कोई भी follow कर सकता है।

आगे की राह

इस किताब को लिखते वक्त हमें कई ऐसे लोगों की कहानियां मिलीं जो cyber risks को लेकर बिल्कुल unaware थे, जब तक कि बहुत देर नहीं हो गई। ये कहानियां दुखद हैं, लेकिन अनोखी नहीं। आपके आसपास भी इस विषय पर थोडी से बात निकालते ही ऐसे खबरें बारिश की बूँदों की तरह बरसने लगेगी। शायद आपके पास भी सुनाने के लिए कई किस्से होंगे। Cyber security का दायरा तेजी से बदल रहा है, और cyber criminals के tactics हर दिन और advanced होते जा रहे हैं। हम अब passive observers नहीं बन सकते। हमें action लेना होगा, और वो भी अभी।

एक खास बात जो इस किताब को लिखते समय मैंने ध्यान रखी है वो है क्या करना है ये बताने से पहले क्या जानना है इस बारें में लिखना। अगर आपने इसके पहले Cyber security जैसे विषय पर कोई किताब नहीं पढ़ी हो तो भी इस किताब को पढ़ते पढ़ते आप इस विषय को प्रारंभिक रूप से बहुत कुछ समझ लेंगे क्यों की मेरा मानना है की अगर सही इलाज करना हो तो मर्ज को पहले समझना पडेगा|

इस किताब में दिए गए tools, tips और check lists theoretical नहीं हैं; ये real-world scenarios पर आधारित हैं और practical solutions देते हैं। चाहे वो two-factor authentication setup करना हो, phishing emails को पहचानना हो, या regular software updates की importance समझना हो, **"करो या मरो"** वो solutions देती है जिनसे आप ,आपका परिवार और आपका व्यापार digital world में सुरक्षित रह सकते हैं।

हकीकत ये है: हम एक ऐसे युग में जी रहे हैं जहाँ cyber threats हर जगह हैं, और इन्हें ignore करने के परिणाम विनाशकारी हो सकते हैं। **"करो या मरो "** सिर्फ एक किताब नहीं है; ये एक call to action है। ये एक guide है जिसे हर किसी को पढ़ना और follow करना चाहिए—चाहे वो student हो या senior citizen। हमारी उम्मीद है कि ये किताब न सिर्फ आपको online सुरक्षित रखेगी, बल्कि आपको digital security के प्रति proactive बनने के लिए inspire भी करेगी।

अब वक्त आ गया है कि हम digital age में सिर्फ passive participants न रहें। अब हमें control लेना होगा। पढ़िए, समझिए, और सबसे ज़रूरी, action लीजिए। घड़ी आगे चल रही है, और अगला cyber attack कहीं भी हो सकता है।

विशेष धन्यवाद

इस किताब की रुपरेखा जब मैंने देश के जाने माने साइबर सिक्योरिटी एक्सपर्ट्स के सामने रखी तो उनमें से बहुत से मित्रों ने इसका जोरदार स्वागत किया , उन सभी के नाम यहाँ पर देना संभव नहीं है इसलिए उन सभी का धन्यवाद ज्ञापन मैं अपनी वेबसाइट पर इस पुस्तक के पेज पर कर रहा हूँ लेकिन फिर भी यहाँ विशेष रुप से मैं भारत सरकार, माननीय रेल मंत्री, सूचना एवं प्रसारण मंत्री, तथा इलेक्ट्रॉनिक्स एवं सूचना प्रौद्योगिकी मंत्री श्री अश्विनी उपाध्याय और उनकी पूरी टीम को विशेष धन्यवाद करना चाहूँगा जिन्होंने The Digital Personal Data Protection Act (DPDP Act) को मूर्त रूप देकर नागरिकों के पर्सनल डेटा की सुरक्षा हेतु कई उल्लेखनीय कदम उठायें है साथ ही मैं अपने पिताजी श्री विद्यासागर जी आचार्य और अपने सहयोगी श्री प्रशांत रघुवंशी का भी आभारी हूँ जिन्होंने कडी मेहनत करके इस किताब में आये हुए तथ्यों की जाँच की और उनके सही उद्धरण ढूंढकर इसे और विश्वसनीय बना दिया।

वैधानिक चेतावनी और अस्वीकरण

इस किताब में दिए गए तकनीकों , विधियों और उपकरणों का उल्लेख लेखक ने पूरी तरह इंटरनेट पर उपलब्ध सामग्री, विषय पर उपलब्ध महत्वपूर्ण किताबें , कंपनियों द्वारा करवाए गए शोध प्रबंध एवं अन्य स्त्रोतों से प्राप्त सामग्रियों का गहन अध्ययन करके किया है। विषय को समझाने और रोचक बनाने के लिए अब तक अलग अलग संस्थानों के साथ घटी cyber attack और frauds की घटनाओं का भी उल्लेख किया गया है जिसका एकमात्र उद्देश्य पाठकों की जानकारी का विस्तार करना ही है। इस पुस्तक के माध्यम से हम किसी भी कंपनी या तकनीक को बदनाम नहीं कर रहे है। हमारा अनुरोध है की पुस्तक में दिए गए विवरणों और सलाहों को सर्वथा सत्य ना समझकर इस विषय से संबंधित आधिकारिक विद्वानों को दिखाकर ही किसी भी रूप में प्रयोग किया जाए। पुस्तक में पाठकों की सुविधा के लिए कुछ software एवं IT कम्पनीयों द्वारा दी जा रही सेवाओं का भी विवरण है जिन्हें किसी भी प्रकार से लेखक या प्रकाशक की और से अनुशंसित ना समझा जाये , इन सेवाओं का प्रयोग करने पर होने वाले हानि अथवा लाभ के लिए आप स्वयं ही जिम्मेदार होंगे। कोई कंपनी अगर इस पुस्तक में उनके बारें में दिए विवरणों को असत्य या भ्रामक पाती है तो तुरंत rishiaacharya82@gmail.com पर हमें संपर्क करें ताकि हम पुस्तक के अगले संस्करण से उसे ठीक कर सकें। इस किताब में दी गई विषयवस्तु का प्रयोग किसी विशेषज्ञ की सलाह द्वारा ही करें।

Contents / विषय सूची

अध्याय 1

Cyber security का परिचय

1.1. Cyber security क्या है?

आज की digital दुनिया में, हम रोज़ internet, mobile phones, और computers का इस्तेमाल करते हैं। लेकिन क्या आपने कभी सोचा है कि जो information हम online शेयर करते हैं, वो कितनी safe है? यही सवाल हमें **Cyber security** की तरफ ले जाता है। Simple शब्दों में, **Cyber security** उन practices और technologies का set है, जो हमारे computers, networks, और data को cyber attacks से बचाते हैं। ये attacks हर दिन बढ़ते जा रहे हैं और अगर हम सतर्क नहीं रहे, तो इसका खामियाज़ा बहुत बड़ा हो सकता है।

Cyber security की ज़रूरत क्यूँ है?

आज हर कोई online है—चाहे वो social media पर हो, online banking कर रहा हो, या अपने emails check कर रहा हो। जितना हम online हो रहे हैं, उतना ही हमारे लिए cyber attacks का खतरा भी बढ़ रहा है। 2022 में, **Cyber security Ventures** ने predict किया था कि cyber crime की global cost 2025 तक $10.5 trillion annually हो जाएगी। और ये सिर्फ corporations या governments की बात नहीं है, बल्कि आम आदमी भी इसका शिकार हो रहा है।

CERT-IN (Indian Computer Emergency Response Team) के मुताबिक़ लगभग सन 2021 में लगभग 14 लाख cyber incidents रिपोर्ट किए गए थे। इनमें से ज्यादातर phishing attacks, ransomware, और identity theft के थे। ये सब attacks उन लोगों पर होते हैं, जिन्हें cyber security के बारे में कम जानकारी होती है। [1]

Cyber security की परिभाषा और उसके Components

अब सवाल उठता है कि **Cyber security** आखिर होती क्या है? Cyber security का मकसद है तीन मुख्य pillars को secure करना:

1. **Confidentiality**: आपका data confidential रहना चाहिए। इसका मतलब है कि unauthorized लोग आपकी private information तक न पहुँच पाएं। जैसे, अगर आप online banking कर रहे हैं, तो ये जरूरी है कि आपके bank account details और password secure रहें।

2. **Integrity**: आपका data सही और intact रहना चाहिए। Cyber attacks में कई बार hackers आपका data बदल सकते हैं। उदाहरण के लिए, अगर किसी ने आपके email में छेड़छाड़ की और गलत जानकारी भेज दी, तो ये आपकी data integrity को नुकसान पहुँचाता है।

3. **Availability**: आपका data और systems हमेशा available होने चाहिए जब आपको उनकी जरूरत हो। कई बार cyber attackers आपके systems को down कर देते हैं, जिससे आपकी services या data unavailable हो जाती है। इसका example है **DDoS (Distributed Denial of Service)**

attacks, जिनमें hackers आपके network पर इतना traffic भेजते हैं कि आपकी website या service crash हो जाती है।

WannaCry Ransomware Attack

Cyber security की importance को समझने के लिए एक बहुत famous real-world example है—**WannaCry Ransomware Attack** 2017 में हुए इस attack ने दुनिया भर के करीब 150 देशों को प्रभावित किया। ये ransomware एक malicious software था, जिसने computers के data को encrypt कर दिया और फिर users से data unlock करने के लिए पैसे मांगे। [2]

India में भी इस attack का बहुत बड़ा असर पड़ा, खासकर health और railway sectors पर। National Health Service (NHS) UK के systems इस attack की वजह से down हो गए थे, जिससे मरीजों की जानकारी चोरी हो गई और कई operations को रोकना पड़ा। ये incident बताता है कि अगर cyber security practices को सही से follow न किया जाए, तो इसका असर कितना खतरनाक हो सकता है।

1.2. Cyber Attacks की पृष्ठभूमि और इतिहास

जैसे-जैसे technology और internet का इस्तेमाल बढ़ता गया है, वैसे-वैसे cyber attacks भी एक बड़ी समस्या के रूप में उभरे हैं। अगर हम cyber attacks की history पर नज़र डालें, तो शुरुआत में ये सिर्फ curiosity या fun के लिए किए जाते थे, लेकिन आज cyber attacks एक global threat बन चुके हैं। Cyber attackers, जिनका main मकसद पहले केवल disruption था, अब financial gain, information theft, और political motives के लिए attacks करते हैं।

इस chapter में हम cyber attacks के इतिहास और उनके बढ़ते impact पर चर्चा करेंगे।

Cyber Attacks की शुरुआत

Cyber attacks का इतिहास बहुत पुराना है। पहले cyber attacks छोटे-मोटे experiments के रूप में शुरू हुए थे। 1970 के दशक में, जब computers और networks नए-नए शुरू हुए थे, कुछ individuals ने ये समझने के लिए कि systems कैसे काम करते हैं, उन पर attacks करना शुरू किया। एक ऐसा ही example है 1988 का Morris Worm, जो सबसे पहला widely recognized cyber attack माना जाता है। इसे Robert Tappan Morris नाम के एक student ने develop किया था। Morris का मकसद केवल यह देखना था कि internet कितना बड़ा है, लेकिन ये worm uncontrollably फैल गया और करीब 6000 systems को प्रभावित किया। उस समय ये number बहुत बड़ा था। [3]

Morris Worm एक turning point था जिसने यह दिखाया कि cyber attacks कितने खतरनाक हो सकते हैं। इससे पहले attacks बहुत छोटे पैमाने पर होते थे और उनका मकसद curiosity होता था, लेकिन Morris Worm ने दिखाया कि cyber attacks real-world में भी नुकसान पहुंचा सकते हैं।

Cyber Attacks का Evolution

1990 के दशक के बाद, internet तेजी से फैलने लगा। जैसे-जैसे ज़्यादा लोग online आने लगे, cyber attacks और sophisticated होते गए। Hackers ने समझ लिया कि information की power क्या होती है, और अब attacks सिर्फ disruption तक सीमित नहीं रहे। इसमें financial gain और personal data चोरी जैसे motives जुड़ गए।

एक बड़ा उदाहरण है 1994 का Kevin Mitnick का case। Kevin Mitnick, जो कि एक बहुत famous hacker है, उसने कई बड़ी companies के systems में घुसपैठ की और उनकी confidential information चुरा ली। Mitnick का arrest एक milestone था, जिसने global level पर cyber security और legal actions पर ध्यान दिलाया। [4]

Financial और Political Motivations

2000 के दशक में cyber attacks ने एक और बड़ी shift देखी। अब ये सिर्फ individuals तक सीमित नहीं रहे, बल्कि पूरी की पूरी companies और governments इनके target बनने लगे। 2007 में Estonia पर हुए cyber attacks इसका बड़ा उदाहरण

हैं। ये attacks इतने massive थे कि उन्होंने पूरे देश की banking, government, और media services को down कर दिया। माना जाता है कि ये attacks एक politically motivated campaign का हिस्सा थे।[5]

इसी तरह, 2010 में Stuxnet नामक malware ने पूरी दुनिया को हिला दिया। माना जाता है कि इसे एक nation-state ने develop किया था ताकि Iran के nuclear program को sabotage किया जा सके। ये एक ऐसा उदाहरण था, जिसने दिखाया कि cyber attacks का इस्तेमाल अब military और political objectives के लिए भी किया जा सकता है।[6]

Modern Cyber Attacks

आज के समय में, cyber attacks और भी ज़्यादा sophisticated और organized हो गए हैं। Hackers अब सिर्फ individuals नहीं होते, बल्कि पूरे के पूरे criminal organizations होते हैं जो cyber crime को एक business की तरह operate करते हैं। Ransomware attacks, जहां hackers आपके data को lock कर देते हैं और उसे unlock करने के लिए फिरौती मांगते हैं, अब सबसे common और dangerous cyber attacks में से एक हैं।

2017 में WannaCry Ransomware ने global level पर करीब 150 देशों में computers को प्रभावित किया। ये ransomware इतनी तेजी से फैला कि बड़ी-बड़ी कंपनियां और सरकारी संस्थाएं भी इसे रोक नहीं पाईं। इसका सबसे बड़ा नुकसान healthcare sectors को हुआ, जहां कई hospitals के systems freeze हो गए, और patients की information और services को रोकना पड़ा।

India में Cyber Attacks का बढ़ता खतरा

भारत में भी cyber attacks की संख्या तेजी से बढ़ रही है। इन attacks का मुख्य target financial institutions, government websites, और personal data है। एक alarming trend ये है कि cyber attackers अब छोटे शहरों और ग्रामीण इलाकों में भी लोगों को target कर रहे हैं, जहाँ digital literacy कम है।

भारत में cyber crime से सबसे ज्यादा प्रभावित sectors में banking, healthcare, और telecom शामिल हैं। एक खास case में, Jamtara नामक एक छोटे से गाँव ने cyber crime के लिए headlines बना दी, जहाँ से कई phishing scams और financial frauds को अंजाम दिया गया।

Cyber Attacks के Impact

Cyber attacks का impact केवल financial नुकसान तक सीमित नहीं है। ये attacks personal privacy, national security, और business operations पर गहरा असर डालते हैं। Cyber attacks से होने वाले नुकसान कई प्रकार के होते हैं:

- **Financial Losses**: Hackers financial data चुराते हैं और फिर उसे misuse करते हैं। कई बार ransomware के जरिए businesses को उनके ही data के लिए फिरौती देनी पड़ती है।
- **Identity Theft**: कई बार attackers personal information चुरा कर उसे black market में बेचते हैं, जिससे identity theft का खतरा बढ़ जाता है।
- **Reputation Damage**: किसी भी company या individual की reputation पर cyber attack का बहुत बड़ा असर होता

है। एक बार information leak हो जाने के बाद उस पर विश्वास बनाना बहुत मुश्किल हो जाता है।

- **Data theft** : cyber attacks का एक सबसे बड़ा और चिंताजनक पहलू है data की चोरी। Data ही आज के समय में सबसे valuable asset बन चुका है—चाहे वो किसी company का हो, government का हो, या फिर आम इंसान का। जब hackers personal, financial, या confidential data चुरा लेते हैं, तो इसे **data theft** कहा जाता है।

Data theft के कई गंभीर परिणाम होते हैं, और इससे personal privacy, business operations, और national security सभी को नुकसान पहुँच सकता है। Data theft के कई रूप होते हैं, जैसे:

1. **Personal Data Theft**: इसमें attackers आपकी personal information जैसे name, address, phone number, और यहां तक कि आपके identity documents (जैसे Aadhaar, PAN) तक की जानकारी चुरा सकते हैं। इसका इस्तेमाल identity theft और fraud के लिए किया जाता है। उदाहरण के तौर पर, अगर किसी को आपका Aadhaar number या bank account details मिल जाएं, तो वो आपके नाम पर loans ले सकते हैं, जिससे आपकी financial life बुरी तरह से प्रभावित हो सकती है।

2. **Financial Data Theft**: इस category में attackers आपके bank account numbers, credit/debit card details, और payment information चुरा सकते हैं। इसका result यह होता है कि hackers unauthorized transactions कर

सकते हैं, आपके पैसे चोरी कर सकते हैं या फिर आपकी financial information को dark web पर बेच सकते हैं।

3. **Business Data Theft**: बड़ी companies और organizations का confidential data चुराना भी एक common cyber attack है। इसमें customer data, trade secrets, और intellectual property चुराई जाती है। कई बार attackers इस data को competitors को बेचते हैं या फिर फिरौती मांगते हैं। इसका result यह होता है कि businesses को बड़ा financial नुकसान होता है और उनकी reputation भी खराब हो जाती है। एक famous example है **Equifax Data Breach (2017)**, जिसमें 147 million लोगों का personal और financial data चुराया गया था। ये attack history के सबसे बड़े data theft incidents में से एक था।[7]

4. **Health Data Theft**: Healthcare sector में भी data theft का खतरा बहुत ज्यादा है। जब hackers hospital systems में घुसपैठ कर लेते हैं, तो वे patients की health records, medical history, और insurance details चुरा सकते हैं। इसका result सिर्फ financial fraud तक सीमित नहीं है, बल्कि patient safety पर भी असर डालता है। **WannaCry Ransomware Attack** के दौरान, कई hospitals के systems freeze हो गए थे, जिसकी वजह से operations cancel करने पड़े और patients की health services प्रभावित हुईं।

Cyber attacks का इतिहास ये दिखाता है कि जैसे-जैसे technology आगे बढ़ी है, वैसे-वैसे cyber threats भी बढ़े

हैं। आज के समय में cyber attacks सिर्फ बड़ी कंपनियों या governments तक सीमित नहीं रहे, बल्कि आम आदमी भी इनका शिकार हो रहा है। इसलिए, ये जरूरी है कि हम सभी cyber security को समझें और जरूरी steps लें ताकि हम इस digital दुनिया में सुरक्षित रह सकें।

1.3. क्यूँ जरूरी है Cyber security हर किसी के लिये

आज के समय में internet और digital platforms का इस्तेमाल हमारी जिंदगी का एक अनिवार्य हिस्सा बन चुका है। हम online shopping, banking, social media, और emails पर निर्भर हैं। लेकिन जितनी तेजी से technology ने हमारे जीवन को आसान बनाया है, उतनी ही तेजी से cyber threats भी बढ़ रहे हैं। cyber security हर किसी के लिए बेहद जरूरी है, चाहे वो एक आम व्यक्ति हो, स्कूल या college में पढने वाला कोई student हो, किसी company का मालिक हो, घर सँभालने वाली औरत हो, या फिर government organization। ये सिर्फ technical experts के लिए नहीं है, बल्कि cyber security को हम सभी की daily digital life का एक हिस्सा होना चाहिए।

Internet और Digital दुनियाँ में हर कोई असुरक्षित है

बहुत से लोगों को लगता है कि "मेरा data इतना important नहीं है," या "मुझे कौन target करेगा?" लेकिन सच्चाई ये है कि cyber criminals किसी को भी छोड़ते नहीं हैं। Cyber attacks का सबसे common target वो लोग होते हैं जो ये मानते हैं कि उन्हें कोई risk नहीं है।

उदाहरण के लिए, अगर आप अपने mobile या computer पर simple browsing कर रहे हैं, social media इस्तेमाल कर रहे हैं, या online payments कर रहे हैं, तो आप एक potential target हैं। Cyber criminals छोटे से छोटे loophole को ढूंढने में expert

होते हैं, और जैसे ही उन्हें कोई opportunity मिलती है, वो हमला कर देते हैं।

अगर आपका data महत्वपूर्ण नहीं है या आपके बैंक खातें में कोई खास पैसे नहीं है तो भी आपके पास एक आधार कार्ड, पैन कार्ड और एक चालू बैंक खाता तो है ही , बस इतना ही तो cyber criminals को आपसे चाहिए , फिर आपके इन्हीं खातों और पहचान पत्रो का उपयोग किसी illegal काम और scam के लिए किया जायेगा। पैसा मिलेगा उन्हें और पुलिस और कोर्ट के चक्कर लगेंगे आपके। इसलिए इस बात को इतना साधारण मत समझिये और जानकर बनकर खुद को बचाने की कोशिश करे। **2021 में एक report** के मुताबिक, भारत में करीब 52% लोग internet इस्तेमाल करते हैं, लेकिन उनमें से ज्यादातर को basic cyber security practices के बारे में जानकारी नहीं है। **FORBES** की एक study के अनुसार, 52% व्यवसाय पहले से ही किसी न किसी रूप में बिना पासवर्ड के ही authentication का उपयोग कर रहे हैं और यह संख्या बढ़ने की आशंका है।[8]

Financial Losses से बचाव

Cyber attacks का सबसे बड़ा impact financial losses के रूप में सामने आता है। Cyber criminals का मकसद आम तौर पर आपके financial data, जैसे credit/debit card details या bank account information, को चुराना होता है। एक बार जब वो आपकी financial information तक पहुँच जाते हैं, तो उसे misuse करना उनके लिए आसान हो जाता है। कई बार लोग तब तक unaware रहते हैं जब तक कि उनके account से unauthorized transactions नहीं हो जातीं।

Cyber Safety Insights Report 2021-22 - के मुताबिक, 2021 में India में करीब 27 million लोगों ने किसी न किसी form में online financial fraud का सामना किया। ये संख्या बताती है कि अगर आप digital transactions करते हैं, तो आपके लिए cyber security को ignore करना बहुत खतरनाक हो सकता है।

Personal Privacy की सुरक्षा

Cyber security न सिर्फ आपके financial information की सुरक्षा के लिए जरूरी है, बल्कि ये आपकी personal privacy को भी सुरक्षित करता है। आजकल social media platforms पर हम अपनी बहुत सी personal जानकारी शेयर करते हैं—जैसे कि हमारी photos, locations, और personal interests। अगर ये information गलत हाथों में चली जाए, तो इसका misuse किया जा सकता है। Identity theft, online stalking, और blackmailing जैसी activities cyber criminals द्वारा personal information का गलत इस्तेमाल करने के कुछ उदाहरण हैं।

Facebook-Cambridge Analytica Data Scandal इसका एक बड़ा example है, जहां millions of users की personal information का misuse किया गया वो भी बिना उनकी अनुमति के। ये incident बताता है कि हमारी personal information कितनी vulnerable हो सकती है, अगर हम इसे सुरक्षित करने के लिए steps नहीं लेते।[9]

Cyber security हर Age Group के लिए जरूरी है

Cyber security की जरूरत हर age group के लिए है, क्योंकि cyber attacks किसी को भी target कर सकते हैं।

- **बच्चे और किशोर** : बच्चों और college students के लिए internet का इस्तेमाल बहुत common हो चुका है, लेकिन उन्हें online dangers की सही समझ नहीं होती। Online predators, cyberbullying, और अनुचित अश्लील और भ्रामक सामग्री के risks हमेशा बने रहते हैं। Parents को बच्चों की online activities पर नजर रखनी चाहिए और उन्हें safe online practices सिखानी चाहिए।
- **वयस्क और कामकाजी** : Working professionals का बहुत सारा confidential data online होता है, खासकर remote working के इस दौर में। Emails, work documents, और professional communications को cyber criminals target करते हैं। इसलिए adults के लिए भी strong passwords, two-factor authentication, और secure networks का इस्तेमाल करना जरूरी है।
- **वरिष्ठ नागरिक** : Senior citizens cyber attacks के सबसे आसान शिकारों में से एक हैं। Cyber criminals अक्सर उन्हें financial fraud और phishing scams के जरिए target करते हैं, क्योंकि उन्हें online security के बारे में कम जानकारी होती है। इसलिए ये जरूरी है कि हम अपने parents और elders को भी cyber security practices के बारे में जागरूक करें।

Businesses और Organizations के लिए जरूरी

Cyber security सिर्फ individuals के लिए नहीं, बल्कि businesses और organizations के लिए भी अत्यंत गंभीर है। आज के समय में हर business, चाहे वो छोटा हो या बड़ा, internet और digital platforms पर निर्भर है। अगर किसी business का data breach हो जाता है, तो इसका सीधा असर उनकी financial stability और market reputation पर पड़ता है।

उदाहरण के लिए, 2013 में Target Corporation नामक retail company का एक major data breach हुआ था, जिसमें करीब 70 million customers की credit/debit card information चुराई गई थी। इसका नतीजा ये हुआ कि Target को ना सिर्फ financial नुकसान हुआ, बल्कि उनकी reputation को भी बड़ा झटका लगा। [10]

Government Initiatives और Schools में Cyber security की जरूरत

आज के समय में government initiatives की जरूरत है ताकि लोगों में cyber security जागरूकता बढ़ाई जा सके। हालांकि कुछ government agencies जैसे CERT-IN (Indian Computer Emergency Response Team) और NASSCOM इस दिशा में बहुत काम कर रहे हैं, लेकिन schools और colleges में cyber security education को ज़्यादा seriously लिया जाना चाहिए। बच्चों को शुरू से ही basic online safety सिखानी चाहिए, ताकि वो भविष्य में cyber threats से बच सकें।

Cyber security को एक core subject के रूप में schools और colleges में शामिल किया जाना चाहिए। आज की digital दुनिया में ये उतना ही जरूरी है जितना कि traditional education subjects

Cyber security आज के समय की सबसे बड़ी जरूरतों में से एक है। हम सभी internet का इस्तेमाल करते हैं, लेकिन क्या हम सभी उसके risks के बारे में जानते हैं? Cyber criminals किसी को नहीं छोड़ते—चाहे वो बच्चे हों, बड़े हों, या बुजुर्ग। अगर हम अपनी financial security, personal privacy, और digital life को सुरक्षित रखना चाहते हैं, तो हमें cyber security को seriously लेना होगा।

1.4. आम गलतफहमियाँ और उपेक्षाएँ

Cyber security को लेकर बहुत से लोगों के बीच कई गलतफहमियाँ और गलत धारणाएँ (misconceptions) हैं। यही misconceptions cyber criminals के लिए सबसे बड़ा फायदा बनती हैं। बहुत से लोग सोचते हैं कि उन्हें cyber attacks से कोई खतरा नहीं है या ये सिर्फ बड़ी कंपनियों और governments तक ही सीमित है। लेकिन सच्चाई ये है कि आज के समय में हर व्यक्ति जो internet इस्तेमाल करता है, cyber threats का शिकार हो सकता है।

इस section में हम कुछ common misconceptions और लोगों की ignorance पर बात करेंगे, जिनकी वजह से cyber attacks का खतरा बढ़ जाता है।

गलतफहमी 1: "मेरा data इतना important नहीं है"

ये सबसे आम गलतफहमी है जो बहुत से लोग मानते हैं। आम धारणा ये है कि अगर आप कोई बड़ी कंपनी नहीं चला रहे, या अगर आपके पास बहुत ज्यादा पैसे नहीं हैं, तो cyber criminals को आपसे क्या लेना-देना होगा? लेकिन सच्चाई ये है कि cyber criminals किसी भी data का फायदा उठा सकते हैं—चाहे वो financial information हो, personal details हो, या फिर simple login credentials.

उदाहरण के लिए, अगर आपका email या social media account hack हो जाता है, तो attackers उसका misuse करके phishing scams चला सकते हैं। आपके friends और contacts को आपकी identity से messages भेजकर उनसे पैसे या confidential information माँगी जा सकती है। कई बार hackers इन accounts को dark web पर बेच देते हैं, जहाँ cyber criminals

इनसे आगे धोखाधडी को अंजाम दे सकते हैं। **2014 का Yahoo Data Breach** इसका बड़ा उदाहरण है, जहाँ करीब 500 million accounts का data चुराया गया था, जिसमें basic login details भी शामिल थीं। [11]

गलतफहमी 2: "मुझे कौन target करेगा?"

कई लोग सोचते हैं कि cyber criminals उन्हें target क्यों करेंगे, क्योंकि उनके पास कोई confidential information नहीं है या वो कोई high-profile person नहीं हैं। लेकिन असल में, cyber criminals को आपकी identity, bank details, या simple personal information भी बहुत valuable लगती है।

Cyber criminals का target आमतौर पर वो लोग होते हैं जो cyber security के basic principles को ignore करते हैं। Cyber criminals को एक weak target चाहिए, और अगर आपने अपने accounts और devices को secure नहीं किया है, तो आप उनके लिए एक easy target बन सकते हैं। उदाहरण के तौर पर, **phishing attacks** का सबसे ज्यादा शिकार ऐसे लोग होते हैं जो basic security practices को follow नहीं करते, जैसे weak passwords का इस्तेमाल या suspicious links पर click करना।

गलतफहमी 3: "Antivirus installed है, तो मैं safe हूँ"

कई लोग ये मानते हैं कि अगर उनके पास एक अच्छा antivirus software installed है, तो वो पूरी तरह से safe हैं। हालाँकि, antivirus software आपके system को malware और viruses

से सुरक्षित करने का एक अच्छा tool है, लेकिन सिर्फ antivirus पर निर्भर रहना एक बड़ी गलती हो सकती है।

Cyber threats लगातार evolve होते रहते हैं, और कई बार hackers ऐसे नए तरीके ढूंढ लेते हैं जो antivirus software को भी bypass कर सकते हैं। Zero-day exploits इसका बड़ा उदाहरण हैं, जहाँ एक नया vulnerability exploit किया जाता है और antivirus software के पास उसे रोकने का कोई तरीका नहीं होता। इसके अलावा, social engineering attacks जैसे phishing में antivirus कुछ खास मदद नहीं करता। इसलिए जरूरी है कि antivirus के अलावा और भी security layers जैसे strong passwords, two-factor authentication, और regular software updates का इस्तेमाल किया जाए।

गलतफहमी 4: "मैंने तो password लगा रखा है, और मुझे कुछ नहीं करना"

बहुत से लोग ये सोचते हैं कि अगर उनके पास एक password है, तो वो पूरी तरह से safe हैं। लेकिन आजकल cyber criminals के पास इतने आधुनिक AI से बने हुए tools हैं कि वो complex passwords को भी चंद seconds में crack कर सकते हैं। Hackers **brute-force attacks** या **credential stuffing** techniques का इस्तेमाल करके आपके password तक पहुंच सकते हैं।

इसलिए, सिर्फ strong password होना काफी नहीं है। आपको **two-factor authentication (2FA)** का भी इस्तेमाल करना चाहिए। Two-factor authentication आपके accounts को एक extra layer of security देता है, जहाँ आपको login करने के

लिए password के अलावा एक additional verification step (जैसे OTP) पूरा करना पड़ता है।

गलतफहमी 5: "Public Wi-Fi safe है, और मुझे इससे कोई नुकसान नहीं होगा"

बहुत से लोग public Wi-Fi networks का इस्तेमाल करते हैं, जैसे cafés, airports, या malls में, बिना ये सोचे कि ये कितने unsafe हो सकते हैं। सारे नहीं तो भी बहुत से Public Wi-Fi networks सबसे ज्यादा risky होते हैं क्योंकि ये open होते हैं, और cyber criminals आसानी से इन networks को hack कर सकते हैं। Man-in-the-middle attacks और packet sniffing जैसे techniques का इस्तेमाल करके hackers आपके data को steal कर सकते हैं।

उदाहरण के तौर पर, अगर आप public Wi-Fi पर online banking कर रहे हैं और network secure नहीं है, तो आपके bank details cyber criminals तक पहुँच सकते हैं। इसलिए, public Wi-Fi का इस्तेमाल करते वक्त हमेशा VPN (Virtual Private Network) का इस्तेमाल करना चाहिए, जिससे आपकी online activity encrypted हो जाए और cyber criminals को आपका data access न हो सके। अगर संभव है तो अपने फोन का थोडा सा internet data बचाने का लालच छोडकर public Wi-Fi का इस्तेमाल ना करें और अपनी browsing अपने internet से ही करें। कुछ चालक लोग जानबूझकर आपको free WIFI के लिए उकसाते है, mobile network low कर देते है ऐसे में विशेष सावधानी बरतने की जरुरत है।

Ignorance: जानकारी की कमी और जागरूकता की जरूरत

Misconceptions और myths का सबसे बड़ा कारण है जानकारी की कमी और जागरूकता का अभाव। भारत में, बहुत से लोग basic cyber security practices से अनजान हैं। **NASSCOM** की एक report के अनुसार, भारत में internet users का एक बड़ा हिस्सा online security को लेकर बिल्कुल unaware है। इसका फायदा cyber criminals उठाते हैं, क्योंकि उन्हें पता होता है कि ज्यादातर लोग अपने data को सुरक्षित करने के लिए जरूरी steps नहीं उठाते हैं।

1.5. एक Digital दुनिया की चुनौतियाँ

हम एक ऐसे युग में जी रहे हैं जहाँ technology और internet ने हमारी ज़िन्दगी को पूरी तरह से बदल दिया है। चाहे online shopping हो, banking transactions हों, social media का इस्तेमाल हो, या फिर education और entertainment—आज हर चीज़ digital platforms पर उपलब्ध है। लेकिन जैसे-जैसे हमारी ज़िन्दगी digital होती जा रही है, वैसे-वैसे हम कुछ बड़ी चुनौतियों का सामना कर रहे हैं।

Digital दुनियाँ में सुरक्षा, privacy, और freedom की चुनौती जितनी बढ़ रही है, उतनी ही जरूरी हो गई है कि हम इन खतरों को समझें और उनसे बचने के सही उपाय अपनाएँ। किताब के इस हिस्से में हम digital दुनियाँ की कुछ मुख्य चुनौतियों पर चर्चा करेंगे।

1. Data Privacy और Surveillance

Digital platforms पर हमारी हर एक activity track की जा रही है। हम जो websites visit करते हैं, जो products खरीदते हैं, और यहां तक कि जो videos देखते हैं, mobile पर जो voice search करते है उन सभी का data companies collect करती हैं। इस data का इस्तेमाल targeted advertising, consumer behavior analysis, और कई बार unauthorized purposes के लिए भी किया जा सकता है।

Cambridge Analytica Scandal इसका सबसे बड़ा उदाहरण है, जहाँ एक बहुत बडी सोशल मीडिया कंपनी ने millions of users की personal information को बिना उनकी जानकारी के third-party companies के साथ share किया। इसका misuse political campaigns में किया गया, जिससे लोगों की privacy पर बड़ा सवाल खड़ा हुआ। [12]

हमारी personal information का misuse एक बडा challenge है। Data breaches और unauthorized surveillance से बचने के लिए हमें समझना होगा कि हम किसे अपना data दे रहे हैं, और companies हमारे data का इस्तेमाल कैसे कर रही हैं।

2. Cyber security Threats का बढ़ता खतरा

जैसे-जैसे technology आगे बढ़ी है, वैसे-वैसे cyber criminals के पास sophisticated tools आ गए हैं। Cyber attacks सिर्फ बड़ी companies तक सीमित नहीं हैं, बल्कि आम इंसान भी इसका शिकार हो रहा है। Financial frauds, identity theft, phishing attacks, ransomware—ये सभी cyber threats आज के समय की सबसे बड़ी digital challenges हैं।

एक उदाहरण है **Target Data Breach (2013)**, जिसमें करीब 40 million credit और debit card details चोरी कर ली गई थीं। इस cyber attack ने एक बड़े retail chain के systems को compromise कर दिया, जिससे financial losses और customer trust पर गहरा असर पड़ा। Attackers ने point-of-sale (POS) systems को hack करके customers की sensitive financial information तक पहुँच बना ली थी। [13]

आज के समय में, हर व्यक्ति को cyber threats के प्रति जागरूक होने की जरूरत है। Digital दुनिया में बिना cyber security जागरूकता के survive करना लगभग impossible है।

3. Fake News और Misinformation

Digital platforms पर एक और बड़ी challenge है—**fake news** और misinformation का फैलाव। Social media और messaging apps पर आजकल गलत जानकारी बहुत तेजी से फैलती है। Fake news न सिर्फ समाज में गलतफहमियाँ पैदा करती है, बल्कि कई बार इसका इस्तेमाल political agendas को बढ़ावा देने या social unrest फैलाने के लिए भी किया जाता है।

2018 में भारत में WhatsApp पर फैलने वाली अफवाहों ने mob violence को बढ़ावा दिया, जहाँ कई लोग गलतफहमियों के शिकार हो गए। Misinformation campaigns का असर हर जगह देखा जा सकता है—चाहे वो political elections हों या फिर health-related matters। हाल ही में COVID-19 महामारी के दौरान भी, बहुत सी fake news और गलत जानकारियाँ online platforms पर वायरल हुईं, जिससे panic और confusion बढ़ा। [14]

Digital platforms पर available information को verify करना और fake news से बचना आज की सबसे बड़ी चुनौतियों में से एक है। हमें sources को check करना और सही जानकारी फैलाने की जिम्मेदारी उठानी चाहिए।

4. Digital Divide

Digital दुनिया की एक और बड़ी challenge है—**digital divide**। जबकि शहरों में लोग internet और technology के जरिए अपने जीवन को बेहतर बना रहे हैं, वहीं गाँवों में internet Etiquettes की समझ और digital literacy बहुत कम है। भारत में कई ऐसे हिस्से हैं जहाँ basic internet facilities भी नहीं हैं।

Digital divide की वजह से rural और underprivileged communities को digital platforms के benefits नहीं मिल पाते, और इसी वजह से ये communities cyber threats के प्रति ज्यादा vulnerable होती हैं। जिन लोगों के पास internet access है भी, उनमें से ज्यादातर को basic cyber security practices की जानकारी नहीं होती।

Digital literacy और internet access में gap को कम करना सरकार और educational institutions की एक बड़ी responsibility होनी चाहिए, ताकि हर व्यक्ति digital दुनियाँ में सुरक्षित और मजबूत महसूस कर सके।

5. AI और Automation का असर

Artificial Intelligence (AI) और Automation ने digital दुनियाँ में एक नई क्रांति ला दी है। हालांकि, इसके कई फायदे हैं, लेकिन इसका misuse भी एक बड़ी चिंता का विषय बन चुका है। AI का इस्तेमाल cyber attacks को और भी sophisticated बनाने के लिए किया जा सकता है। AI-powered malware और automated hacking tools cyber criminals के लिए नए दरवाजे खोल रहे हैं।

इसके अलावा, automation की वजह से नौकरियों के कम होने की भी चिंता बढ़ रही है। AI-driven machines और software आज के समय में बहुत सी jobs को replace कर रहे हैं। यह चुनौती सिर्फ technical jobs तक सीमित नहीं है, बल्कि manufacturing, retail, और कई अन्य sectors भी इसके दायरे में आते हैं।

AI और automation की advancements के साथ-साथ हमें इसके ethical use और security challenges पर भी ध्यान देना जरूरी है, ताकि हम इस technology को सही दिशा में use कर सकें।

6. बच्चों और Teenagers के लिए Online Safety

आज के समय में बच्चों और teenagers का एक बड़ा हिस्सा online platforms का इस्तेमाल करता है। Social media, online gaming, और educational websites पर उनकी presence बढ़ती जा रही है। हालांकि, इसके साथ-साथ cyber threats का खतरा भी बढ़ रहा है।

Online predators, cyberbullying, और inappropriate content बच्चों के लिए एक बड़ा खतरा है। बहुत से बच्चे और teenagers online privacy और safety के principles से अनजान होते हैं, जिससे उनका personal information और mental health खतरे में आ सकता है।

Parents और schools को बच्चों की online activities पर नजर रखनी चाहिए और उन्हें safe online practices सिखानी चाहिए। Online education platforms के बढ़ते use के साथ, यह जरूरी हो गया है कि बच्चों को शुरू से ही cyber security के बारे में जागरूकता दी जाए।

Summary: Chapter 1

Chapter 1 में हमने cyber security का परिचय, उसकी पृष्ठभूमि और cyber attacks के प्रकारों पर चर्चा की। हमने जाना कि cyber security क्यों जरूरी है, खासकर आज की digital दुनियाँ में जहाँ हर व्यक्ति online platforms का इस्तेमाल कर रहा है। Data privacy, financial security, और personal safety के लिए हमें यह समझना जरूरी है कि cyber threats कितने खतरनाक हो सकते हैं।

इस chapter में हमने कई misconceptions पर बात की, जिनकी वजह से लोग cyber threats को underestimate करते हैं। "मेरा data important नहीं है" या "मुझे कौन target करेगा" जैसी गलतफहमियों का cyber criminals फायदा उठाते हैं। हमने यह भी देखा कि बिना सही knowledge और जागरूकता के digital दुनियाँ में सुरक्षित रहना लगभग impossible है। इसलिए, cyber security हर किसी के लिए अनिवार्य है—चाहे वो बच्चे हों, professionals हों, या senior citizens।

Cyber security की basic principles को समझना और strong security practices को follow करना आज की सबसे बड़ी जरूरत है। चाहे data theft हो, financial frauds हों, या phishing attacks, हमें हर level पर सतर्क रहने की जरूरत है।

1. Cyber security सभी के लिए जरूरी है, क्योंकि cyber criminals किसी को नहीं छोड़ते।

2. Misconceptions और ignorance की वजह से cyber attacks का खतरा बढ़ता है।

3. Data theft, financial losses, और identity theft जैसे cyber threats से बचने के लिए जागरूकता और सही practices जरूरी हैं।

4. Digital platforms पर सुरक्षित रहने के लिए strong passwords, two-factor authentication, और secure browsing जैसे steps को अपनाना चाहिए।

5. Government और educational institutions को भी cyber security जागरूकता बढ़ाने के लिए काम करना चाहिए।

Chapter 1 Checklist: Cyber security Awareness: इन प्रश्नों के उत्तर देकर अपने ज्ञान और सतर्कता की जाँच करें

No.	Questions	Yes (हाँ)	No (नहीं)
1	क्या आप जानते हैं कि cyber security का मतलब आपके data और online activities को सुरक्षित रखना है?		
2	क्या आपने कभी सोचा है कि आपका data भी cyber criminals के लिए valuable हो सकता है?		
3	क्या आप मानते हैं कि सिर्फ बड़ी companies और organizations ही cyber attacks का शिकार होते हैं?		
4	क्या अब आप ये मानते है की केवल password को लगाना सुरक्षा की गारण्टी नहीं है		

No.	Questions	Yes (हाँ)	No (नहीं)
5	क्या आप regularly software updates install करने के बारें में सतर्क रहते है		
6	क्या आपने अपने two-factor authentication (2FA) के बारें में इसके पहले कोई कदम उठाये थे ?		
7	क्या आप public Wi-Fi networks का इस्तेमाल करते वक्त VPN का इस्तेमाल करते हैं?		
8	क्या आपने कभी suspicious email या message पर click किया है?		
9	क्या आपको यह पता है कि phishing attacks के दौरान fake emails कैसे दिखते हैं?		
10	क्या आप cyber threats के प्रति सतर्क रहते हैं और अपने परिवार को भी इसके बारे में aware करते हैं?		

Referance Link

[1] https://government.economictimes.indiatimes.com/news/secure-india

[2] https://en.wikipedia.org/wiki/WannaCry_ransomware_attack

[3] https://en.wikipedia.org/wiki/Morris_worm

[4] https://github.com/Aleem20/Kevin-Mitnick-Attack

[5] https://en.wikipedia.org/wiki/2007_cyberattacks_on_Estonia

[6] https://en.wikipedia.org/wiki/Stuxnet

[7] https://en.wikipedia.org/wiki/2017_Equifax_data_breach

[8] https://www.forbes.com/councils/forbestechcouncil/2021/11/23/whats-blocking-the-adoption-of-passwordless-authentication/

[9] https://en.wikipedia.org/wiki/Facebook%E2%80%93Cambridge_Analytica_data_scandal

[10] https://www.securityinfowatch.com/retail/article/53098895/the-target-breach-10-years-later

[11] https://en.wikipedia.org/wiki/Yahoo_data_breaches

[12] https://en.wikipedia.org/wiki/Facebook%E2%80%93Cambridge_Analytica_data_scandal

[13] https://redriver.com/security/target-data-breach#:~:text=During%20the%20Target%20breach%2C%20cybercriminals,always%20a%20weakest%20link%20proposition

[14] https://www.bbc.com/news/world-asia-india-44897714

अध्याय 2

Cyber Attacks के प्रकार

2.1. Phishing Attacks

Phishing attacks आज के समय में सबसे common और खतरनाक cyber attacks में से एक हैं। इन attacks का मकसद होता है लोगों को trick करके उनकी personal, financial, या login details चोरी करना। Phishing attacks को अंजाम देने के लिए attackers generally emails, messages, या social media platforms का इस्तेमाल करते हैं। इस attack में users को ऐसा लगता है कि उन्हें किसी legit source, जैसे bank या trusted company से message मिला है, लेकिन असल में वो message एक fake है।

Phishing attacks इतने कामयाब इसलिए होते हैं क्योंकि cyber criminals लोगों की भावनाओं, curiosity, और ignorance का फायदा उठाते हैं। आमतौर पर phishing messages या emails में कोई urgent action की demand की जाती है, जैसे "आपका account बंद हो रहा है, तुरंत login करें" या "आपकी shipment में problem है, link पर click करें।"

Phishing Attack के Types

Phishing attacks कई प्रकार के होते हैं, और cyber criminals अलग-अलग techniques का इस्तेमाल करके users को trick करते हैं। नीचे कुछ common types के phishing attacks दिए गए हैं:

1. **Email Phishing**: ये सबसे common type का phishing attack है, जिसमें attackers fake emails भेजते हैं जो देखने में बिल्कुल real लगती हैं। Example के लिए, आपको ऐसा email आ सकता है जो आपके bank की तरह दिखे और आपसे login करने को कहे। जब आप उस email में दिए गए link पर click करते हैं, तो आप fake website पर पहुंच जाते हैं, जहाँ आपसे आपकी login credentials चोरी कर ली जाती हैं।

2. **Spear Phishing**: Spear phishing में attackers किसी specific individual या organization को target करते हैं। इस type के attack में बहुत ही personalized और targeted messages भेजे जाते हैं, जो victim के बारे में काफी information जानते हुए design किए गए होते हैं। Example के लिए, एक attacker किसी कंपनी के CEO को email भेज सकता है, जो देखने में ऐसा लगेगा जैसे वो email उसी कंपनी के किसी employee ने भेजा हो।

3. **Whaling**: Whaling एक special type का spear phishing attack होता है, जिसमें high-profile individuals को target किया जाता है, जैसे CEOs, CFOs, और अन्य बड़े executives। इसमें attackers बड़े-बड़े transactions

को manipulate करने की कोशिश करते हैं, और इसलिए इस attack को financial fraud के लिए इस्तेमाल किया जाता है।

4. **Smishing**: Smishing, phishing का एक ऐसा type है, जहाँ attackers text messages (SMS) के ज़रिए victims को target करते हैं। यह messages देखने में किसी bank या government agency के official messages जैसे लगते हैं और users को किसी suspicious link पर click करने के लिए trick करते हैं। Example के तौर पर, आपको ऐसा SMS आ सकता है जिसमें कहा जाए कि "आपका bank account block हो गया है, इस link पर click करें।"

5. **Vishing**: Vishing, voice phishing का short form है। इस तरह के attack में cyber criminals phone calls का इस्तेमाल करते हैं और खुद को कोई trusted entity, जैसे bank officer या government official, के रूप में पेश करते हैं। Vishing attacks में attackers generally users से उनके bank account details, PIN, या credit card numbers लेने की कोशिश करते हैं।

Google और Facebook Phishing Attack (2015-2013)

Google और Facebook जैसी बड़ी companies भी phishing attacks का शिकार हो चुकी हैं। 2013 से 2015 के बीच, एक Lithuanian hacker ने fake emails भेजकर इन tech giants से करीब $100 million की रकम चुरा ली थी। यह phishing attack इतना sophisticated था कि hackers ने legit-looking invoices और communication channels का इस्तेमाल किया, जिससे companies को इस scam का पता नहीं चल सका। यह attack बताता है कि phishing कितनी बड़ी कंपनियों को भी नुकसान पहुँचा सकता है, और इसकी sophisticated planning cyber criminals को कामयाब बना देती है। [1]

2.2. Malware और Ransomware

Malware और **Ransomware** cyber attacks के सबसे खतरनाक रूपों में से एक हैं। Malware का मकसद आपके computer या network को नुकसान पहुँचाना, information चोरी करना, या unauthorized access लेना होता है। वहीं, Ransomware एक खास प्रकार का malware है जो आपके data को encrypt कर देता है और फिर उसे unlock करने के लिए फिरौती की मांग करता है।

Malware क्या होता है?

Malware शब्द दो शब्दों से मिलकर बना है—**Malicious Software**। यह एक ऐसा software होता है जिसे खास तौर पर systems में घुसपैठ करने, information चोरी करने, या नुकसान पहुँचाने के लिए design किया जाता है। Malware कई प्रकार के होते हैं और हर एक का अलग-अलग purpose हो सकता है।

Malware को अक्सर किसी link या file के ज़रिए आपके computer में inject किया जाता है। यह आपके system में घुसकर confidential data चुरा सकता है, आपके computer को slow कर सकता है, या फिर उसे control में ले सकता है।

Malware के common types:

1. **Virus**: Virus एक ऐसा malware होता है जो self-replicate करता है और आपके system को धीरे-धीरे infect करता है। एक बार जब virus आपके system में होता है, तो यह आपकी files को corrupt कर सकता है और पूरे system को unstable बना सकता है।

2. **Trojan Horse**: Trojan एक ऐसा malware है जो legitimate software की तरह दिखता है, लेकिन इसके अंदर malicious code छिपा होता है। जब users इसे install करते हैं, तो यह silently उनके system में घुसकर unauthorized access ले लेता है।

3. **Spyware**: Spyware का मकसद आपके system में silently घुसकर आपकी activities को monitor करना होता है। यह आपके passwords, browsing history, और अन्य sensitive information को track करता है और attackers को भेजता है।

4. **Adware**: Adware का primary purpose आपको unwanted advertisements दिखाना होता है। हालांकि यह malware harmless लग सकता है, लेकिन यह आपके system की performance को धीमा कर सकता है और personal data भी track कर सकता है।

Ransomware क्या होता है?

Ransomware एक ऐसा malware है जो आपके computer या system के data को lock या encrypt कर देता है, और फिर उसे unlock करने के लिए hackers आपसे ransom (फिरौती) की मांग करते हैं। यह cyber attacks का सबसे खतरनाक रूप माना जाता है क्योंकि इससे न सिर्फ financial नुकसान होता है, बल्कि आपकी important files और data permanently खो भी सकता है।

Ransomware attacks के दौरान, hackers आपके system को completely control में ले लेते हैं और तब तक access नहीं

देते जब तक कि आप फिरौती न चुका दें। Payment आमतौर पर cryptocurrencies में मांगी जाती है ताकि attackers को trace करना मुश्किल हो।

Colonial Pipeline Ransomware Attack (2021)

2021 में, **Colonial Pipeline** ransomware attack का शिकार हुआ। ये attack इतना बड़ा था कि इसके कारण United States के east coast पर fuel supply temporarily बंद हो गई। Attackers ने Colonial Pipeline के systems को infect करके करीब 100GB data चोरी किया और फिरौती की मांग की। Company को operations resume करने के लिए $4.4 million की फिरौती चुकाना पडी। इस attack ने दिखाया कि ransomware कितनी बड़ी organizations और critical infrastructure को भी प्रभावित कर सकता है।[2]

Malware और Ransomware अटैक के प्रमुख कारण

1. **Phishing Attacks: Malware Attack via Phishing** तब होता है जब साइबर अपराधी एक धोखाधड़ी भरा email या message भेजते हैं, जिसमें malicious link या attachment होता है। जब user उस link पर क्लिक करता है या attachment खोलता है, तो malware उनके device में install हो जाता है। यह malware user के personal data को चोरी कर सकता है, banking information तक पहुंच सकता है, या पूरे system को control में ले सकता है। Phishing attacks का मकसद users को धोखा देकर malware download कराने का होता है, जिससे उनकी जानकारी का दुरुपयोग किया जा सके।

2. **Outdated Software और Operating Systems**: जब systems और software को timely update नहीं किया जाता, तो उनमें vulnerabilities रह जाती हैं, जिनका फायदा malware exploit करता है। Attackers उन weaknesses का इस्तेमाल करके unauthorized access प्राप्त कर लेते हैं। **WannaCry Ransomware Attack** इसका एक example है, जिसमें outdated Windows systems को target किया गया था।

3. **Suspicious Websites और Downloads**: कई बार users बिना trusted sources से software या files download करते हैं। इन downloads में hidden malware हो सकता है, जो system में घुसपैठ कर सकता है। Cracked software और illegal content के साथ malware फैलाने के लिए ये एक common तरीका है।

4. **Weak Network Security**: अगर कोई network properly secure नहीं है, तो cyber criminals उस पर attack करके systems में malware या ransomware inject कर सकते हैं। Public Wi-Fi networks पर यह risk और भी ज़्यादा होता है, जहाँ attackers बिना encryption के networks को exploit कर सकते हैं।

5. **USB Drives और External Devices**: Untrusted या unknown USB drives को system में insert करने से malware या ransomware फैल सकता है। Attackers USB drives में malware inject करके उन्हें ऐसे जगहों पर छोड़ देते हैं, जहाँ लोग उन्हें curiosity में इस्तेमाल करते हैं।

Malware और Ransomware अटैक के परिणाम (Consequences)

1. **Financial Loss**: Ransomware attacks के बाद attackers फिरौती (ransom) मांगते हैं, जिसे चुकाने के लिए companies या individuals को बड़ी रकम देनी पड़ सकती है। साथ ही, malware के कारण financial frauds हो सकते हैं, जहां attackers bank accounts से unauthorized तरीके से पैसे निकाल लेते हैं।

2. **Data Loss और Corruption**: Ransomware के attack में आपके सभी files और data को encrypt कर दिया जाता है, जिससे आप अपने important files को access नहीं कर पाते। कई बार अगर फिरौती नहीं चुकाया जाता, तो data permanently delete या corrupt हो सकता है।

3. **System Disruption और Downtime**: Malware और ransomware attacks के कारण पूरे systems और networks को shutdown करना पड़ता है, ताकि further damage को रोका जा सके। इसका result यह होता है कि businesses को downtime face करना पड़ता है, जिससे operations बंद हो जाते हैं और revenue का नुकसान होता है।

4. **Reputation Damage**: अगर किसी company का system malware या ransomware से प्रभावित होता है और उसके customers का data leak हो जाता है, तो इसकी वजह से company की reputation पर बड़ा असर पड़ता है। Customers का trust टूट जाता है और company को recovery में कई साल लग सकते हैं।

5. **Legal और Regulatory Penalties**: Data protection और privacy laws जैसे **GDPR (General Data Protection Regulation)** या **India's Data Protection Bill** के तहत, अगर किसी organization के systems से unauthorized तरीके से data चोरी होता है, तो उस company को legal actions और penalties का सामना करना पड़ सकता है। यह fines और compensation बहुत भारी हो सकते हैं।

6. **Identity Theft**: Malware attacks के जरिए cyber criminals आपकी personal information, जैसे कि passwords, credit card details, और अन्य sensitive data चुरा सकते हैं। इसका इस्तेमाल करके attackers identity theft को अंजाम दे सकते हैं, जिससे आपको financial और personal नुकसान हो सकता है।

Ransomware as a Service (RaaS) – एक बड़ा खतरा

Ransomware as a Service (RaaS) आज के समय में cyber criminals के लिए एक खतरनाक और तेजी से बढ़ता हुआ business model बन चुका है। यह एक ऐसा model है जहाँ cyber criminals ransomware को एक service की तरह lease पर उपलब्ध कराते हैं। इसका मतलब यह है कि technical expertise के बिना भी कोई व्यक्ति या group इस service को खरीद सकता है और ransomware attacks को अंजाम दे सकता है।

RaaS का इस्तेमाल criminal organizations, hackers, या यहां तक कि beginners भी कर सकते हैं, जिनके पास ransomware attack को deploy करने के लिए technical knowledge नहीं है।

इससे ransomware attacks का खतरा और भी बढ़ गया है, क्योंकि अब इसे खरीदने और चलाने के लिए specialized hacking skills की जरूरत नहीं रह गई है।

RaaS कैसे काम करता है?

Ransomware as a Service उसी तरह काम करता है जैसे कोई cloud service या software as a service (SaaS) platform। Cyber criminals ransomware software को design और develop करते हैं और फिर इसे dark web पर lease पर देते हैं। इसमें कई features शामिल होते हैं, जैसे कि:

1. **Subscription Model**: RaaS platforms subscription-based होते हैं, जिसमें attackers monthly या yearly fee देकर ransomware का इस्तेमाल कर सकते हैं। यह model ransomware को "as a service" उपलब्ध कराता है, जिसमें cyber criminals को अपना ransomware code बनाने की जरूरत नहीं होती।

2. **Affiliate Programs**: RaaS platforms के लिए affiliates काम करते हैं, जो ransomware को फैलाने में मदद करते हैं। जब कोई affiliate successful attack करता है और ransom collect करता है, तो उसका एक percentage ransomware developer को commission के तौर पर जाता है।

3. **User-Friendly Interface**: RaaS platforms बहुत ही user-friendly interfaces provide करते हैं, जिससे beginners भी आसानी से ransomware को deploy कर सकते हैं। इन platforms में tutorials, FAQs, और support

systems होते हैं ताकि users को ransomware campaign को शुरू करने में आसानी हो।

4. **Customization Options**: RaaS platforms attackers को ransomware को customize करने की सुविधा भी देते हैं। Attackers ransom amount, payment methods, encryption algorithms, और target audience को customize कर सकते हैं।

RaaS के काम करने का तरीका

1. **RaaS Platform से Subscription लेना**: Attackers dark web पर RaaS platform से subscription लेते हैं। यह subscription model monthly या एक-time payment पर आधारित होता है।

2. **Ransomware को Deploy करना**: Attackers phishing emails, malicious links, या infected websites के जरिए ransomware को फैलाते हैं। जैसे ही user इन links या attachments पर click करता है, ransomware उनके system में install हो जाता है और data को encrypt कर देता है।

3. **Ransom Demand करना**: Attackers victim से फिरौती मांगते हैं ताकि उनके data को decrypt किया जा सके। आमतौर पर ransom की payment crypto currencies (जैसे Bitcoin) में की जाती है ताकि attackers को trace करना मुश्किल हो।

4. **Ransom का Collection और Sharing**: जब victim ransom का payment करता है, तो payment RaaS platform के जरिए collect की जाती है। Collected ransom का एक हिस्सा ransomware developer को जाता है और बाकी हिस्सा affiliate या attacker के पास आता है।

IBM जैसी कंपनी ने इस पर क्या चिंता जताई है?

IBM जैसी बड़ी technology company ने **RaaS** की बढ़ती threats को लेकर गंभीर चिंता जताई है। IBM's X-Force Threat Intelligence ने अपनी report में कहा है कि RaaS platforms के कारण ransomware attacks की संख्या तेजी से बढ़ रही है, और इन attacks की sophistication भी दिन-प्रतिदिन बढ़ती जा रही है। IBM के अनुसार, cyber criminals अब organized groups की तरह operate कर रहे हैं और ransomware को एक professional service की तरह deploy कर रहे हैं, जिससे इसे रोकना और भी मुश्किल हो रहा है।

IBM ने कुछ प्रमुख concerns को highlight किया है:

1. **Accessibility और Scalability**: RaaS platforms की वजह से ransomware attacks की accessibility और scalability बढ़ गई है। अब कोई भी व्यक्ति technical knowledge के बिना बड़े पैमाने पर ransomware attacks को launch कर सकता है, जिससे इस तरह के attacks का खतरा exponential तरीके से बढ़ गया है।

2. **Economic और Infrastructure Impact**: IBM का मानना है कि RaaS की वजह से critical infrastructure,

जैसे healthcare, banking, और government sectors पर गंभीर खतरा मंडरा रहा है। हाल ही में हुए कई ransomware attacks ने इन sectors को temporarily shut down कर दिया, जिससे economic losses और public safety पर भी असर पड़ा।

3. **Double Extortion Technique**: IBM ने ये भी चिंता जताई है कि RaaS platforms अब **double extortion** techniques का इस्तेमाल कर रहे हैं। इसका मतलब है कि attackers न सिर्फ data को encrypt करते हैं, बल्कि sensitive information को leak करने की धमकी भी देते हैं अगर फिरौती नहीं चुकाया गया। यह technique victims पर और भी ज्यादा pressure डालती है।

4. **Increased Sophistication**: IBM के researchers का कहना है कि RaaS की वजह से ransomware attacks और sophisticated हो रहे हैं। Attackers machine learning, automation, और AI का इस्तेमाल कर रहे हैं ताकि targeted attacks को efficiently अंजाम दिया जा सके।

Ransomware as a Service (RaaS) एक growing threat है, जो cyber crime को और भी accessible और organized बना रहा है। IBM जैसी companies इस बढ़ते खतरे पर ध्यान दे रही हैं और इसके solutions ढूंढने के लिए लगातार काम कर रही हैं। RaaS की वजह से ransomware attacks का ecosystem पूरी तरह बदल चुका है, और इससे निपटने के लिए governments, companies, और individuals को मिलकर advanced security measures को implement करने की जरूरत है।

2.3. Identity Theft और Data Breaches

Digital age में हमारी ज़िन्दगी का एक बड़ा हिस्सा online हो चुका है, और इसी वजह से **Identity Theft** और **Data Breaches** जैसे cyber threats भी तेज़ी से बढ़ रहे हैं। Identity theft का मतलब होता है किसी व्यक्ति की personal information, जैसे नाम, address, bank account details, या credit card numbers को चोरी करके उसका गलत इस्तेमाल करना। वहीं, data breaches उन incidents को कहते हैं जहाँ large-scale data, चाहे वह किसी individual का हो या business का, unauthorized तरीके से access या expose कर दिया जाता है।

Identity Theft क्या है?

Identity theft एक ऐसी प्रक्रिया है जिसमें cyber criminals आपकी personal information को चुरा लेते हैं और फिर उसे fraudulently इस्तेमाल करते हैं। यह आपकी financial information, government IDs (जैसे Aadhaar, PAN), और यहां तक कि social media accounts तक की जानकारी चुरा सकते हैं। इस information का इस्तेमाल करके attackers loans ले सकते हैं, online purchases कर सकते हैं, या फिर आपकी identity को manipulate करके और भी scams कर सकते हैं।

Identity theft का शिकार होना एक बहुत बड़ा financial और emotional trauma हो सकता है, क्योंकि इससे आपकी reputation, credit score, और financial stability प्रभावित होती है।

Data Breach क्या है?

Data breach तब होता है जब किसी company, organization, या institution के systems से confidential और sensitive information चुरा ली जाती है। Data breaches के दौरान attackers बड़ी संख्या में user records, जैसे usernames, passwords, credit card details, और other sensitive data चोरी कर लेते हैं।

Data breaches का सबसे बड़ा नुकसान यह होता है कि बहुत से लोग एक साथ इसका शिकार होते हैं, और कई बार victims को तब तक पता भी नहीं चलता जब तक उनका data dark web पर sell नहीं किया जाता या fraudulent transactions शुरू नहीं हो जातीं।

Real-World Example: Equifax Data Breach (2017)

Equifax, जो कि United States की एक बड़ी consumer credit reporting agency है, 2017 में एक massive data breach का शिकार हुई। इस breach में करीब 147 million लोगों की personal और financial information चुरा ली गई थी, जिसमें social security numbers, birth dates, और addresses शामिल थे। Attackers ने Equifax के systems की vulnerabilities का फायदा उठाया और sensitive information को access कर लिया। इस breach का असर इतना बड़ा था कि आज भी इसे history के सबसे बड़े data breaches में से एक माना जाता है।[3]

Identity Theft और Data Breaches के कारण

Identity theft और data breaches कई वजहों से हो सकते हैं। कुछ common कारण हैं:

1. **Weak Passwords**: अगर आप weak या आसानी से guess किए जा सकने वाले passwords का इस्तेमाल करते हैं, तो attackers के लिए आपका account hack करना बहुत आसान हो जाता है।

2. **Phishing Attacks**: जैसा कि हमने पहले चर्चा की थी, phishing attacks के ज़रिए cyber criminals आपकी login credentials और personal information चुरा सकते हैं। ये attacks खासकर social media और emails के ज़रिए होते हैं, जहाँ users को trick किया जाता है।

3. **Outdated Software और Systems**: बहुत बार companies या individuals अपने systems और software को timely update नहीं करते, जिसकी वजह से systems में vulnerabilities रह जाती हैं। Cyber criminals इन weaknesses का फायदा उठाकर systems में unauthorized access पा सकते हैं।

4. **Social Engineering**: Social engineering attacks के ज़रिए attackers psychologically manipulate करके users से उनकी personal या financial information ले लेते हैं। यह attack कई बार emails, phone calls, या social media पर किया जाता है।

Identity Theft और Data Breaches के Consequences

1. **Financial Loss**: Identity theft और data breaches का सबसे immediate और direct impact financial loss के रूप में होता है। Attackers आपकी bank accounts, credit

cards, और online wallets का unauthorized तरीके से इस्तेमाल करके आपका पैसा चोरी कर सकते हैं। कई बार victims को इसका पता तब तक नहीं चलता जब तक कि उनके account से पैसे गायब नहीं हो जाते या उन्हें fraudulent transactions के बारे में notification नहीं मिलता।

2. **Reputation Damage**: Identity theft का दूसरा बड़ा impact आपकी reputation पर पड़ता है। अगर किसी ने आपकी identity का इस्तेमाल करके loan लिया या धोखाधडी कीं, तो इसका सीधा असर आपकी credibility और reputation पर होता है।

3. **Credit Score पर असर**: अगर attackers आपकी identity का इस्तेमाल करके loans या credit cards के लिए apply करते हैं और default करते हैं, तो इसका सीधा असर आपके credit score पर पड़ता है। इससे भविष्य में आपको loans या financial assistance मिलने में मुश्किल हो सकती है।

4. **Legal और Regulatory Issues**: Data breaches का असर companies पर भी पड़ता है, क्योंकि उन्हें legal penalties और regulatory fines का सामना करना पड़ सकता है। GDPR (General Data Protection Regulation) जैसे कानून data protection को enforce करते हैं, और अगर कोई company अपने customers के data को सुरक्षित करने में fail होती है, तो उसे बड़ा आर्थिक नुकसान उठाना पड़ता है।

2.4. Social Engineering

Social Engineering cyber crime का एक ऐसा तरीका है जिसमें cyber criminals लोगों को मनोवैज्ञानिक तरीके से भ्रमित करते हैं ताकि वो उनकी निजी और गुप्त information चुरा सकें। Social engineering attacks में attackers सीधे technology को bypass नहीं करते, बल्कि वो लोगों की भावनाओं, विश्वास, और जिज्ञासा का फायदा उठाकर उन्हें trick करते हैं। इन attacks का मकसद होता है कि लोग अपनी security practices को भूलकर sensitive information शेयर कर दें, जैसे passwords, bank details, या confidential documents।

Social engineering cyber attacks के सबसे खतरनाक प्रकारों में से एक है, क्योंकि इसमें technology को hack करने से ज्यादा इंसान की भावनाओं और मानसिकता को exploit किया जाता है।

Social Engineering के प्रमुख प्रकार

Social engineering के कई अलग-अलग तरह के होते हैं, और cyber criminals कई तरह के हथकंडों का इस्तेमाल करके victims को trap करते हैं। हम सबके लिए नीचे दिए गए तरीकों को समझना बहुत जरूरी है

1. **Phishing**: जैसा कि हमने पहले चर्चा की थी, phishing social engineering का सबसे आम तरीका है। इसमें attackers emails, SMS, या social media messages के जरिए victims को trick करते हैं ताकि वो अपनी personal information या login credentials शेयर कर दें। ये

messages देखने में बिल्कुल real लगते हैं और अक्सर urgent action की demand करते हैं, जैसे "आपका account बंद हो रहा है" या "आपको एक important document sign करना है।"

2. **Pretexting**: Pretexting एक ऐसा attack है जिसमें attacker एक आभासीय वातावरण (pretext) खडा करता है ताकि victim उससे अपनी confidential information शेयर कर दे। Example के लिए, attacker खुद को कोई trusted official, जैसे bank employee या government representative, के रूप में present कर सकता है और victim से sensitive information माँग सकता है। Pretexting attacks में attackers काफी convincing और well-researched pretext का इस्तेमाल करते हैं।

3. **Baiting**: Baiting में attackers किसी आकर्षक लुभावने आफर या उपहारों का इस्तेमाल करके victims को lure करते हैं। यह physical और digital दोनों रूपों में हो सकता है। Example के लिए, attacker infected USB drives को किसी public place (जैसे parking lot) में छोड़ सकता है। जब कोई जिज्ञासु व्यक्ति उस USB drive को अपने computer में लगाता है, तो malware automatically install हो जाता है। Online baiting में attackers free movie downloads, software cracks, या premium content access का लालच देकर malware फैलाते हैं।

4. **Vishing**: Vishing या voice phishing एक ऐसा तरीका है जिसमें attackers phone calls के जरिए victims से गोपनीय

जानकारियाँ निकालते हैं। Attacker खुद को bank officer, insurance agent, या किसी दूसरी trusted entity के रूप में present करता है और victim से financial information या personal details मांगता है।

5. **Tailgating**: Tailgating एक physical social engineering technique है, जिसमें attacker unauthorized तरीके से secure premises में घुसपैठ करता है। उदाहरण के लिए, attacker किसी employee के पीछे चलते हुए बिना proper identification के office building में प्रवेश कर सकता है।

6. **Quid Pro Quo**: Quid Pro Quo attack में attacker victim को कुछ देने का वादा करता है, बदले में victim से कुछ information या access मांगता है। Example के तौर पर, attacker खुद को IT support के रूप में पेश कर सकता है और victim से उनके system access या login credentials मांग सकता है, यह कहकर कि वो उनकी technical problem को ठीक करेगा।

X Social Engineering Attack (2020)

2020 में X पर एक बड़ा social engineering attack हुआ, जिसमें कई high-profile accounts, जैसे Elon Musk, Bill Gates, और Jeff Bezos के accounts compromise हुए थे। Attackers ने X employees को target किया और उनसे sensitive credentials हासिल करके company के internal systems को access किया। इसके बाद, उन्होंने high-profile accounts से bitcoin scam के

messages पोस्ट किए, जिसमें लोगों से bitcoins send करने की demand की गई। यह attack social engineering के खतरों को बताता है, जहाँ employees को trick करके पूरे platform को compromise किया जा सकता है।[4]

Social Engineering Attacks के Results

Social engineering attacks के कई खतरनाक परिणाम हो सकते हैं:

1. **Financial Loss**: Social engineering attacks का सबसे ज्यादा बडा नतीजा financial loss होता है। जब attackers victims की personal या financial information चुरा लेते हैं, तो वे इसका इस्तेमाल करके unauthorized transactions कर सकते हैं, bank accounts से पैसे निकाल सकते हैं, या credit cards का गलत इस्तेमाल कर सकते हैं।

2. **Data Breach और Identity Theft**: Social engineering attacks के जरिए attackers victims की identity चुराकर उसके नाम पर loans ले सकते हैं, धोखाधडी कर सकते हैं, या फिर sensitive corporate data को expose कर सकते हैं। यह न सिर्फ individual victims के लिए, बल्कि businesses के लिए भी खतरा बन सकता है।

3. **Reputation Damage**: अगर social engineering attack किसी business organization पर होता है और उनका confidential data leak हो जाता है, तो इससे उनकी reputation को बहुत बड़ा नुकसान होता है। Customers

और clients का trust टूट सकता है, और इससे business की growth और market value पर भी असर पड़ता है।

4. **Security Compromise**: कई बार social engineering attacks के जरिए attackers किसी organization के अंदरूनी systems या secure premises में घुसपैठ कर लेते हैं। इससे पूरे organization की security compromise हो सकती है, और attackers critical systems को control कर सकते हैं।

2.5. Distributed Denial of Service (DDoS) Attacks

Distributed Denial of Service (DDoS) attacks cyber criminals द्वारा इस्तेमाल किए जाने वाले सबसे विध्वंसक और खतरनाक methods में से एक हैं। इन attacks का मुख्य उद्देश्य किसी website, service, या network को temporarily unavailable या inaccessible बनाना होता है। DDoS attacks में cyber criminals एक साथ कई computers और devices का इस्तेमाल करते हैं ताकि targeted systems पर इतना ज्यादा traffic भेजा जा सके कि वो system overload हो जाए और crash कर जाए।

DDoS attacks का मकसद किसी service को बंद करना होता है, ताकि सामान्य users उस सेवा को इस्तेमाल न कर सकें। इससे businesses को financial नुकसान हो सकता है और उनकी साख पर भी बुरा असर पड़ सकता है।

DDoS Attack कैसे काम करता है?

DDoS attacks में cyber criminals कई compromised computers (जिन्हें **botnets** कहा जाता है) का इस्तेमाल करके एक targeted system या website पर लगातार बहुत सा traffic भेजते हैं। Botnets में बहुत सारे computers और devices infected होते हैं, जो hackers के control में होते हैं। Attackers इन botnets का इस्तेमाल करके targeted system पर इतना ज्यादा data या traffic भेजते हैं कि वो system overload हो जाता है और सामान्य users के लिए inaccessible हो जाता है।

DDoS attacks में तीन मुख्य components होते हैं:

1. **Attacker**: Attacker वो व्यक्ति या group है जो DDoS attack को plan करता है। ये attacker botnets का इस्तेमाल करके attack को अंजाम देता है।

2. **Botnets**: Botnets compromised computers या devices का एक network होते हैं, जो hackers के control में होते हैं। ये devices पूरी दुनियाँ में फैले होते हैं और जब attack execute किया जाता है, तो सभी botnets एक साथ targeted system पर traffic भेजते हैं।

3. **Target**: Targeted system या website वो होती है जिसे cyber criminals inaccessible बनाना चाहते हैं। यह target कोई बड़ी website, e-commerce platform, या government service हो सकती है।

DDoS Attacks के प्रमुख Types

1. **Volumetric Attacks**: Volumetric DDoS attacks में attacker targeted system पर बहुत बडी मात्रा में में traffic भेजता है, ताकि available bandwidth को consume किया जा सके। इसका नतीजा यह होता है कि सामान्य उपभोक्ता को सेवा उपयोग करने में परेशानी होती है। Volumetric attacks का पहला निशाना bandwidth exhaustion होता है।

2. **Application-Layer Attacks**: Application-layer DDoS attacks का target specific applications या

services होते हैं। उदाहरण के लिए, एक attacker किसी web server के resources को exhaust करने के लिए विशेष तौर पर बनाए गए HTTP requests भेज सकता है, ताकि वो server overload हो जाए। इन attacks को विशेष तौर पर बनाए गए करना मुश्किल होता है क्योंकि इनका traffic सामान्य गतिविधी की तरह दिखता है।

3. **Protocol Attacks**: Protocol attacks network infrastructure को target करते हैं। ये attacks targeted system के resources जैसे firewalls और load balancers को exploit करते हैं, ताकि वो services को handle न कर सकें। उदाहरण के लिए, **SYN Flood** attack एक common protocol attack है, जिसमें attackers incomplete connection requests भेजते हैं और network को overload कर देते हैं।

GitHub DDoS Attack (2018)

2018 में **GitHub**, जो दुनिया की सबसे बड़ी code hosting platforms में से एक है, को अब तक के सबसे बड़े DDoS attacks का सामना करना पड़ा। इस attack में लगभग 1.35 Tbps (terabits per second) traffic GitHub के servers पर भेजा गया, जिसने temporarily उनकी services को ठप कर दिया। हालाँकि, GitHub की टीम ने जल्दी से traffic को कम किया, लेकिन यह attack DDoS attacks की capability को दर्शाता है कि कैसे ये बड़े platforms को भी प्रभावित कर सकते हैं।

DDoS Attacks के परिणाम

DDoS attacks के कई गंभीर परिणाम हो सकते हैं, खासकर businesses और organizations के लिए:

1. **आर्थिक नुकसान**: जब कोई website या service DDoS attack का शिकार होती है, तो उस downtime की वजह से businesses को बहुत बड़ा आर्थिक नुकसान हो सकता है। E-commerce websites, banking services, और online platforms को उनके downtime के दौरान revenue loss का सामना करना पड़ता है।

2. **प्रतिष्ठा की हानी:** DDoS attacks का एक और बड़ा impact businesses की reputation पर पड़ता है। जब customers किसी service को access नहीं कर पाते, तो इसका बुरा असर brand loyalty पर पड़ता है। अगर किसी business की service repeatedly DDoS attacks का शिकार होती है, तो customers उस platform से trust खो सकते हैं।

3. **कार्यों मे देरी:** DDoS attacks services और operations को temporarily disrupt कर देते हैं। ये attacks critical infrastructure, जैसे healthcare systems, government services, और financial institutions पर भी प्रभाव डाल सकते हैं, जिससे public safety और security पर असर पड़ता है।

4. **नियंत्रण के लिए खर्च:** DDoS attacks को रोकने और काबू मे करने के लिए companies को बहुत सारा पैसा खर्च करना पड़ता है। उन्हें dedicated DDoS protection services,

firewalls, और load balancers का इस्तेमाल करना पड़ता है ताकि future attacks को रोका जा सके। ये सभी measures काफी महंगे होते हैं।

DDoS Attacks से बचने के तरीके

DDoS attacks से बचने के लिए businesses और organizations को नीचे बताए जा रहे सुरक्षा मानकों और उपायों को तेजी से लागू करना जरूरी है:

1. **DDoS Protection Services**: कई cloud-based DDoS protection services उपलब्ध हैं, जैसे **Cloudflare** और **Akamai**, जो network traffic को analyze करके malicious traffic को filter करते हैं। ये services आपकी website या service को DDoS attacks से सुरक्षित करने में मदद करती हैं।

2. **Load Balancing और Traffic Distribution**: Load balancers का इस्तेमाल करके network traffic को distribute किया जा सकता है ताकि किसी एक server पर ज्यादा load न पड़े। Load balancing से DDoS attacks को effectively handle किया जा सकता है।

3. **Rate Limiting**: Rate limiting एक तकनीक है जिससे आप specific IP addresses से आने वाले traffic की मात्रा को limit कर सकते हैं। अगर किसी IP से असामान्य तौर पर high traffic आ रहा है, तो आप उसे block या restrict कर सकते हैं।

4. **Redundant Servers**: Redundant servers और data centers का इस्तेमाल करके आप DDoS attacks के असर को कम कर सकते हैं। अगर एक server या data center attack का शिकार हो जाता है, तो दूसरा server operational रह सकता है, जिससे service downtime को खत्म किया जा सकता है।

5. **Monitoring और Alerts**: Network traffic को real-time में monitor करना और असामान्य traffic बढत के लिए alerts set करना जरूरी है। इससे आप जल्दी से संदिग्ध activity की पहचान कर सकते हैं और action ले सकते हैं।

2.6. Zero-Day Exploits

Zero-day exploits cyber attacks का एक बेहद खतरनाक और जटिल तरीका है, जिसमें attackers software की कमजोरियों का फायदा उठाते हैं जिनके बारे में software vendors या developers को पहले से कोई जानकारी नहीं होती। चूंकि इस vulnerability के बारे में कोई पहले से aware नहीं होता, इसलिए इसे fix करने का भी कोई तरीका नहीं होता—इसीलिए इसे **"Zero-Day"** कहा जाता है। जब तक developers इस चूक को समझकर करके सुधार नहीं कर लेते, तब तक attackers इसका फायदा उठाते हैं।

Zero-day attacks की पहचान करना बेहद मुश्किल होता है क्योंकि ये उन खामियों को target करते हैं जो पहले से अज्ञात होती हैं। इन attacks का इस्तेमाल sensitive data चुराने, systems को damage करने, या unauthorized access पाने के लिए किया जाता है।

Zero-Day Exploits कैसे काम करते हैं?

Zero-day exploit में सबसे पहला कदम किसी software, operating system, या application में एक कमजोर खामी को ढूंढना होता है। यह खामी किसी software के code में एक दोष हो सकता है जो attackers को unauthorized access या control देता है।

Zero-day exploit की महत्वपूर्ण चालें:

1. **खामियों की खोज:** Attackers सबसे पहले software या application में खामियों को ढूंढते हैं। यह कमजोरी code में bugs या loopholes हो सकते हैं, जिन्हें attackers अपने फायदे के लिए इस्तेमाल करते हैं। कई बार यह खामियाँ अनजाने में या research के जरिए सामने आती हैं।

2. **Exploit का Development**: खामियों की पहचान करने के बाद, attackers उसके इस्तेमाल के लिए एक attack code develop करते हैं। यह code exploit को execute करने के लिए design किया जाता है और attackers इसे malware या अन्य attack methods के साथ शामिल कर सकते हैं।

3. **Attack का Execution**: Attackers इस exploit का इस्तेमाल करते हुए systems या networks पर attack करते हैं। चूंकि vulnerability zero-day होती है, यानी इसकी जानकारी developers को नहीं होती, इसका कोई patch या fix भी नहीं होता। Attackers इसका फायदा उठाकर targeted systems को compromise करते हैं।

Stuxnet Zero-Day Attack (2010)

Stuxnet एक बहुत ही famous zero-day exploit है जो 2010 में सामने आया था। यह malware खास तौर पर Iran के nuclear facilities को target करने के लिए इस्तेमाल किया गया था। Stuxnet ने Microsoft Windows operating system के multiple zero-day vulnerabilities का फायदा उठाया और Iran के nuclear centrifuges को भी नुकसान किया।[5]

Stuxnet ने show किया कि zero-day exploits का इस्तेमाल सिर्फ financial या personal data के लिए नहीं, बल्कि critical infrastructure को target करने के लिए भी किया जा सकता है। यह attack इतना जटिल था कि इसे nation-state-sponsored attack माना जाता है।

Zero-Day Exploits के Results

Zero-day exploits के बहुत गंभीर परिणाम हो सकते हैं, क्योंकि इन attacks का पता लगाना और उन्हें रोकना बेहद मुश्किल होता है:

1. **Data Theft और Espionage**: Zero-day exploits का इस्तेमाल attackers data चोरी करने के लिए करते हैं, खासकर sensitive और confidential information। इस information का इस्तेमाल financial fraud, identity theft, या espionage के लिए किया जा सकता है।

2. **System और Network Compromise**: Zero-day attacks में systems और networks को पूरी तरह से control में लिया जा सकता है। Attackers network traffic को बाधित कर सकते हैं, sensitive systems को चुरा या बदल सकते हैं, और पूरे infrastructure को down कर सकते हैं।

3. **Financial और Reputational Damage**: Zero-day attacks के कारण businesses और organizations को बड़ा financial नुकसान उठाना पड़ता है। चूंकि यह attacks undetected रहते हैं और समय पर fix नहीं हो पाते, इसका असर लंबे समय तक रहता है। इससे companies की reputation

को भी नुकसान पहुँचता है, खासकर अगर customers का data breach हो जाए।

4. **Critical Infrastructure को नुकसान**: कई बार zero-day exploits का इस्तेमाल critical infrastructure, जैसे energy grids, healthcare systems, और government networks को target करने के लिए किया जाता है। Stuxnet जैसे attacks critical infrastructure को damage करने के सबसे बड़े उदाहरण हैं।

Zero-Day Exploits से बचने के तरीके

Zero-day exploits से पूरी तरह से बचना मुश्किल हो सकता है, क्योंकि यह vulnerabilities unknown होती हैं, लेकिन कुछ security practices से इनका असर कम किया जा सकता है:

1. **Regular Patching और Updates**: हमेशा अपने software, operating systems, और applications को updated रखें। जैसे ही कोई vulnerability detect होती है और उसका patch release होता है, उसे तुरंत apply करें। इससे आपके systems को पकड में आ चुके खतरों से बचाया जा सकता है।

2. **Intrusion Detection Systems (IDS) का इस्तेमाल करें**: Intrusion detection systems आपके network पर suspicious activity को detect कर सकते हैं। IDS malicious traffic और unauthorized access attempts को detect करके zero-day exploits को रोकने में मदद कर सकते हैं।

3. **Behavior-Based Detection**: Behavior-based detection systems उन unusual patterns और activities को detect करते हैं जो zero-day attacks के संकेत हो सकते हैं। चूंकि zero-day attacks traditional signatures का इस्तेमाल नहीं करते, behavior analysis उनके unusual behavior को पहचानने में मदद करता है।

4. **Incident Response Plan**: Businesses और organizations को हमेशा एक incident response plan तैयार रखना चाहिए ताकि zero-day attacks की स्थिति में तेजी से response किया जा सके। इसमें data backup, system isolation, और emergency response steps शामिल होते हैं।

5. **Bug Bounty Programs**: कई बड़ी companies और organizations bug bounty programs आयोजित करती हैं, जिसमें ethical hackers को reward दिया जाता है अगर वो किसी unknown vulnerability को ढूंढते हैं। यह programs zero-day vulnerabilities को पहले से identify करके उनके नुकसान को कम करने में मदद करते हैं।

Zero-day exploits cyber attacks का एक बहुत ही खतरनाक और complex तरीका है, जो किसी भी system या network को बड़े पैमाने पर नुकसान पहुँचा सकता है। चूंकि zero-day vulnerabilities unknown होती हैं, इन्हें exploit करना आसान होता है और इनका detection भी मुश्किल होता है। Regular updates, strong security measures, और proactive monitoring zero-day attacks के impact को minimize

करने में मदद कर सकते हैं। Businesses और organizations को सतर्क रहकर इस तरह के बडे खतरों का सामना करने के लिए तैयार रहना चाहिए।

2.7. Cyber Espionage और Cyber Terrorism

Cyber Espionage और **Cyber Terrorism,** cyber attacks के कुछ सबसे जटिल और खतरनाक प्रकार हैं। इन attacks का मुख्य उद्देश्य political, economic, और military फायदें हासिल करना होता है। जबकि cyber espionage मुख्य रूप से governments और large organizations के sensitive data को चोरी करने के लिए किया जाता है, वहीं cyber terrorism का मकसद आतंक फैलाना और critical infrastructure को नुकसान पहुँचाना होता है।

Cyber Espionage क्या है?

Cyber Espionage का मतलब होता है किसी nation-state, government, या large corporation के sensitive data या classified information को चोरी करना। यह attacks आमतौर पर शत्रु देश की सरकार या competitor organizations द्वारा किया जाता है, जिनका उद्देश्य रणनीतिक फायदें हासिल करना होता है। Cyber espionage का सबसे बड़ा खतरा यह होता है कि इसके जरिए national security से जुड़े critical data चोरी हो सकते हैं, जैसे military plans, defense systems, और confidential diplomatic communications।

Cyber espionage के जरिए attackers आम तौर पर निम्नलिखित चीजें target करते हैं:

1. **Government Secrets**: National defense, foreign policy, और military strategies से जुड़े classified data को target करना।

2. **Corporate Secrets**: बड़ी कंपनियों की trade secrets, intellectual property, और proprietary technology चोरी करना।

3. **Economic Data**: Financial institutions और markets से जुड़ी sensitive information को target करना ताकि global economy पर असर डाला जा सके।

Cyber Terrorism क्या है?

Cyber Terrorism का उद्देश्य cyber space के जरिए political या ideological motives को promote करना और बड़े पैमाने पर damage करना होता है। Cyber terrorism के जरिए attackers critical infrastructure, जैसे power grids, water supply systems, transportation networks, और healthcare systems को target करते हैं, ताकि समाज में chaos और डर फैलाया जा सके।

Cyber terrorism का मुख्य मकसद होता है किसी specific group या ideology को बढ़ावा देना और society में अराजकता पैदा करना। यह attacks किसी भी देश की national security के लिए बड़ा खतरा साबित हो सकते हैं।

Cyber Espionage और Cyber Terrorism के सामान्य तरीकें

1. **Phishing और Spear Phishing**: Attackers phishing emails के जरिए target organizations या governments के employees को trick करके उनकी login credentials या

sensitive information चुराने की कोशिश करते हैं। Spear phishing के जरिए किसी व्यक्ति विशेष को target करके highly personalized messages भेजे जाते हैं।

2. **Advanced Persistent Threats (APT)**: APTs लंबे समय तक चलने वाले cyber attacks होते हैं, जिनमें attackers गुप्त तरीके से एक organization या government के network में घुसपैठ करते हैं और लंबे समय तक बिना पकड मे आए हुए sensitive information को collect करते रहते हैं। APTs cyber espionage और cyber terrorism दोनों के लिए इस्तेमाल किए जा सकते हैं।

3. **Zero-Day Exploits**: Zero-day vulnerabilities का इस्तेमाल करके attackers बिना detection के targeted systems में घुसपैठ कर सकते हैं। Chained zero-day exploits के जरिए attackers कई layers of security को bypass करके confidential information तक पहुंच सकते हैं।

4. **Malware और Ransomware**: Cyber espionage और terrorism में अक्सर malware और ransomware का इस्तेमाल किया जाता है ताकि systems को compromise किया जा सके और critical data को control में लिया जा सके। Ransomware के जरिए attackers critical infrastructure को बंद करके फिरौती की माँग करते हैं।

5. **DDoS Attacks**: Cyber terrorists और state-sponsored attackers DDoS attacks का इस्तेमाल करके जरूरी

सेवायें, जैसे healthcare, banking, और government portals को disrupt कर सकते हैं। DDoS attacks का इस्तेमाल अव्यवस्था फैलाने और सरकारी सेवाओं को ठप करने के लिए किया जाता है।

Operation Aurora (2009)

Operation Aurora एक high-profile cyber espionage attack था, जिसे 2009 में China-based attackers द्वारा launch किया गया था। इस attack का मकसद बड़ी tech companies जैसे **Google**, **Adobe**, और **Yahoo** के intellectual property और source code को चोरी करना था। Attackers ने sophisticated spear phishing campaigns के जरिए company networks में घुसपैठ की और valuable data को चुराने की कोशिश की। [6]

इस attack ने corporate espionage के खतरे को उजागर किया और यह बताया कि कैसे बड़े organizations भी cyber espionage का शिकार हो सकते हैं।

Ukraine Power Grid Attack (2015)

Ukraine Power Grid Attack एक प्रमुख cyber terrorism attack था, जिसने 2015 में Ukraine के power grid को target किया। इस attack के कारण लगभग 230,000 लोग बिजली के बिना रह गए। Attackers ने malware और phishing emails का इस्तेमाल करके power grid के control systems को compromise किया और systems को shutdown कर दिया। [7]

यह attack cyber terrorism का एक बड़ा उदाहरण है, जहाँ critical infrastructure को target किया गया ताकि बड़े पैमाने पर अव्यवस्था पैदा किया जा सके।

Cyber Espionage और Cyber Terrorism के Results

1. **राष्ट्रीय सुरक्षा पर खतरा**: Cyber espionage के जरिए attackers national defense और security से जुड़ी critical information चुरा सकते हैं, जो किसी देश की सुरक्षा के लिए एक बड़ा खतरा साबित हो सकता है। Military secrets और intelligence operations को compromise करने से national security पर सीधा असर पड़ता है।

2. **अर्थव्यवस्था को नुकसान** : Cyber espionage का एक बड़ा असर economy पर भी पड़ता है। अगर competitors किसी company की trade secrets या proprietary technology चुरा लेते हैं, तो इससे business को बड़ा financial नुकसान हो सकता है। वहीं, cyber terrorism से economic infrastructure जैसे banking systems को भी ठप किया जा सकता है।

3. **Public Safety और Chaos**: Cyber terrorism के attacks public safety पर सीधा असर डालते हैं। जब power grids, healthcare systems, या transportation networks को target किया जाता है, तो इसका सीधा असर लोगों की ज़िन्दगियों पर पड़ता है। इसका मकसद समाज में डर और अव्यवस्था फैलाना होता है।

4. **Reputational Damage**: जब किसी organization या government का sensitive data cyber espionage के जरिए leak होता है, तो उसकी reputation पर भी गहरा असर पड़ता है। Confidential information का leak होना trust को खत्म कर सकता है, चाहे वो customers के बीच हो या allies के बीच।

Cyber Espionage और Cyber Terrorism से बचने के तरीके

1. **Advanced Network Monitoring**: संस्थानों और सरकारों को अपने नेटवर्क पर advanced monitoring systems को लागू करना चाहिए, ताकि संदेहास्पद गतिविधियों को जल्दी से पकडा जा सके। Intrusion detection systems (IDS) और behavior-based analysis tools को इस्तेमाल करके APTs और अन्य sophisticated attacks को रोका जा सकता है।

2. **Strong Cyber security Policies**: Strong cyber security policies का होना बहुत जरूरी है। इसमें employee training, multi-factor authentication, और encryption जैसे practices को शामिल करना चाहिए ताकि unauthorized access को रोका जा सके।

3. **Regular Security Audits और Patching**: Regular security audits और timely software patching के जरिए vulnerabilities को कम किया जा सकता है। Vulnerabilities को fix करने से attackers के लिए entry points कम हो जाते हैं।

4. **Incident Response Plan**: Cyber espionage और terrorism attacks के लिए एक मजबूत incident response plan तैयार रखना बेहद जरूरी है। इसमें systems को isolate करने, backups restore करने, और law enforcement agencies को शामिल करने की नीतियाँ होनी चाहिए।

Cyber espionage और cyber terrorism आज की दुनिया में national security और global stability के लिए बड़े खतरे बन चुके हैं। जहां cyber espionage का उद्देश्य sensitive government और corporate data को चोरी करना होता है, वहीं cyber terrorism का मकसद critical infrastructure को damage करके समाज में आतंक फैलाना होता है। Governments, businesses, और organizations को इन sophisticated threats से बचने के लिए advanced security measures और जागरूकता अभियानों को लागू करना चाहिए।

Chapter 2 Summary:

Chapter 2 में हमने विभिन्न प्रकार के cyber attacks के बारे में विस्तार से चर्चा की, जो आज की digital दुनिया में सबसे बड़े खतरे माने जाते हैं। Cyber criminals के पास कई तरीके होते हैं जिनसे वे individuals, organizations, और governments को target कर सकते हैं, और प्रत्येक attack के अपने विशेष तरीकें और परिणाम होते हैं।

1. **Phishing Attacks**: Phishing cyber attacks का सबसे common तरीका है, जिसमें attackers fake emails या messages के ज़रिए victims से personal और financial information चुराते हैं। Phishing के कई प्रकार होते हैं, जैसे spear phishing और whaling, जो specific individuals को target करते हैं।

2. **Malware और Ransomware**: Malware malicious software होता है, जो systems को infect करके data चोरी करता है या systems को damage करता है। Ransomware, malware का एक प्रकार है, जो आपके data को encrypt करके फिरौती की मांग करता है। ऐसे attacks financial loss और data loss का कारण बनते हैं।

3. **Identity Theft और Data Breaches**: Identity theft में cyber criminals किसी व्यक्ति की personal information चोरी करके उसकी identity का misuse करते हैं, जैसे loans लेना या fraudulent transactions करना। Data breaches large-scale attacks होते हैं, जिनमें attackers confidential data को mass scale पर चोरी करते हैं।

4. **Social Engineering**: Social engineering attacks में attackers psychological manipulation का इस्तेमाल करके victims से sensitive information प्राप्त करते हैं। यह attacks phishing, pretexting, और vishing के रूप में हो सकते हैं, जो सीधे इंसान की मानसिकता को exploit करते हैं।

5. **DDoS Attacks**: Distributed Denial of Service (DDoS) attacks में attackers कई computers का इस्तेमाल करके एक target website या service पर इतना traffic भेजते हैं कि वह temporarily unavailable हो जाती है। यह attacks businesses को financial और reputational नुकसान पहुंचाते हैं।

6. **Zero-Day Exploits**: Zero-day exploits में attackers software में मौजूद unknown vulnerabilities का फायदा उठाते हैं। चूंकि इन vulnerabilities के बारे में कोई जानकारी नहीं होती, इसलिए इन्हें fix करने का कोई तरीका नहीं होता। Zero-day attacks highly sophisticated होते हैं और इन्हें detect करना मुश्किल होता है।

7. **Cyber Espionage और Cyber Terrorism**: Cyber espionage में governments या organizations के sensitive data को चोरी किया जाता है, जबकि cyber terrorism का उद्देश्य critical infrastructure को damage करना होता है। ये दोनों ही attacks national security और public safety के लिए बड़े खतरे माने जाते हैं।

Chapter 2 Checklist: Cyber Attacks इन प्रश्नों के उत्तर देकर अपने ज्ञान और सतर्कता की जाँच करें

No.	Questions	Yes (हाँ)	No (नहीं)
1	क्या आप phishing attacks और उनके प्रकार के बारे में जानते हैं?		
2	क्या आप समझते हैं कि malware और ransomware systems को कैसे infect करते हैं?		
3	क्या आपने अपने important data का regular backup रखा हुआ है?		
4	क्या आपके accounts पर two-factor authentication (2FA) enabled है?		
5	क्या आप कभी किसी suspicious email या link पर click कर चुके हैं?		
6	क्या आपको identity theft और data breaches के जोखिम के बारे में जानकारी है?		

No.	Questions	Yes (हाँ)	No (नहीं)
7	क्या आप social engineering attacks, जैसे pretexting और vishing, को पहचान सकते हैं?		
8	क्या आपने कभी किसी DDoS attack के बारे में सुना या उसका सामना किया है?		
9	क्या आप zero-day exploits और उनके द्वारा होने वाले नुकसान के बारे में जानते हैं?		
10	क्या आप cyber espionage और cyber terrorism के बारे में जागरूक हैं?		

Referance Link

[1] https://www.checkpoint.com/cyber-hub/threat-prevention/what-is-phishing/the-top-5-phishing-scams-of-all-times/

[2] https://en.wikipedia.org/wiki/Colonial_Pipeline_ransomware_attack

[3] https://en.wikipedia.org/wiki/2017_Equifax_data_breach

[4] https://en.wikipedia.org/wiki/2020_X_account_hijacking

[5] https://en.wikipedia.org/wiki/Stuxnet

[6] https://www.sciencedirect.com/topics/computer-science/operation-aurora

[7] https://en.wikipedia.org/wiki/2015_Ukraine_power_grid_hack

अध्याय 3

Cyber Security की बुनियादी बातें

आज के डिजिटल युग में, Cyber security अब केवल कंपनियों या बड़े संगठनों की ही चिंता नहीं है, बल्कि यह हर व्यक्ति की ज़रूरत बन चुकी है। इंटरनेट पर हमारी बढ़ती निर्भरता के साथ-साथ साइबर खतरों का जोखिम भी बढ़ गया है। चाहे वह व्यक्तिगत डेटा हो, बैंकिंग जानकारी, या संवेदनशील सूचनाएँ, हर चीज़ cyber criminals के निशाने पर है। इस अध्याय में, हम Cyber security की बुनियादी बातें समझेंगे—जिनमें मजबूत पासवर्ड, दो-स्तरीय सत्यापन (Two-Factor Authentication), सुरक्षित ब्राउज़िंग, और ईमेल सुरक्षा जैसे महत्वपूर्ण कदम शामिल हैं—ताकि आप ऑनलाइन सुरक्षित रह सकें।

3.1. Strong Passwords का महत्व

Cyber security की दुनिया में **Strong Passwords** सबसे बुनियादी और जरूरी सुरक्षा उपायों में से एक हैं। एक strong password आपके personal data, online accounts, और sensitive information को unauthorized access से बचाने के लिए एक जरूरी सुरक्षा कवच प्रदान करता है। लेकिन आज भी बहुत से लोग weak passwords का इस्तेमाल करते हैं, जो cyber criminals के लिए एक आसान शिकार बन जाते हैं।

Weak passwords, जैसे "123456" या "password," को brute-force attacks या guess करके आसानी से crack किया जा सकता है। इसलिए, यह जरूरी है कि हम अपने सभी accounts के लिए strong और unique passwords का इस्तेमाल करें ताकि cyber threats से बचा जा सके।

Strong Password क्या होता है?

Strong password वह password होता है जिसे अनुमान करना या brute-force attacks के जरिए crack करना मुश्किल हो। Strong passwords में कई हिस्से शामिल होते हैं, जो इसे अधिक सुरक्षित बनाते हैं:

1. **Length**: Password जितना लंबा होता है, उतना ही secure होता है। एक strong password कम से कम 12 characters का होना चाहिए। छोटे passwords को guess करना आसान होता है, जबकि लंबे passwords को crack करना ज्यादा time-consuming होता है।

2. **Combination of Characters**: Strong passwords में uppercase और lowercase letters, numbers, और special characters (!, @, #, $, आदि) का combination होना चाहिए। इस तरह के complex passwords को crack करना brute-force attacks के लिए मुश्किल होता है।

3. **Avoid Common Words और Patterns**:कभी भी passwords में common words, dictionary words, या predictable patterns (जैसे "password123" या

"qwerty") का इस्तेमाल न करें। ये पैटर्न cyber criminals के लिए सबसे पहले guess करने वाले होते हैं।

4. **Unique Passwords for Each Account**: हमेशा हर account के लिए अलग और unique password का इस्तेमाल करें। अगर आप एक ही password को multiple accounts पर इस्तेमाल करते हैं, तो एक account के हैक होने पर बाकी accounts भी खतरे में आ जाते हैं।

Weak Passwords के खतरे

कमजोर पासवर्ड cyber criminals के लिए एक आसान शिकार होते हैं। अगर आपका password weak है, तो cyber criminals कई तरीके अपनाकर उसे crack कर सकते हैं:

1. **Brute-Force Attacks**: Brute-force attacks में attackers सभी possible combinations of letters, numbers, और special characters को systematically try करते हैं, जब तक कि सही password नहीं मिल जाता। अगर आपका password weak या छोटा है, तो इसे brute-force से crack करना आसान हो जाता है।

2. **Credential Stuffing**: अगर आपने एक ही password को multiple accounts पर इस्तेमाल किया है, तो cyber criminals एक account के compromise होने पर आपके बाकी accounts को भी hack कर सकते हैं। इसे **credential stuffing** कहते हैं, जिसमें attackers stolen credentials का इस्तेमाल करके कई accounts को access करने की कोशिश करते हैं।

3. **Dictionary Attacks**: Dictionary attacks में attackers common words या phrases का एक database use करते हैं, जिन्हें वो systematically test करते हैं। अगर आपका password dictionary words पर आधारित है, तो dictionary attack के जरिए इसे guess करना बहुत आसान होता है।

Strong Passwords कैसे बनाएं?

Strong passwords बनाने के लिए कुछ आसान guidelines को follow किया जा सकता है:

1. **Use a Password Manager**: Strong और unique passwords को याद रखना मुश्किल हो सकता है। इसलिए, **password managers** का इस्तेमाल करें, जो आपके सभी passwords को सुरक्षित रूप से store करते हैं और आपको complex passwords बनाने करने में मदद करते हैं। उदाहरण के लिए, **LastPass**, **Dashlane**, और **Bitwarden** जैसे tools popular password managers हैं।

2. **Passphrases का इस्तेमाल करें**: Complex passwords याद रखना मुश्किल हो सकता है, इसलिए आप strong passphrases का इस्तेमाल कर सकते हैं। Passphrases multiple random words का combination होते हैं जो आसान होते हैं याद रखने के लिए, लेकिन फिर भी secure होते हैं। उदाहरण: “BlueElephant*76Grass!”

3. **Regularly Passwords Change करें**: समय समय पर अपने passwords को change करें, खासकर अगर आपको लगता है

कि आपका कोई account compromise हो सकता है। नियमित अंतराल में password change करने से आपके accounts के लिए अतिरिक्त सुरक्षा मिलती है।

4. **Multi-Factor Authentication (MFA) Enable करें**: सिर्फ strong password होने से कभी-कभी सुरक्षा पर्याप्त नहीं होती है। इसलिए, हमेशा multi-factor authentication (MFA) चालू करें, जो आपके accounts को एक अतिरिक्त सुरक्षा स्तर प्रदान करता है। MFA में आपको password के साथ-साथ एक additional verification step (जैसे OTP या biometric verification) को भी पूरा करना पड़ता है।

Real-World Example: LinkedIn Data Breach (2012)

2012 में **LinkedIn** का एक major data breach हुआ था, जिसमें करीब 6.5 million users के passwords चोरी हो गए थे। Problem यह थी कि बहुत से users ने weak और common passwords का इस्तेमाल किया था, जिसे hackers ने आसानी से crack कर लिया। इस breach के बाद कई users के accounts compromise हो गए थे, और इसका impact global scale पर हुआ था। इस incident ने यह highlight किया कि weak passwords कितने खतरनाक हो सकते हैं और strong password practices का पालन करना कितना जरूरी है।[1]

Strong passwords आपकी digital security के सबसे महत्वपूर्ण बिंदुओं में से एक हैं। Cyber criminals लगातार नए नए तरीकों का इस्तेमाल करके passwords को crack करने की कोशिश

करते रहते हैं, इसलिए यह जरूरी है कि आप strong और unique passwords का इस्तेमाल करें। Passphrases, password managers, और multi-factor authentication जैसे tools और practices का इस्तेमाल करके आप अपने accounts को cyber threats से सुरक्षित रख सकते हैं।

एक लंबा Password हमारी किस तरह सुरक्षा कर सकता है

Password strength और उसे crack करने में लगने वाला समय इस बात पर निर्भर करता है कि password कितना complex है (uppercase letters, lowercase letters, numbers, और special characters का इस्तेमाल हुआ है या नहीं)। Brute-force attack में attackers हर possible combination को systematically guess करते हैं, लेकिन password की length बढ़ने से time बहुत तेजी से बढ़ता है।

नीचे password length के हिसाब से एक अनुमानित समय दिया गया है, हम मानकर चलते है की हमने हर character के लिए lowercase letters, uppercase letters, numbers, और special characters का combination इस्तेमाल किया गया है। Calculation में average computer speed (trillions of guesses per second) को माना गया है:

6 Characters:

- **Time to Crack**: लगभग कुछ seconds या minutes।

- क्योंकि 6 characters का password बहुत छोटा होता है और attackers easily हर combination को guess कर सकते हैं, इसे crack करना सबसे आसान होता है।

7 Characters:

- **Time to Crack**: कुछ minutes से लेकर घंटों तक।
- Password length बढ़ने से possibilities थोड़ी बढ़ जाती हैं, लेकिन फिर भी इसे brute-force से कुछ घंटों में crack किया जा सकता है।

8 Characters:

- **Time to Crack**: कुछ घंटे से लेकर एक दिन तक।
- अगर password 8 characters का है और उसमें uppercase letters, lowercase letters, numbers, और special characters हैं, तो इसे crack करने में समय बढ़ जाता है। लेकिन sophisticated computers इसे एक दिन से भी कम समय में crack कर सकते हैं।

9 Characters:

- Time to Crack: कुछ दिनों से लेकर कुछ हफ्तों तक।
- 9 characters के password के साथ complexity बढ़ जाती है। अब attackers को बहुत सारे combinations try करने पड़ते हैं, जिससे cracking का समय बढ़ जाता है।

10 Characters:

- Time to Crack: कुछ महीनों से लेकर एक साल तक।

- 10 characters का strong password guess करना brute-force attack से बहुत मुश्किल होता है। Attackers को trillions of combinations try करने पड़ते हैं, जिससे यह समय-बहुत लंबा हो जाता है।

11 Characters:

- Time to Crack: हजारों साल।
- 11 characters का password crack करना बहुत ही मुश्किल होता है, क्योंकि इसके लिए बहुत ज़्यादा computational power की जरूरत होती है। इतने complex password को break करना किसी आम attacker के लिए संभव नहीं होता।

12 Characters:

- Time to Crack: लाखों साल।
- 12 characters के password को brute-force से crack करने में सैद्धांतिक रूप से लाखों साल लग सकते हैं, अगर वो uppercase letters, lowercase letters, numbers, और special characters का combination हो। इसे crack करना लगभग नामुमकिन हो जाता है।

Passwords को याद रखने की मुश्किलें

इतने सारे strong और complex passwords को याद रखना वाकई में मुश्किल हो सकता है, लेकिन इसका एक आसान उपाय है: **Password Manager** का इस्तेमाल। Password managers आपके सभी passwords को securely store करते हैं, ताकि आपको हर एक password को याद रखने की जरूरत न हो। आइए जानें कि

आप इन tools का इस्तेमाल कैसे कर सकते हैं और passwords को manage करने के कुछ और effective तरीके क्या हैं:

1. Password Manager का इस्तेमाल करें

Password manager एक ऐसा tool है जो आपके सभी passwords को encrypted form में सुरक्षित करता है। आपको केवल एक master password याद रखना होता है, और बाकी passwords ये tool manage करता है। इसके फायदें इस प्रकार है :-

- **Auto-Generate और Store करें**: आप password manager को automatically strong और unique passwords generate करने के लिए प्रयोग कर सकते हैं। फिर ये passwords आपके लिए securely store कर देता है।
- **Cross-Device Access**: Password manager आपके passwords को multiple devices (जैसे phone, laptop, tablet) पर sync करता है। उदाहरण के लिए, **LastPass**, **Dashlane**, और **Bitwarden,** popular password managers हैं।
- **Auto-Fill**: ये tool websites और apps में automatically आपके passwords fill कर देता है, जिससे आपको बार-बार password डालने की जरूरत नहीं पड़ती।

2. Passphrases का प्रयोग करें

अगर आप password manager का इस्तेमाल नहीं करना चाहते, तो passphrases एक अच्छा विकल्प है। Passphrases multiple random words का combination होते हैं, जिन्हें याद रखना आसान होता है लेकिन crack करना मुश्किल। उदाहरण:

"Purple@Elephant_Dance57!"

यह एक लंबा और complex वाक्य है, लेकिन इसे याद रखना जटिल password की तुलना में आसान है।

3. Password लिख कर डायरी में रखे (Offline)

अगर आप किसी tool पर भरोसा नहीं करना चाहते, तो एक आम तरीका है कि आप अपने passwords को एक सुरक्षित डायरी में लिखकर रखें। ध्यान रखें कि यह notebook ऐसी जगह पर हो जहाँ अविश्वसनीय लोग उसे इस्तेमाल न कर सकें। इसे offline रखने से digital theft का खतरा कम हो जाता है।

4. Multi-Factor Authentication (MFA) का इस्तेमाल करें

Passwords को याद रखने की बजाय, आप अपने accounts पर multi-factor authentication (MFA) को enable कर सकते हैं। इसमें password के अलावा एक और verification step होता है, जैसे OTP या biometric authentication (fingerprint या face ID)। इससे आपके accounts की सुरक्षा कई गुना बढ़ जाती है, भले ही आपका password leak हो गया हो।

5. Password की अदला-बदली ना करें

बहुत सारे लोग एक ही password को कई accounts में इस्तेमाल करते हैं, और जब उसे change करना पड़ता है, तो यह और भी मुश्किल हो जाता है। कोशिश करें कि हर account के लिए unique password

तय करें और बिना वजह passwords को बार-बार rotate करने की जरूरत नहीं है, अगर आप strong password और MFA इस्तेमाल कर रहे हैं।

"एक अच्छे पासवर्ड मैनेजर का चुनाव करने के लिए आप हमसे consult कर सकते है"

3.2. Two-Factor Authentication (2FA) का महत्व

आज के digital युग में, सिर्फ strong passwords के भरोसे अपने accounts को secure रखना काफी नहीं है। Cyber criminals लगातार अनोखे और उन्नत तरीके अपनाते रहते हैं, जिससे आपके passwords भी compromise हो सकते हैं। ऐसे में **Two-Factor Authentication (2FA)** एक बहुत ही असरदार और सुरक्षित तरीका है, जिससे आप अपने online accounts को एक अतिरिक्त सुरक्षा शक्ति दे सकते हैं।

Two-Factor Authentication का मतलब है कि लॉगिन करते समय आपको सिर्फ password नहीं डालना होता, बल्कि एक और verification step पूरा करना पड़ता है। इस तरह अगर आपका password किसी तरीके से compromise हो भी जाए, तो भी attackers आपके account तक पहुँच नहीं सकते, क्योंकि उन्हें दूसरा factor (जैसे OTP या authentication app) की भी जरूरत होगी।

Two-Factor Authentication (2FA) क्या है?

Two-Factor Authentication (2FA) एक ऐसी security process है जिसमें user को authenticate करने के लिए दो अलग-अलग verification steps की जरूरत होती है:

1. **आपकी जानकारी**: आपका password या PIN.
2. **आपका device** : आपका mobile phone (OTP या authentication app) या biometric verification (जैसे fingerprint या face ID).

2FA का असली मकसद यह है कि अगर attackers को आपका password पता चल भी जाए, तो भी उनके पास second factor नहीं होगा, जिससे वे आपके account में login नहीं कर पाएंगे।

2FA कैसे काम करता है?

Two-factor authentication के काम करने के तरीकें को तीन चरणों में समझा जा सकता है:

1. **Login Attempt**: सबसे पहले आप अपने account में login करने के लिए username और password enter करते हैं। यह प्रक्रिया वही है जो हम आमतौर पर इस्तेमाल करते हैं।
2. **Second Factor Verification**: Password verify होने के बाद, आपको एक second factor के जरिए सत्यापित करने के लिए कहा जाता है। यह OTP (One-Time Password) हो सकता है जो आपके registered mobile number या email पर भेजा जाता है, या फिर आप Google Authenticator जैसे app से एक code generate कर सकते हैं।
3. **Access Granted**: जब आप सही OTP या authentication code डालते हैं, तो आपको अपने account में access मिल जाता है। अगर second factor गलत है, तो login की कोशिश block कर दिया जाता है।

2FA के Types

Two-factor authentication के कई प्रकार होते हैं, और हर platform थोड़ा अलग method इस्तेमाल कर सकता है। नीचे कुछ common 2FA methods दिए गए हैं:

1. **SMS-Based OTP (One-Time Password)**: सबसे common 2FA method में आपके mobile phone पर एक OTP भेजा जाता है, जिसे आपको login के समय enter करना पड़ता है। हालाँकि यह तरीका बहुत अधिक होता है, लेकिन इसे पूरी तरह से secure नहीं माना जाता, क्योंकि SIM swap attacks का खतरा रहता है।

2. **Authentication Apps**: Authentication apps, जैसे **Google Authenticator**, **Authy**, या **Microsoft Authenticator**, एक अधिक सुरक्षित तरीका हैं। यह apps हर 30 सेकंड में एक नया code generate करते हैं, जिसे आपको login करते समय डालना होता है। यह method SMS-based OTP से ज्यादा सुरक्षित होता है।

3. **Biometric Authentication**: Fingerprint, face recognition, और voice recognition जैसे biometric methods भी एक form of 2FA हैं। Mobile devices और कुछ online services अब biometric data का use करके second factor verification का भी इस्तेमाल करते हैं।

4. **Hardware Tokens**: Hardware tokens, जैसे **YubiKey**, एक physical device होता है जिसे आप अपने computer या phone में plug-in करके authentication करते हैं। यह सबसे

secure तरीकों में से एक है, क्योंकि attackers physical device के बिना authentication पूरा नहीं कर सकते।

Dropbox 2FA Implementation

Dropbox, जो कि एक लोकप्रिय cloud storage service है, ने जब two-factor authentication लागू किया, तो इससे उनके users के accounts की सुरक्षा कई गुना बढ़ गई। इससे पहले कुछ users phishing attacks के शिकार हुए थे, लेकिन 2FA enable होने के बाद यह attacks काफी हद तक कम हो गए। अब सिर्फ password से login करना संभव नहीं है, और users को अपने registered device के जरिए second factor authenticate करना पड़ता है। इस प्रकार के 2FA की सुविधा अब सारी बडी companies अपने ग्राहकों को दे रही है| मेरा आप सब लोगों से आग्रह है की आज ही अपने email, social media accounts, cloud storage जैसी सेवाओं पर 2FA Enable करें | यह सुविधा आपको उस platform की settings या privacy & security जैसे sections में मिल जाती है|

Two-Factor Authentication के Benefits

1. **Increased Security**: Two-factor authentication से accounts की security बढ़ जाती है, क्योंकि अब सिर्फ password से आपका account compromise नहीं हो सकता। Second factor, attackers के लिए एक बड़ी सुरक्षा चुनौती होता है।

2. **Protection Against Phishing और Brute-Force Attacks**: भले ही attackers phishing attacks या brute-

force attacks से आपका password चोरी कर लें, लेकिन उन्हें second factor की जरूरत होती है। इससे आपके account को unauthorized access से बचाया जा सकता है।

3. **Account Recovery**: अगर किसी ने आपके password का गलत इस्तेमाल करने की कोशिश की, तो 2FA आपको alert करता है कि कोई unauthorized login attempt हो रहा है। इससे आप तुरंत action लेकर password change कर सकते हैं और अपने account को secure कर सकते हैं।

4. **Compliance और Data Protection**: कई organizations और businesses के लिए 2FA enable करना अब mandatory हो गया है, खासकर financial institutions और government agencies में। इससे sensitive data और personal information को secure रखने में मदद मिलती है।

2FA से जुड़े कुछ Challenges

हालांकि two-factor authentication काफी secure है, लेकिन इसके साथ कुछ challenges भी हैं:

1. **Mobile Dependency**: SMS-based या app-based 2FA methods mobile phones पर निर्भर करते हैं। अगर आपका phone खो जाता है या battery dead हो जाती है, तो आपको login करने में परेशानी हो सकती है।

2. **SIM Swap Attacks**: SMS-based 2FA attacks के लिए पूरी तरह से secure नहीं है, क्योंकि cyber criminals SIM swap करके आपके mobile number पर control पा सकते हैं

और OTP प्राप्त कर सकते हैं। इसलिए authentication apps को ज्यादा secure माना जाता है।

3. **User Convenience**: कुछ लोग दो बार authentication करने की प्रक्रिया को cumbersome मानते हैं, क्योंकि इसे complete करने में extra steps लगते हैं। हालांकि, इस extra effort के बदले आपको बेहतर security मिलती है।

Two-Factor Authentication (2FA) आज के digital समय में एक अनिवार्य security measure बन चुका है। सिर्फ passwords के भरोसे रहना risky हो सकता है, क्योंकि cyber criminals के पास passwords को crack करने के कई तरीके होते हैं। लेकिन 2FA enable करके आप अपने accounts को एक extra layer of protection दे सकते हैं, जिससे unauthorized access की संभावनाएं काफी हद तक कम हो जाती हैं। चाहे SMS-based OTP हो, authentication apps हो, या biometric authentication, हर किसी को अपने critical accounts पर 2FA जरूर enable करना चाहिए।

3.3. Firewalls और Antivirus

Firewalls और **Antivirus** cyber security के सबसे बुनियादी और महत्वपूर्ण tools में से हैं। ये tools आपके systems और networks को external threats से सुरक्षित रखने का काम करते हैं। Firewalls आपके network traffic को monitor और control करते हैं, जबकि antivirus software आपके system में malware, viruses, और other malicious programs को detect और remove करता है। इन दोनों tools का इस्तेमाल करके आप अपने computer और personal data को cyber criminals से बचा सकते हैं।

Firewalls क्या होते हैं?

Firewall एक security system है जो आपके computer या network को external threats से बचाता है। यह आपके incoming और outgoing network traffic को monitor करता है और suspicious activity को block कर देता है। Firewalls को एक "digital barrier" की तरह समझा जा सकता है, जो authorized और unauthorized traffic को अलग-अलग करता है।

Firewalls के दो प्रमुख प्रकार होते हैं:

1. **Hardware Firewalls**: Hardware firewalls एक physical device होते हैं, जो आपके router और network के बीच लगाए जाते हैं। ये enterprise-level security प्रदान करते हैं और बड़े organizations में अधिक उपयोग होते हैं।

2. **Software Firewalls**: Software firewalls आपके operating system के साथ install होते हैं और individual devices को monitor करते हैं। Windows Firewall इसका एक example है, जो ज्यादातर personal computers में पहले से installed आता है।

Firewall कैसे काम करता है?

Firewall incoming और outgoing traffic को predefined security rules के आधार पर filter करता है। अगर कोई packet suspicious होता है या unauthorized होता है, तो firewall उसे block कर देता है। उदाहरण के लिए, अगर कोई hacker आपके system को internet के जरिए access करने की कोशिश कर रहा है, तो firewall उस connection को block कर देता है।

Antivirus क्या होता है?

Antivirus software malicious software (जैसे viruses, worms, trojans, और spyware) को पहचानने, रोकने, और हटाने करने के लिए तैयार किया गया होता है। जब आप internet browse करते हैं, emails open करते हैं, या external devices को अपने computer से connect करते हैं, तो इनसे आने वाले खतरों को रोकने के लिए antivirus software जरूरी है।

Antivirus उसी समय सुरक्षा प्रदान करता है और जब भी कोई malicious activity या file detect होती है, तो तुरंत आपको सूचित करता है।

Firewalls और Antivirus के Benefits

1. **Real-Time Threat Detection**: Firewalls और antivirus real-time में आपके system को monitor करते हैं और किसी भी suspicious activity को detect करके उसे तुरंत block या quarantine करते हैं।

2. **Protection Against Malware**: Antivirus software आपके system को viruses, trojans, worms, और other malicious software से सुरक्षित रखता है। यह आपके files और downloads को scan करके threats को remove करता है।

3. **Network Security**: Firewalls आपके network को secure रखते हैं और unauthorized access को block करते हैं। यह hackers को आपके system तक पहुँचने से रोकने का पहला defense layer होता है।

4. **Data और Identity Protection**: जब आप firewalls और antivirus का इस्तेमाल करते हैं, तो ये tools आपकी personal और financial information को cyber criminals से बचाने में मदद करते हैं। यह आपकी identity को theft से बचाते हैं।

Firewalls और antivirus आपके system और network की सुरक्षा के लिए जरूरी tools हैं। Firewalls unauthorized access को block करते हैं, जबकि antivirus software malicious programs को detect और remove करता है। इन दोनों tools को सही तरीके से इस्तेमाल करने से आपका computer और personal data cyber threats से सुरक्षित रह सकता है।

3.4. Regular Software Updates

Regular software updates आपके device की security और performance को बनाए रखने का एक महत्वपूर्ण हिस्सा हैं। Cyber criminals अक्सर outdated software में मौजूद vulnerabilities का फायदा उठाते हैं, और इसलिए अपने operating systems, apps, और security tools को update करना बेहद जरूरी है।

Software Updates क्यों जरूरी हैं?

हर बार जब software developers किसी नए version को release करते हैं, तो इसमें न केवल नए features होते हैं, बल्कि security patches भी होते हैं, जो आपके system को latest threats से बचाने में मदद करते हैं। अगर आप अपने software को समय समय पर update नहीं करते, तो आपके system में पुरानी खामियाँ रह सकती हैं, जिनका फायदा cyber criminals उठा सकते हैं।

Regular Updates के Benefits

1. **Security Patches**: Updates में security patches शामिल होते हैं, जो known vulnerabilities को fix करते हैं। Cyber criminals इन खामियों को समझ कर आपके system पर attack कर सकते हैं। Regular updates से आप इन exploits से बच सकते हैं।

2. **Performance Improvements**: Software updates आपके system की performance को भी improve करते हैं। कई बार outdated software आपके system को slow कर

देता है, लेकिन updates से bugs और glitches fix हो जाते हैं, जिससे system आराम से चलने लगता है।

3. **New Features**: Updates के साथ developers नए features और improvements add करते हैं, जो आपकी user experience को बेहतर बनाते हैं। इन features में अतिरिक्त सुरक्षा उपाय भी हो सकते हैं।

4. **Compatibility**: Regular updates आपके system को नए hardware और software के साथ compatible रखते हैं। अगर आप updates को ignore करते हैं, तो आपका system नए devices या apps के साथ ठीक से काम नहीं कर पाएगा।

Updates को Manage करने के तरीके

1. **Automatic Updates Enable करें**: अपने operating system (जैसे Windows, macOS, या Linux) और apps पर automatic updates को enable करें। इससे आपके system में latest security patches अपने आप install हो जाएंगे।

2. **Third-Party Software को भी Update करें**: सिर्फ operating system ही नहीं, बल्कि third-party apps (जैसे browsers, media players, और productivity tools) को भी regularly update करें। कई बार third-party software में भी vulnerabilities होती हैं, जिनका फायदा cyber criminals उठा सकते हैं।

3. **Security Software को Update करें**: Antivirus, firewall, और other security tools को हमेशा updated रखें। ये tools आपके system को सुरक्षित करते हैं, और उनके outdated होने पर आपका system vulnerable हो सकता है।

Regular software updates आपकी digital security के लिए एक अनिवार्य कदम हैं। Updates न केवल नए features और improvements लाते हैं, बल्कि आपके system को secure रखने के लिए जरूरी security patches भी प्रदान करते हैं। अपने system को regularly update करके आप cyber criminals से एक कदम आगे रह सकते हैं।

3.5. Encryption और Data Protection

Encryption आपके data की सुरक्षा के लिए एक बेहद जरूरी technology है। यह process आपके data को unreadable form में convert कर देता है, ताकि unauthorized access होने पर भी cyber criminals उसे समझ न सकें। Encryption का इस्तेमाल online communication, file storage, और financial transactions जैसी situations में किया जाता है।

Encryption क्या होता है?

Encryption एक process है जिसमें plain text को एक algorithm के जरिए scrambled (garbled) text में बदल दिया जाता है, जिसे केवल authorized users ही decrypt कर सकते हैं। जब कोई unauthorized व्यक्ति encrypted data को access करने की कोशिश करता है, तो वो केवल gibberish (unreadable) text देखता है।

Types of Encryption

1. **Symmetric Encryption**: Symmetric encryption में encryption और decryption के लिए एक ही key का इस्तेमाल किया जाता है। हालांकि यह तेज़ होता है, लेकिन key को सुरक्षित रखना महत्वपूर्ण होता है, क्योंकि अगर key चोरी हो जाए, तो encrypted data भी आसानी से accessible हो सकता है।

2. **Asymmetric Encryption (Public Key Encryption)**: Asymmetric encryption में दो keys का इस्तेमाल होता है—एक public key और एक private key। Public key का

इस्तेमाल data encrypt करने के लिए होता है, और private key से data decrypt किया जाता है। यह method ज्यादा secure माना जाता है, क्योंकि दोनों keys अलग-अलग होती हैं।

Encryption के Benefits

1. **Data Confidentiality**: Encryption आपके sensitive data को unauthorized access से सुरक्षित रखता है। चाहे आप emails भेज रहे हों, financial transactions कर रहे हों, या personal documents को store कर रहे हों—encryption ensures कि आपका data cyber criminals से सुरक्षित रहे।

2. **Compliance Requirements**: कई industries में encryption एक legal requirement बन चुकी है। Financial services, healthcare, और government sectors में encryption का इस्तेमाल करना अनिवार्य होता है, ताकि data breaches के जोखिम को कम किया जा सके।

3. **Protection Against Data Breaches**: अगर आपका encrypted data किसी तरह से चोरी हो भी जाता है, तो भी cyber criminals उसे decrypt नहीं कर पाएंगे। इससे आपकी personal और financial information सुरक्षित रहती है।

4. **Secure Communication**: Encrypted messaging और communication tools का इस्तेमाल करके आप अपने online conversations को private रख सकते हैं। कई apps जैसे **WhatsApp** और **Signal** end-to-end encryption का इस्तेमाल करते हैं, जिससे आपकी chats secure रहती हैं।

Data Protection के Other Methods

1. **Secure Passwords और 2FA**: Encryption के साथ-साथ, strong passwords और two-factor authentication (2FA) का इस्तेमाल करें ताकि unauthorized users आपके encrypted data तक न पहुंच सकें।

2. **Data Backup और Encryption**: हमेशा अपने important data का backup encrypted format में रखें। अगर आपके primary data तक access नहीं हो पाता, तो encrypted backups से आप data recovery कर सकते हैं।

3. **Full-Disk Encryption (FDE)**: Full-disk encryption आपके entire device को encrypt कर देता है, ताकि अगर आपका device खो भी जाए या चोरी हो जाए, तो भी उसमें stored data सुरक्षित रहे। **BitLocker** (Windows) और **FileVault** (macOS) full-disk encryption tools हैं, जिन्हें आप enable कर सकते हैं।

3.6. Safe Browsing Practices

आज के digital युग में internet browsing हमारी daily activities का एक महत्वपूर्ण हिस्सा बन गया है। चाहे हम information search कर रहे हों, online shopping कर रहे हों, या social media पर time बिता रहे हों—हर बार हम अपने sensitive data को internet पर expose करते हैं। यही कारण है कि **safe browsing practices** को अपनाना बहुत जरूरी है। Unsafe browsing आपको cyber threats, जैसे phishing attacks, malware, और identity theft के जोखिम में डाल सकता है।

इस section में हम safe browsing के कुछ प्रमुख practices पर चर्चा करेंगे, ताकि आप online रहते हुए अपने data और privacy को सुरक्षित रख सकें।

Safe Browsing Practices क्यों जरूरी हैं?

हर बार जब आप internet browse करते हैं, आपकी activities को track किया जा सकता है, और cyber criminals आपके data को exploit कर सकते हैं। Unsafe websites malicious content से भरी हो सकती हैं, जो आपके computer में malware install कर सकती हैं। साथ ही, बिना encryption के data transmit करना आपके personal information के लिए खतरनाक हो सकता है।

Safe browsing practices आपको निम्नलिखित खतरों से बचाते हैं:

1. **Malware और Viruses**: Unsafe websites और downloads के जरिए malware आपके device में install हो सकता है।

2. **Phishing Attacks**: फर्जी websites और emails आपको trick करके आपकी login credentials और personal data चोरी कर सकते हैं।

3. **Identity Theft**: अगर आप अपनी sensitive information बिना secure channels के online share करते हैं, तो cyber criminals उसे चोरी करके misuse कर सकते हैं।

4. **Data Leaks**: Public Wi-Fi networks या unsecured connections के जरिए आपका data चोरी किया जा सकता है।

Safe Browsing Practices के Key Steps

1. **HTTPS Websites का Use करें :** जब आप किसी website को visit कर रहे हों, तो यह सुनिश्चित करें कि URL के आगे **"https://"** लिखा हो। HTTPS का मतलब है कि website SSL/TLS encryption का इस्तेमाल कर रही है, जिससे आपका data encrypted रहता है और attackers इसे steal नहीं कर पाते। **HTTP** (जिसमें 'S' नहीं होता) websites unsafe हो सकती हैं, और इनके जरिए आपका data compromise हो सकता है।

   - Example: **Safe**: https://www.example.com
   - **Unsafe**: http://www.example.com

2. **Updated Browser और Software का इस्तेमाल करें :** Outdated browsers और software cyber criminals के लिए vulnerabilities create कर सकते हैं। इसलिए हमेशा यह सुनिश्चित करें कि आप अपने browser और operating system को regularly update करें। Software updates में security patches होते हैं, जो known vulnerabilities को fix करते हैं।

    - **Auto-Update Feature Enable करें**: Chrome, Firefox, Edge और अन्य popular browsers में auto-update feature होता है, जिसे enable करके आप सुनिश्चित कर सकते हैं कि आपका browser हमेशा updated रहे।

3. **Pop-Ups और Suspicious Links पर Click न करें :** कई websites पर आपको pop-ups और suspicious ads दिख सकते हैं, जो अक्सर malicious content से भरे होते हैं। कभी भी ऐसे links पर click न करें जो अनजान sources से आए हों या बहुत ज्यादा tempting offers दे रहे हों। ये ads malware या phishing websites की ओर redirect कर सकते हैं।

    - Example: अगर कोई ad कहता है "Congratulations! You have won $1 million," तो यह बहुत ही suspicious होता है और यह एक scam हो सकता है।

4. **Safe और Strong Passwords का इस्तेमाल करें :** हर website के लिए unique और strong passwords का इस्तेमाल करें। Weak passwords cyber criminals के लिए एक आसान target हो सकते हैं। इसके अलावा, password

managers का इस्तेमाल करें ताकि आप अपने सभी passwords securely manage कर सकें।

- Passphrases जैसे "BlueSky*456Elephant" याद रखने में आसान और crack करने में मुश्किल होते हैं।

5. **Virtual Private Network (VPN) का Use करें :** जब आप public Wi-Fi networks का इस्तेमाल कर रहे हों (जैसे cafés, airports, libraries), तो हमेशा **VPN** का इस्तेमाल करें। VPN आपकी internet traffic को encrypt कर देता है और cyber criminals को आपके data तक पहुँचने से रोकता है। Public Wi-Fi networks unsecured होते हैं, और attackers इनका फायदा उठाकर आपका personal information और sensitive data चुरा सकते हैं।

6. **Ad-Blockers और Anti-Tracking Tools का Use करें :** Ad-blockers और anti-tracking tools आपके browsing experience को secure और private बना सकते हैं। ये tools websites को आपकी activities track करने से रोकते हैं और malicious ads को block कर देते हैं। Popular ad-blockers में **uBlock Origin**, **Adblock Plus**, और **Privacy Badger** शामिल हैं।

7. **Incognito Mode या Private Browsing का इस्तेमाल करें** जब आप sensitive information access कर रहे हों, जैसे banking या shopping, तो incognito mode या private browsing का इस्तेमाल करें। इससे आपकी browsing history, cookies, और cached data save नहीं होंगे, जिससे आपकी

privacy और ज्यादा secure रहेगी। हालांकि, यह ध्यान रखें कि incognito mode आपकी identity को पूरी तरह से छिपाता नहीं है; यह केवल local data storage से आपकी privacy को सुरक्षित करता है।

8. **Avoid Untrusted Downloads** : कभी भी किसी suspicious या untrusted source से software, media files, या documents download न करें। ये files malware या viruses से infected हो सकती हैं, जो आपके device को compromise कर सकते हैं। केवल trusted websites या official app stores से ही downloads करें।

9. **Two-Factor Authentication (2FA) Enable करें** : Online accounts को secure करने के लिए हमेशा two-factor authentication (2FA) का इस्तेमाल करें। यह आपके accounts को एक extra layer of security देता है, ताकि अगर आपका password compromise हो जाए, तो भी attackers आपके account में login न कर सकें।

10. **Clear Cache और Cookies Regularly** : Browsing के दौरान, websites आपके browser में cache और cookies store करती हैं। कई बार ये sensitive information को store कर सकती हैं, जैसे login sessions। इसलिए, time-to-time अपने browser की cache और cookies को clear करें ताकि आपके personal data को safe रखा जा सके।

Yahoo Phishing Attack (2013)

2013 में **Yahoo** का एक major phishing attack हुआ था, जिसमें users के email accounts को compromise कर लिया गया। Attackers ने Yahoo users को fake emails भेजे, जो देखने में real Yahoo service की तरह थे। Users ने उन emails पर click किया और अपनी login details enter कीं, जिससे उनके accounts compromise हो गए। इस incident ने यह highlight किया कि safe browsing और email safety practices कितनी जरूरी हैं। [2]

Safe Browsing के Benefits

1. **Personal Data की Protection**: Safe browsing practices आपको cyber criminals से बचाकर आपके sensitive information और personal data को सुरक्षित करती हैं।

2. **Malware और Phishing Attacks से बचाव**: अगर आप safe websites को ही visit करते हैं और suspicious links या pop-ups से दूर रहते हैं, तो malware और phishing attacks का खतरा काफी कम हो जाता है।

3. **Financial और Identity Theft से बचाव**: Safe browsing practices आपके financial transactions और personal identity को चोरी होने से बचाती हैं। जब आप secure websites और encrypted connections का इस्तेमाल करते हैं, तो आपका data unauthorized access से सुरक्षित रहता है।

4. **Privacy की सुरक्षा**: Anti-tracking tools और incognito mode का इस्तेमाल करके आप websites को आपकी browsing activities track करने से रोक सकते हैं, जिससे आपकी online privacy और भी मजबूत हो जाती है।

Google Chrome में Safe Browsing feature : हमारे देश में आज 70% से भी ज्यादा users internet browser के रूप में Google Chrome use करते है ऐसे में आपके लिए ये जानना जरुरी है की कैसे आप कुछ आसान steps में इसे और ज्यादा secure बना सकते है -

Google Chrome में **Safe Browsing** feature आपकी सुरक्षा के लिए कई तरह के threats, जैसे phishing, malware, और harmful websites से बचाव करता है। यह setting Chrome में आसानी से activate की जा सकती है। नीचे दिए गए steps follow करके आप Google Chrome में **Safe Browsing** setting को enable कर सकते हैं:

Steps to Enable Safe Browsing in Google Chrome:

1. **Open Google Chrome**: सबसे पहले, अपने computer या mobile पर Google Chrome browser को open करें।
2. **Access Chrome Settings**: Chrome window के top-right corner पर तीन dots (⁝) पर click करें। यह **menu** open करेगा।
3. अब drop-down menu से **Settings** option को select करें।

4. **Privacy and Security Section**: Settings page के left-hand side में आपको कई options दिखेंगे। यहाँ से **Privacy and Security** section को select करें।

5. **Safe Browsing Option**: Privacy and Security section में, आपको **Security** option पर click करना है।

6. **Choose Safe Browsing Mode**: Security settings में, आपको Safe Browsing के different modes दिखाई देंगे:

   - **Enhanced Protection**: अगर आप maximum security चाहते हैं, तो इसे select करें। यह आपको harmful websites और downloads से बेहतर तरीके से बचाता है और potential risks को जल्दी detect करता है।
   - **Standard Protection**: यह आपको basic protection प्रदान करता है, जैसे warning दिखाना जब आप suspicious websites visit करते हैं या dangerous downloads करते हैं।
   - **No Protection**: इसे enable करने से कोई protection नहीं मिलेगी (यह option highly discouraged है)।

7. आप **Enhanced Protection** या **Standard Protection** में से कोई भी option चुन सकते हैं।

8. **Save and Apply**: Safe Browsing setting को select करने के बाद, आपके changes automatically save हो जाते हैं। अब आप safer browsing experience के लिए तैयार हैं।

Additional Tips for Safe Browsing in Chrome:

- **Safe Browsing Warnings**: अगर आप कोई unsafe website visit करने की कोशिश करते हैं, तो Google Chrome आपको automatically warning देगा और आपको सुरक्षित browsing के लिए back जाने का option देगा।
- **Do Not Track**: आप Privacy and Security settings में जाकर **"Send a 'Do Not Track' request with your browsing traffic"** option को enable कर सकते हैं, ताकि websites आपकी browsing activities को track न कर सकें।
- **Clear Browsing Data**: आप समय-समय पर अपनी browsing history, cookies, और cache को clear कर सकते हैं, जिससे आपकी privacy और भी secure रहती है।

Apple Safari browser के लिए :

Apple के **Safari** browser में भी **Safe Browsing** और **Fraudulent Website Warning** जैसी features मौजूद हैं, जो आपको unsafe और malicious websites से बचाने में मदद करती हैं। Safari automatic रूप से आपको warning देता है अगर आप किसी suspicious या fraudulent website को visit करने की कोशिश करते हैं।

नीचे दिए गए steps follow करके आप **Safari** में Safe Browsing (Fraudulent Website Warning) को enable या verify कर सकते हैं:

Steps to Enable Safe Browsing in Safari (macOS और iOS के लिए)

macOS (MacBook और iMac) के लिए:

1. **Safari Open करें**:
2. सबसे पहले अपने Mac पर Safari browser को launch करें।
3. **Safari Preferences खोलें**:
4. Menu bar में **Safari** पर click करें, फिर drop-down menu से **Preferences** को select करें।
5. **Privacy Tab पर जाएं**:
6. Preferences window में, **Privacy** tab को select करें।
7. **Fraudulent Website Warning** Enable करें:
8. अब **"Fraudulent Website Warning"** option को check करें। यह feature आपको उन websites से warning देगा जो phishing या malicious activities के लिए designed होती हैं। यह option enabled होने से Safari आपको automatically unsafe websites से बचाने के लिए warning देगा।
9. **Close Preferences**:
10. जब आपने setting enable कर ली, तो Preferences window को बंद कर दें। अब यह setting activated है, और आप safer browsing experience का लाभ उठा सकते हैं।

iOS (iPhone और iPad) के लिए:

1. **Settings App खोलें**:
2. अपने iPhone या iPad पर **Settings** app को open करें।
3. **Safari को खोजें और Select करें**:
4. Settings menu में नीचे स्क्रॉल करें और **Safari** option पर tap करें।
5. **Fraudulent Website Warning Enable करें**:
6. Safari settings के अंदर, **"Fraudulent Website Warning"** toggle को **ON** करें। इससे Safari आपको phishing या malicious websites से warning देगा, और आपका browsing experience सुरक्षित रहेगा।

Additional Tips for Safe Browsing in Safari:

- **Block Pop-ups**: Safari में आप pop-up windows को block कर सकते हैं जो अक्सर unsafe या distracting हो सकते हैं। इसे enable करने के लिए **Preferences** > **Security** tab पर जाएं और **"Block pop-up windows"** option को check करें।
- **Do Not Track**: Safari में **Do Not Track** feature भी होता है, जिसे आप enable कर सकते हैं ताकि websites आपकी browsing activities को track न करें। इसे enable करने के लिए **Preferences** > **Privacy** section में जाएं और **"Ask websites not to track me"** option को check करें।

- **Clear History और Website Data**: समय-समय पर आप Safari में अपनी browsing history और website data को clear कर सकते हैं। यह करने के लिए **Preferences** > **Privacy** section में जाएं और **"Manage Website Data"** पर click करके unwanted data को delete करें।

विशेष : समय समय पर companies अपने browser की security के लिए options को change करती रहती है ऐसे में अगर आपको कोई setting नहीं मिल रही हो तो आप company से सीधे संपर्क करें या help option का चुनाव करें

Safe browsing practices अपनाना आज के समय में एक जरूरी कदम है, क्योंकि internet पर कई तरह के cyber threats होते हैं। HTTPS websites का इस्तेमाल, regularly software updates करना, और suspicious links से बचना जैसे steps आपके browsing experience को secure और safe बनाते हैं। साथ ही, VPN, ad-blockers, और password managers का इस्तेमाल करके आप अपनी online security को और भी मजबूत बना सकते हैं।

Chapter 3 Summary:

Chapter 3 में हमने cyber security के बुनियादी पहलुओं पर चर्चा की, जो आपके online safety के लिए अनिवार्य हैं। चाहे आप internet browse कर रहे हों, emails भेज रहे हों, या online transactions कर रहे हों—इन सभी scenarios में आपको अपने data और privacy को सुरक्षित रखने के लिए सही सुरक्षा कदम उठाने की जरूरत होती है।

Strong Passwords का महत्व:

Strong और unique passwords आपके online accounts की पहली सुरक्षा दीवार हैं। हर account के लिए अलग और complex password का इस्तेमाल करना जरूरी है। Passphrases और password managers का उपयोग करके आप अपने passwords को और भी ज्यादा सुरक्षित बना सकते हैं।

Two-Factor Authentication (2FA):

2FA आपके accounts को extra security layer प्रदान करता है। यह आपके accounts को password compromise होने के बाद भी unauthorized access से बचाता है। चाहे SMS-based हो या authentication apps, 2FA को enable करना आज की digital सुरक्षा का एक महत्वपूर्ण कदम है।

Safe Browsing Practices:

Internet पर browsing करते समय हमेशा secure websites (HTTPS) का इस्तेमाल करें, suspicious links और pop-ups से दूर

रहें, और regularly अपने browser और software को update रखें। Public Wi-Fi networks पर browsing करते समय VPN का उपयोग करना आपकी privacy को और भी सुरक्षित बनाता है।

Firewalls और Antivirus:

Firewalls आपके network को unauthorized access से बचाते हैं, जबकि antivirus software आपके system में मौजूद malware और viruses को detect और remove करता है। दोनों tools आपके system को cyber threats से सुरक्षित रखते हैं।

Regular Software Updates:

Regular software updates न केवल नए features और improvements प्रदान करते हैं, बल्कि आपके system में मौजूद vulnerabilities को भी fix करते हैं। Outdated software cyber criminals के लिए एक easy target हो सकता है, इसलिए अपने operating systems और apps को updated रखना जरूरी है।

Encryption और Data Protection:

Encryption आपके sensitive data को unreadable form में बदल देता है, ताकि unauthorized access होने पर भी कोई उसे समझ न सके। Data protection methods, जैसे encryption और backups, आपके personal और financial information की सुरक्षा के लिए जरूरी हैं।

Email Security और Phishing Attacks:

Phishing attacks से बचने के लिए suspicious emails और attachments को carefully handle करें। दोबारा जांचें कि email legitimate है या नहीं, और अपने email accounts पर two-factor authentication enable रखें।

Chapter 3 Checklist: Cyber security Fundamentals इन प्रश्नों के उत्तर देकर अपने ज्ञान और सतर्कता की जाँच करें

No.	Questions	Yes (हाँ)	No (नहीं)
1	क्या आप हर account के लिए strong और unique passwords का इस्तेमाल करते हैं?		
2	क्या आपने अपने सभी important accounts पर Two-Factor Authentication (2FA) enable किया है?		
3	क्या आप हमेशा HTTPS-enabled websites को browse करते हैं?		
4	क्या आपके system पर firewall और antivirus दोनों enable और updated हैं?		

No.	Questions	Yes (हाँ)	No (नहीं)
5	क्या आप अपने software और operating systems को regularly update करते हैं?		
6	क्या आप sensitive data को encrypted format में store करते हैं?		
7	क्या आप public Wi-Fi networks का इस्तेमाल करते समय VPN का इस्तेमाल करते हैं?		
8	क्या आपने सभी applications के लिए अलग अलग password set किया है		
9	क्या आप email attachments को open करने से पहले sender की authenticity check करते हैं?		
10	क्या आप अपने data का encrypted backup रखते हैं?		

Referance Link

[1] https://en.wikipedia.org/wiki/2012_LinkedIn_hack

[2] https://en.wikipedia.org/wiki/Yahoo_data_breaches

अध्याय 4

Emails की Cyber security

Emails की Cyber security आज के digital युग में बेहद जरूरी है क्योंकि emails साइबर हमलों का सबसे बड़ा टारगेट होते हैं। हर दिन लगभग 306 बिलियन emails का आदान-प्रदान होता है, जिसमें से कई emails phishing, malware, और स्पैम के जरिए cyber criminals द्वारा भेजे जाते हैं। Cyber criminals email का उपयोग करके यूजर्स की व्यक्तिगत जानकारी चुराने, financial fraud करने और organizations के networks को नुकसान पहुंचाने की कोशिश करते हैं। इसलिए, अपनी email security को मजबूत करना किसी भी individual और business के लिए बहुत महत्वपूर्ण है।

4.1. Safe Email Practices

Safe email practices का पालन करना आज के digital world में बेहद जरूरी है, खासकर क्योंकि cyber criminals sophisticated तरीके अपना रहे हैं ताकि users को trick करके उनकी sensitive information चुराई जा सके। Email security आपके personal data और identity protection के लिए एक महत्वपूर्ण पहलू है।

Safe Email Practices के महत्वपूर्ण कदम

Strong और Unique Passwords का Use करें

Email accounts के लिए हमेशा strong और unique passwords का इस्तेमाल करें। Password में uppercase, lowercase letters, numbers, और special characters का combination होना चाहिए। इससे brute-force attacks से बचा जा सकता है।

उदाहरण: "BlueSky#789" की जगह "B1u3$ky#789!" का इस्तेमाल करें।

इसके अलावा, अपने email password को regularly change करना और password manager का इस्तेमाल करना भी बेहतर है।

Two-Factor Authentication (2FA) Enable करें

Two-Factor Authentication (2FA) आपके email account की सुरक्षा को एक extra layer प्रदान करता है। यह आपके email account तक unauthorized access को रोकता है, भले ही कोई आपका password जान जाए। Google और Outlook जैसी services में 2FA enable करना बेहद आसान है।

Suspicious Emails से सावधान रहें

हमेशा suspicious emails को पहचानने की कोशिश करें। अगर कोई email अजनबी sender से आता है या urgent action की demand करता है, तो उसे open न करें। कई बार phishing emails में fake links या malicious attachments होते हैं, जिन्हें open करने से malware आपके system में आ सकता है।

Example: अगर कोई email आपको lottery जीतने का दावा करता है या किसी bank से sensitive information मांगता है, तो उसे ignore करें।

Hyperlinks की जांच करें

किसी भी email में दिए गए hyperlinks पर सीधे click करने से पहले उसे hover करके देखें। कई बार phishing emails में link दिखने में legitimate लगते हैं, लेकिन actually malicious websites पर redirect कर देते हैं।

Example: किसी email में "www.bank.com" लिखा हो, लेकिन actual link "www.fakebank.com" हो सकता है। हमेशा URL को ध्यान से check करें।

Email Attachments को carefully handle करें

Unsolicited emails में आए हुए attachments को कभी भी बिना जांचे open न करें। Attachments में malware हो सकता है, जो आपके system को compromise कर सकता है। अगर किसी trusted contact से भी unexpected attachment आए, तो उससे verify कर लें।

Public Wi-Fi पर Emails Access करने से बचें

Public Wi-Fi networks अक्सर unsecured होते हैं, और cyber criminals इनका फायदा उठाकर आपके email credentials चोरी कर सकते हैं। Public Wi-Fi का इस्तेमाल करते समय email access

करने से बचें, और अगर करना ही पड़े, तो हमेशा VPN का इस्तेमाल करें ताकि आपकी connection secure रहे।

Spam और Junk Filters का Use करें

Emails को filter करने के लिए अपने email client (जैसे Gmail, Outlook) में spam और junk filters को enable रखें। इससे suspicious emails automatically आपके inbox में आने की बजाय junk folder में चले जाएंगे। इससे आप phishing और malicious emails से बच सकते हैं।

Encryption का Use करें

अगर आप sensitive data email के जरिए भेज रहे हैं, तो उसे encrypt करके भेजें। Encryption ensures करता है कि अगर email intercept हो भी जाता है, तो unauthorized users उसे नहीं पढ़ सकते। Encryption tools जैसे PGP (Pretty Good Privacy) का इस्तेमाल करके आप अपने emails को secure रख सकते हैं।

Emails Regularly Clean करें

समय-समय पर अपनी inbox और sent folders को clean करते रहें। Unnecessary emails और attachments को delete करें ताकि अगर आपका account compromise हो जाए, तो attackers को ज्यादा sensitive information न मिल सके।

Email Forwarding Settings Check करें

Regularly अपने email account की settings में जाकर forwarding settings check करें। अगर किसी attacker ने आपके account को compromise किया हो, तो हो सकता है वो आपके emails को किसी दूसरे account पर forward करवा रहा हो। किसी भी suspicious forwarding rule को तुरंत disable करें।

Gmail Phishing Attack (2017)

2017 में एक sophisticated Gmail phishing attack हुआ, जिसमें attackers ने users को एक fake email भेजा जो Google Docs के collaboration invitation जैसा दिखता था। जब users उस link पर click करते थे, तो उन्हें एक malicious website पर redirect किया जाता था, जहाँ उनकी Google credentials चोरी हो जाती थी। इस attack ने दिखाया कि phishing emails कितने convincing हो सकते हैं और safe email practices का पालन करना कितना जरूरी है।[1]

Safe Email Practices के Benefits

Data Protection: Safe email practices अपनाने से आपका personal और financial data cyber criminals से सुरक्षित रहता है।

Phishing और Malware से बचाव: Phishing और malicious emails से बचने के लिए अगर आप hypervigilant रहते हैं और suspicious emails पर click करने से बचते हैं, तो आपके system पर malware आने का खतरा कम हो जाता है।

Identity Theft से सुरक्षा: अगर आप suspicious emails को carefully handle करते हैं और strong passwords का इस्तेमाल करते हैं, तो आप अपनी identity को theft से सुरक्षित रख सकते हैं।

Email Account की Security: Two-factor authentication, encryption, और spam filters का इस्तेमाल करके आप अपने email account की सुरक्षा बढ़ा सकते हैं और unauthorized access को रोक सकते हैं।

Safe email practices अपनाना आज के समय की एक अनिवार्यता है, क्योंकि cyber criminals लगातार sophisticated तरीके अपनाकर users को trick करने की कोशिश कर रहे हैं। Strong passwords, two-factor authentication, suspicious emails से सावधानी, और encryption जैसे steps आपके email account और personal data को सुरक्षित रखने के लिए जरूरी हैं। Emails के माध्यम से होने वाले cyber threats से बचने के लिए हमेशा सतर्क रहना और सही practices का पालन करना बहुत जरूरी है।

4.2. Phishing Emails पहचानने के तरीके

Phishing Emails cyber criminals द्वारा इस्तेमाल किए जाने वाले सबसे आम और खतरनाक तरीकों में से एक हैं, जिनका उद्देश्य आपकी personal और financial information को चुराना होता है। Phishing emails अक्सर legitimate sources जैसे banks, e-commerce platforms, या government organizations की तरह दिखने की कोशिश करते हैं, लेकिन इनका असली मकसद होता है आपको trick करके आपकी sensitive information हासिल करना।

इस section में हम phishing emails को पहचानने के कुछ मुख्य तरीकों पर चर्चा करेंगे, ताकि आप इन खतरों से बच सकें और अपनी cyber security को मजबूत बना सकें।

Phishing Emails को पहचानने के प्रमुख संकेत

Sender का Email Address Carefully Check करें

Phishing emails में sender का email address अक्सर suspicious होता है। हालांकि यह देखने में legitimate लग सकता है, लेकिन इसमें छोटे-छोटे बदलाव हो सकते हैं, जैसे अतिरिक्त letters या numbers। उदाहरण के लिए, अगर आपको किसी bank का email मिलता है, तो sender address को ध्यान से check करें कि क्या यह "bank.com" या "bank.co" जैसा कुछ है।

Example: अगर आपको "security@bank-security.com" से email मिलता है, तो यह suspicious हो सकता है, क्योंकि यह legitimate domain "bank.com" से मेल नहीं खाता।

Generic Greeting या Unusual Language

Legitimate companies आमतौर पर emails में आपके नाम का इस्तेमाल करती हैं, जबकि phishing emails में generic greetings, जैसे "Dear Customer" या "Dear User" का इस्तेमाल होता है। साथ ही, phishing emails में अक्सर grammatical errors, awkward phrasing, और unprofessional language भी होती है।

Example: "Dear valued customer, your account is temporarily blocked" जैसा generic greeting suspicious हो सकता है।

Urgent Action या Immediate Response की Demand

Phishing emails अक्सर आपको panic करने के लिए urgent action की demand करते हैं। ये emails कहते हैं कि आपका account बंद हो जाएगा, आपका password expire हो रहा है, या आपके bank account में suspicious activity detect हुई है। Legitimate companies आपको ऐसे urgent emails कभी नहीं भेजतीं।

Example: "Your account has been compromised. Click here to change your password immediately" - ऐसे messages suspicious होते हैं और इनसे सावधान रहना चाहिए।

Suspicious Attachments या Links

अगर email में कोई unexpected attachment है या link है, तो यह phishing email हो सकता है। हमेशा यह check करें कि क्या

attachment का नाम या format suspicious है, जैसे .exe, .zip, या .scr। Links पर click करने से पहले, उसे hover करके actual URL को verify करें। अगर URL legitimate नहीं लगता, तो उस पर click न करें।

Example: अगर किसी email में आपको "Download Invoice" जैसा attachment मिलता है, लेकिन आपने कोई service नहीं ली है, तो यह suspicious हो सकता है।

Unrealistic Offers या Rewards

अगर कोई email आपको unbelievable offer, discount, या reward की जानकारी दे रहा है, तो यह phishing हो सकता है। Cyber criminals अक्सर unrealistic offers का इस्तेमाल करके users को trap करते हैं। Legitimate companies कभी भी आपको बिना participation के lottery जीतने की सूचना नहीं देंगी।

Example: "Congratulations! You've won a $1000 gift card. Click here to claim your prize" - ऐसे offers अक्सर scams होते हैं।

Spelling और Grammatical Errors

Phishing emails में अक्सर बहुत सारे spelling और grammatical errors होते हैं, जो legitimate businesses या organizations के emails में देखने को नहीं मिलते। Professional organizations हमेशा well-written और properly formatted emails भेजते हैं। अगर आपको email में multiple mistakes दिखती हैं, तो यह phishing email हो सकता है।

अस्वावाभिक Email Formatting और Design

Phishing emails का formatting और design अक्सर unusual या poorly designed होता है। Logos का गलत इस्तेमाल, broken images, और inconsistent fonts phishing emails के common संकेत होते हैं। Legitimate companies का branding और formatting हमेशा consistent होता है।

अस्वावाभिक Personal Information की माँग

Legitimate companies कभी भी email के जरिए sensitive information (जैसे passwords, credit card details, या bank account numbers) नहीं मांगतीं। अगर कोई email आपसे ऐसे details मांग रहा है, तो यह phishing हो सकता है।

Example: "Please confirm your bank account details by replying to this email" - यह phishing का संकेत है।

Email Domain की Authenticity Verify करें

अगर आपको किसी email पर संदेह हो, तो company की official website पर जाकर उसके contact details को check करें। कभी भी email में दिए गए contact information का blindly भरोसा न करें। Google पर जाकर खुद से website को search करें और official customer service से संपर्क करें।

Hover करके Links को Verify करें

Email में दिए गए links पर सीधे click करने से पहले हमेशा उन पर mouse cursor लेकर जाएं और actual URL को check करें। अगर

URL legitimate नहीं लगता या official domain से मेल नहीं खाता, तो उस पर click न करें।

Example: अगर email में "www.bank.com" लिखा है, लेकिन hover करने पर URL "www.banx.com" या कोई और suspicious domain दिखता है, तो यह phishing email है।

PayPal Phishing Attack (2016)

2016 में PayPal users को एक sophisticated phishing email मिला, जिसमें बताया गया कि उनके accounts में suspicious activity detect हुई है और उन्हें अपने login credentials verify करने के लिए एक link पर click करना होगा। यह email देखने में PayPal की तरह था, लेकिन असल में यह एक phishing scam था, जिसमें users से उनकी PayPal login details चुराई जा रही थीं। इस तरह के attacks यह दिखाते हैं कि phishing emails कितने convincing हो सकते हैं और इनसे बचने के लिए सतर्क रहना कितना जरूरी है।[2]

Phishing Emails से बचने के Tips

हर email शंका की दृष्टि से देखें : Emails में मिलने वाली offers या urgent requests को हमेशा doubt करें, खासकर अगर वो किसी trusted organization की तरह लगें। अगर कोई email अचानक से आपको urgent action लेने के लिए कहता है, तो उसकी authenticity को पहले verify करें।

Two-Factor Authentication (2FA) इस्तेमाल करें : अपने email और financial accounts की सुरक्षा के लिए 2FA enable

करें। भले ही phishing email आपके password चुरा ले, 2FA के चलते attackers आपके account तक नहीं पहुंच पाएंगे।

Anti-Phishing Tools इस्तेमाल करें: कई browsers और email clients में anti-phishing tools और filters होते हैं, जो suspicious emails को detect करके आपको warning देते हैं। इन्हें enable रखें ताकि phishing emails automatically spam या junk folder में चले जाएं।

स्वयं को जागरूक बनाए: Phishing attacks से बचने के लिए जागरूकता और knowledge जरूरी है। खुद को और अपने साथियों को phishing tactics के बारे में educate करें ताकि आप और आपके करीबी सुरक्षित रहें।

व्यक्तिगत जानकारियाँ बताने से बचे : किसी email के जरिए कभी भी अपने personal information (जैसे passwords, credit card numbers, या bank account details) share न करें। विश्वसनीय companies आपसे email में ऐसी जानकारी कभी नहीं मांगेंगी।

Phishing emails cyber criminals द्वारा users को trick करके उनकी sensitive information चुराने का एक खतरनाक तरीका हैं। Phishing emails को पहचानना और उनसे बचने के लिए सतर्क रहना बहुत जरूरी है। Suspicious sender addresses, urgent requests, unrealistic offers, और unusual email formatting जैसे संकेत phishing emails की पहचान करने में आपकी मदद कर सकते हैं। Safe email practices और phishing जागरूकता आपको इन खतरों से बचा सकते हैं और आपकी personal information को सुरक्षित रख सकते हैं।

4.3. Spam और Junk Emails से बचाव

Spam और Junk Emails हमारे inbox में आने वाली अनचाहे और गैरजरूरी emails होती हैं, जिनका उद्देश्य advertising, phishing, या malicious content फैलाना हो सकता है। Spam emails न सिर्फ परेशान करने वाली होती हैं, बल्कि यह आपके system के लिए खतरा भी बन सकती हैं, क्योंकि इनमें malware, phishing links, या scams हो सकते हैं।

इस section में हम spam और junk emails से बचने के कुछ practical तरीकों पर चर्चा करेंगे ताकि आप अपने inbox को clutter-free और secure रख सकें।

Spam और Junk Emails के Sources

Email Harvesting: Cyber criminals अक्सर websites, forums, और social media से publicly available email addresses को collect करते हैं। इसे email harvesting कहा जाता है। Harvest किए गए email addresses को spam emails भेजने के लिए use किया जाता है।

Data Breaches: जब किसी company या organization का data breach होता है, तो आपके email address सहित अन्य personal information cyber criminals के हाथ लग सकती है। ये cyber criminals आपके email address पर spam और phishing emails भेजने लगते हैं।

Subscriptions और Mailing Lists: कई बार users knowingly या unknowingly newsletters, promotional emails, या

mailing lists को subscribe कर लेते हैं। इसके बाद आपके inbox में promotional और marketing emails की flood आ जाती है, जिन्हें spam समझा जा सकता है।

Email Forwarding: कई बार आपको chain emails या forwarded emails के जरिए spam messages मिलते हैं। ये emails एक user से दूसरे user तक forward होते रहते हैं और cyber criminals इनका फायदा उठाकर spam भेज सकते हैं।

Spam और Junk Emails से बचने के तरीके

Spam Filters का इस्तेमाल करें

Email clients जैसे Gmail, Outlook, और Yahoo में built-in spam filters होते हैं, जो suspicious emails को detect करके automatically उन्हें junk या spam folder में भेज देते हैं। इन filters को enable रखना और regularly check करना जरूरी है, ताकि spam emails आपके primary inbox में न पहुँचे।

Gmail: Gmail में spam filter पहले से लगा होता है। आप manually भी suspicious emails को select करके "Report Spam" option का use कर सकते हैं, जिससे भविष्य में आने वाली ऐसी emails भी automatically spam folder में चली जाएंगी।

Unsubscribe from Unwanted Mailing Lists

अगर आप unwanted promotional emails से परेशान हैं, तो उन emails में दिए गए "Unsubscribe" link का इस्तेमाल करके उस mailing list से खुद को remove कर सकते हैं। यह तरीका legitimate companies द्वारा भेजी गई promotional emails के

लिए useful होता है। हालांकि, phishing या malicious emails में दिए गए unsubscribe links पर click न करें, क्योंकि यह unsafe हो सकता है।

Secondary Email Address का इस्तेमाल करें

हमेशा एक secondary email address create करें और इसे promotions, subscriptions, या non-essential accounts के लिए use करें। इससे आपका primary email address सुरक्षित रहता है और spam emails से clutter-free रहता है। Primary email address को सिर्फ important personal, professional, और banking-related services के लिए ही use करें।

Unknown Senders से Attachments या Links न खोलें

अगर आपको किसी unknown sender से email मिलता है, तो उसके attachments या links पर click न करें। इन emails में malicious software, viruses, या phishing links हो सकते हैं। हमेशा यह सुनिश्चित करें कि sender trusted हो, खासकर अगर email unexpected हो।

अपने email को आमतौर पर शेयर करने से बचे

अपनी email address को public platforms पर share करने से बचें। Websites, social media profiles, और forums में email address को visible न रखें। अगर आपको email address share करना ही पड़े, तो encryption या obfuscation techniques का इस्तेमाल करें, जैसे "name [at] domain [dot] com" लिखकर, ताकि spam bots इसे easily collect न कर सकें।

Disposable Email Address का प्रयोग करें

जब आपको किसी untrusted website पर sign up करना हो या temporary purpose के लिए email address की जरूरत हो, तो disposable email address का इस्तेमाल करें। Services जैसे Guerrilla Mail या 10MinuteMail आपको temporary email addresses प्रदान करती हैं, जिनका use आप short-term purposes के लिए कर सकते हैं और इन्हें बाद में delete कर सकते हैं।

Suspicious Emails को spam घोषित करें

अगर आपके inbox में कोई suspicious या unwanted email आता है, तो उसे "Mark as Spam" या "Report Spam" के option से report करें। इससे भविष्य में ऐसी emails आपके inbox में नहीं आएंगी। आपका email provider उन patterns को समझकर भविष्य में उन senders से आने वाली emails को spam folder में भेज देगा।

Free Offers और contest से सावधान रहें

कई बार spam emails free offers, contests, या lotteries का लालच देकर आपको trap करने की कोशिश करती हैं। ऐसी emails को ignore करें और ऐसे suspicious offers पर कभी भरोसा न करें। Legitimate organizations कभी भी बिना participation के आपको contest जीतने की सूचना नहीं देंगी।

Use Third-Party Anti-Spam Tools

अगर आपका email provider का spam filter sufficient नहीं है, तो आप third-party anti-spam tools जैसे SpamAssassin

या Mailwasher का इस्तेमाल कर सकते हैं। ये tools आपके email को analyze करके spam messages को block करते हैं और आपकी inbox को साफ रखते हैं।

Two-Factor Authentication (2FA) चालू करें

Two-factor authentication आपके email account को unauthorized access से सुरक्षित रखता है। अगर किसी spam email से आपका email address compromise हो भी जाता है, तो 2FA attackers को आपके account तक पहुंचने से रोक सकता है। इसलिए, अपने email accounts पर हमेशा 2FA enable रखें।

Gmail Spam Wave (2018)

2018 में, Gmail users को एक massive spam wave का सामना करना पड़ा, जिसमें उन्हें suspicious emails बिना किसी clear sender के प्राप्त हो रहे थे। Users ने report किया कि उनकी sent folder में भी ऐसी suspicious emails दिखाई दे रही थीं, जो उन्होंने कभी भेजी ही नहीं थीं। हालांकि Gmail की spam filters ने तेजी से इन emails को block करना शुरू किया, लेकिन यह example दिखाता है कि spam emails कितनी easily फैल सकती हैं और spam filters और user जागरूकता कितने जरूरी हैं।

4.4. दो अलग emails

आज के digital युग में, एक ही email address का इस्तेमाल personal, professional, और financial purposes के लिए करना एक सामान्य बात हो गई है। हालांकि, यह approach आपकी online security के लिए खतरनाक साबित हो सकती है। खासकर जब बात banking और financial transactions की आती है, तो यह महत्वपूर्ण है कि आप अपने personal और banking emails को अलग-अलग रखें। इससे आप cyber threats से बच सकते हैं और अपनी sensitive financial information को सुरक्षित रख सकते हैं।

इस section में हम इस बात पर चर्चा करेंगे कि personal और banking emails को अलग-अलग रखना क्यों जरूरी है और इसके क्या benefits हैं।

Personal और Banking Emails को अलग रखने के फायदे

Phishing और Identity Theft से सुरक्षा

जब आप एक ही email address का इस्तेमाल multiple purposes के लिए करते हैं, तो phishing attacks का खतरा बढ़ जाता है। Cyber criminals phishing emails के जरिए आपके financial information को target करते हैं, और अगर आपके banking emails personal emails के साथ mix हो जाते हैं, तो आप इन emails को आसानी से पहचान नहीं पाते।

अलग email address रखने से phishing attacks से बचना आसान हो जाता है, क्योंकि आपके banking-related emails clear और distinct रहते हैं।

Inbox Organization और Management में सुविधा

Personal और banking emails को अलग-अलग रखने से आपका inbox clutter-free और organized रहता है। इससे important emails को manage करना आसान हो जाता है। जब आपके banking और financial transactions के लिए एक अलग email address होता है, तो आप banking emails को बिना distraction के तुरंत access कर सकते हैं, जिससे important emails miss होने का खतरा कम हो जाता है।

Data Breach के ASAR को कम करना

अगर आप एक ही email address का इस्तेमाल personal और banking purposes के लिए करते हैं, और वह email address data breach का शिकार हो जाता है, तो cyber criminals आपके सभी accounts तक पहुंच सकते हैं। अलग-अलग emails रखने से अगर आपका personal email compromise हो भी जाए, तो आपकी financial information और banking emails सुरक्षित रहती हैं।

Spam और Promotional Emails से बचाव

Personal email address अक्सर newsletters, promotional offers, और social media accounts के लिए इस्तेमाल किया जाता है, जिससे spam और junk emails की flood आ जाती है।

अगर आप अपने banking और financial transactions के लिए एक dedicated email address रखते हैं, तो यह unwanted promotional emails से सुरक्षित रहता है। इससे banking emails आसानी से searchable और accessible होते हैं।

Security Measures बेहतर तरीके से Manage कर सकते हैं

जब आप personal और banking emails को अलग रखते हैं, तो आप हर account के लिए अलग-अलग security measures (जैसे कि two-factor authentication, encryption) configure कर सकते हैं। आप अपने banking email पर stronger security measures enable कर सकते हैं, जिससे unauthorized access के chances कम हो जाते हैं।

उदाहरण के लिए, आप banking email के लिए ज्यादा stringent password policies और advanced encryption methods का इस्तेमाल कर सकते हैं।

Personal और Banking Emails को अलग रखने के Practical Tips

Dedicated Email Address Create करें

अपने personal और banking purposes के लिए अलग-अलग email addresses create करें। उदाहरण के लिए, आप Gmail, Outlook, या ProtonMail जैसी services का इस्तेमाल करके एक email सिर्फ financial transactions के लिए बना सकते हैं, और

दूसरा email personal communication और subscriptions के लिए रख सकते हैं।

Financial Emails के लिए एक Secure Email Provider चुनें

जब आप banking या financial transactions के लिए एक dedicated email address रखते हैं, तो हमेशा एक secure email provider चुनें। ProtonMail, Tutanota जैसी services end-to-end encryption प्रदान करती हैं, जिससे आपके banking emails को unauthorized access से बचाया जा सकता है।

Strong और Unique Passwords का इस्तेमाल करें

Personal और banking emails के लिए हमेशा strong और unique passwords का इस्तेमाल करें। इन passwords में uppercase और lowercase letters, numbers, और special characters का combination होना चाहिए। दोनों email addresses के लिए different passwords का इस्तेमाल करना जरूरी है, ताकि अगर एक account compromise हो जाए, तो दूसरा सुरक्षित रहे।

Two-Factor Authentication (2FA) Enable करें

अपने banking email address पर two-factor authentication (2FA) enable करना बेहद जरूरी है। 2FA आपके email account को एक additional layer of security प्रदान करता है, जिससे unauthorized users आपके account तक पहुंचने में असफल होते हैं, भले ही उन्हें आपका password पता हो।

Banking Email को केवल Official Websites और Financial Institutions के साथ Share करें

हमेशा ध्यान रखें कि आप अपने banking email address को केवल trusted websites और official financial institutions के साथ ही share करें। इसे online forms, social media profiles, या public websites पर share करने से बचें, ताकि यह email address spam lists या cyber criminals के हाथ न लगे।

Email Alerts और Notifications को Customize करें

Financial transactions और bank statements के alerts के लिए अपने banking email पर notifications customize करें। इससे आप तुरंत suspicious activity या unauthorized transactions को पहचान सकते हैं। अगर आपका bank या financial institution किसी suspicious transaction की जानकारी देता है, तो आप तुरंत action ले सकते हैं।

Backup और Recovery Options Set करें

अपने banking email के लिए recovery options को carefully configure करें। अगर आप कभी भी access खो देते हैं, तो recovery email और phone number के जरिए आप अपने account को recover कर सकते हैं। ध्यान दें कि recovery email भी secure और trusted होनी चाहिए।

Personal और banking emails को अलग-अलग रखना एक महत्वपूर्ण cyber security practice है, जिससे आप phishing, identity theft, और data breaches से बच सकते हैं। एक dedicated banking email address आपके financial information को secure और organized रखता है, जिससे आपके online banking और transactions ज्यादा सुरक्षित रहते हैं। अपने email addresses के लिए strong security measures अपनाकर आप cyber threats से एक कदम आगे रह सकते हैं।

4.4. Public Wi-Fi पर सुरक्षित कैसे रहें

Public Wi-Fi networks, जैसे कि cafés, airports, malls, और libraries में मौजूद open Wi-Fi connections, आजकल हमारी digital जिंदगी का एक महत्वपूर्ण हिस्सा बन चुके हैं। ये networks free और convenient होते हैं, लेकिन साथ ही यह cyber criminals के लिए एक आसान target भी बन सकते हैं। जब भी आप public Wi-Fi का इस्तेमाल करते हैं, तो आपकी personal information, जैसे passwords, financial details, और browsing activities, cyber criminals के हाथ लग सकती हैं।

इस section में हम कुछ आसान steps पर चर्चा करेंगे, जिनसे आप **public Wi-Fi** networks पर सुरक्षित रह सकते हैं और cyber threats से खुद को बचा सकते हैं।

Public Wi-Fi Networks के Risks

Public Wi-Fi networks पर browsing करते समय कुछ बड़े risks होते हैं:

1. **Man-in-the-Middle (MITM) Attacks**: यह सबसे common खतरा है, जिसमें cyber criminals network और आपके device के बीच बैठकर data को intercept करते हैं। इससे आपकी sensitive information, जैसे login credentials, passwords, और credit card details चोरी हो सकती हैं।

2. **Unencrypted Networks**: Public Wi-Fi networks ज्यादातर encryption का इस्तेमाल नहीं करते, जिससे आपके

द्वारा भेजी जा रही information unsecured होती है। इस condition में attackers आसानी से आपका data चोरी कर सकते हैं।

3. **Fake Wi-Fi Hotspots**: कभी-कभी cyber criminals खुद से एक fake public Wi-Fi hotspot create कर देते हैं, जिसका नाम किसी legitimate Wi-Fi network जैसा दिखता है। अगर आप उस network से connect हो जाते हैं, तो आपका data directly attackers के पास चला जाता है।

4. **Malware Distribution**: Unsecured Wi-Fi networks पर cyber criminals malware फैला सकते हैं, जो आपके device को infect कर सकता है। इससे attackers आपके system पर control पा सकते हैं।

Public Wi-Fi पर सुरक्षित रहने के तरीके

1. **Virtual Private Network (VPN) का Use करें :** Public Wi-Fi networks पर secure browsing का सबसे effective तरीका है **VPN (Virtual Private Network)** का इस्तेमाल। VPN आपके internet traffic को encrypt कर देता है, जिससे cyber criminals आपके data को intercept नहीं कर सकते। जब आप VPN का इस्तेमाल करते हैं, तो आपका connection secure और private रहता है।

   - Popular VPN Services:
   - **NordVPN**, **ExpressVPN**, **CyberGhost**, और **ProtonVPN** कुछ trusted VPN services हैं, जो आपके

data को encrypt करके आपको public Wi-Fi पर secure रखती हैं।

2. **HTTPS Websites का ही Use करें :** Public Wi-Fi पर browsing करते समय हमेशा **HTTPS** websites को ही visit करें। HTTPS websites आपके data को encrypt करके send और receive करती हैं, जिससे attackers इसे intercept नहीं कर सकते। Website के URL में "https://" prefix और browser के address bar में lock icon देखकर आप verify कर सकते हैं कि website secure है या नहीं।

3. **Public Wi-Fi पर Sensitive Transactions Avoid करें :** Public Wi-Fi networks पर कभी भी sensitive tasks, जैसे online banking या online shopping, को avoid करें। इस तरह की activities में sensitive data जैसे financial information, passwords, और personal details involve होते हैं, जिन्हें public Wi-Fi networks पर share करना unsafe हो सकता है।

4. **Two-Factor Authentication (2FA) Enable करें :** अगर आप public Wi-Fi पर अपने important accounts को access कर रहे हैं, तो हमेशा **Two-Factor Authentication (2FA)** का इस्तेमाल करें। यह आपके accounts के लिए एक additional layer of security प्रदान करता है, ताकि अगर आपका password compromise हो भी जाए, तो भी attackers आपके account में login न कर पाएं।

5. **Device Firewall Enable रखें :** Public Wi-Fi networks पर connect होने से पहले ensure करें कि आपके device

का **firewall** enable हो। Firewall आपके device को unauthorized access से सुरक्षित करता है और malicious traffic को block करता है। यह feature आपके device को additional protection देता है, खासकर unsecured networks पर।

6. **Auto-Connect Option को Disable करें :** कई devices में public Wi-Fi networks से automatically connect होने का option होता है। इसे हमेशा disable रखें, ताकि आपका device किसी भी unsecured network से automatically connect न हो जाए। Manually connect करके आप सुनिश्चित कर सकते हैं कि आप trusted network ही use कर रहे हैं।

7. **Wi-Fi Sharing और File Sharing Disable करें** Public Wi-Fi networks पर sharing options को बंद रखें, जैसे file sharing, printer sharing, और remote login services। इससे आपकी device की उपलब्धता attackers के लिए कम हो जाती है और वे आपके device तक unauthorized access नहीं पा सकते।

8. **Use a Mobile Hotspot :** अगर possible हो, तो public Wi-Fi network के बजाय अपने mobile device से **personal hotspot** का इस्तेमाल करें। Mobile hotspots encrypted connections प्रदान करते हैं और आपको public Wi-Fi networks की vulnerabilities से बचाते हैं।

9. **Regularly Software Updates करें :** अपने device और apps को हमेशा up-to-date रखें, क्योंकि software

updates में security patches होते हैं जो आपके device को latest vulnerabilities से बचाते हैं। Cyber criminals अक्सर outdated software में मौजूद vulnerabilities का फायदा उठाते हैं।

10. **Public Wi-Fi के लिए Use करने वाला Wi-Fi Off करें :** अगर आप actively internet use नहीं कर रहे हैं, तो public Wi-Fi को disconnect कर दें। यह एक simple step है, लेकिन इससे आपका device potential threats से disconnected रहता है।

Starbucks Man-in-the-Middle Attack (2017)

2017 में **Starbucks** के एक café में customers के devices पर एक man-in-the-middle attack हुआ था। Attackers ने public Wi-Fi network का इस्तेमाल करके customers के data को intercept किया और उनकी sensitive information चुरा ली। इस attack ने यह highlight किया कि कैसे public Wi-Fi networks को cyber criminals exploit कर सकते हैं और यह भी बताया कि users को कैसे सुरक्षित रहना चाहिए।[4]

Public Wi-Fi पर Safe Browsing के Benefits

1. **Data Protection**: Safe browsing practices अपनाने से आपका personal और financial data cyber criminals के हाथों में जाने से बच सकता है।

2. **Malware और Viruses से Protection**: Safe practices, जैसे VPN और firewall, आपके device को malware और

viruses से बचाते हैं, जो insecure networks पर फैल सकते हैं।

3. **Identity Theft से बचाव**: Public Wi-Fi पर secure तरीके से browse करने से आप अपनी identity को cyber criminals से बचा सकते हैं, जिससे identity theft का खतरा कम हो जाता है।

4. **Safe Online Transactions**: Safe browsing और security tools का इस्तेमाल करने से आप अपने online transactions को secure रख सकते हैं, खासकर जब आप financial tasks कर रहे हों।

Public Wi-Fi networks convenient तो होते हैं, लेकिन cyber threats का एक बड़ा source भी हो सकते हैं। Man-in-the-middle attacks, fake hotspots, और unencrypted networks से बचने के लिए safe browsing practices अपनाना बेहद जरूरी है। VPN का इस्तेमाल, HTTPS websites को access करना, और firewall को enable रखना आपके browsing experience को public Wi-Fi पर भी secure बना सकता है।

4.5. Personal और Banking Emails को अलग रखने के Practical Tips

Dedicated Email Address Create करें

अपने personal और banking purposes के लिए अलग-अलग email addresses create करें। उदाहरण के लिए, आप Gmail, Outlook, या ProtonMail जैसी services का इस्तेमाल करके एक email सिर्फ financial transactions के लिए बना सकते हैं, और दूसरा email personal communication और subscriptions के लिए रख सकते हैं।

Financial Emails के लिए एक Secure Email Provider चुनें

जब आप banking या financial transactions के लिए एक dedicated email address रखते हैं, तो हमेशा एक secure email provider चुनें। ProtonMail, Tutanota जैसी services end-to-end encryption प्रदान करती हैं, जिससे आपके banking emails को unauthorized access से बचाया जा सकता है।

Strong और Unique Passwords का इस्तेमाल करें

Personal और banking emails के लिए हमेशा strong और unique passwords का इस्तेमाल करें। इन passwords में uppercase और lowercase letters, numbers, और special characters का combination होना चाहिए। दोनों email addresses के लिए different passwords का इस्तेमाल करना

जरूरी है, ताकि अगर एक account compromise हो जाए, तो दूसरा सुरक्षित रहे।

Two-Factor Authentication (2FA) Enable करें

अपने banking email address पर two-factor authentication (2FA) enable करना बेहद जरूरी है। 2FA आपके email account को एक additional layer of security प्रदान करता है, जिससे unauthorized users आपके account तक पहुंचने में असफल होते हैं, भले ही उन्हें आपका password पता हो।

Banking Email को केवल Official Websites और Financial Institutions के साथ Share करें

हमेशा ध्यान रखें कि आप अपने banking email address को केवल trusted websites और official financial institutions के साथ ही share करें। इसे online forms, social media profiles, या public websites पर share करने से बचें, ताकि यह email address spam lists या cyber criminals के हाथ न लगे।

Email Alerts और Notifications को Customize करें

Financial transactions और bank statements के alerts के लिए अपने banking email पर notifications customize करें। इससे आप तुरंत suspicious activity या unauthorized transactions को पहचान सकते हैं। अगर आपका bank या financial institution किसी suspicious transaction की जानकारी देता है, तो आप तुरंत action ले सकते हैं।

Backup और Recovery Options Set करें

अपने banking email के लिए recovery options को carefully configure करें। अगर आप कभी भी access खो देते हैं, तो recovery email और phone number के जरिए आप अपने account को recover कर सकते हैं। ध्यान दें कि recovery email भी secure और trusted होनी चाहिए।

Personal और banking emails को अलग-अलग रखना एक महत्वपूर्ण cyber security practice है, जिससे आप phishing, identity theft, और data breaches से बच सकते हैं। एक dedicated banking email address आपके financial information को secure और organized रखता है, जिससे आपके online banking और transactions ज्यादा सुरक्षित रहते हैं। अपने email addresses के लिए strong security measures अपनाकर आप cyber threats से एक कदम आगे रह सकते हैं।

Summary अध्याय 4:
Emails की Cyber security

अध्याय 4 में email security को बेहतर बनाने के तरीकों पर चर्चा की गई है। इसमें बताया गया है कि कैसे आप अपने emails को सुरक्षित रख सकते हैं और cyber threats से बच सकते हैं।

Safe Email Practices

मजबूत पासवर्ड और two-factor authentication जैसे साधारण उपायों का पालन करके आप अपनी email सुरक्षा को बढ़ा सकते हैं।

Phishing Emails पहचानने के तरीके

Phishing emails की पहचान के लिए उनके suspicious links, गलत grammar, और अनजान senders को पहचाने। असली और नकली emails में फर्क समझना बेहद जरूरी है।

Spam और Junk Emails से बचाव

Spam और junk emails को filter करना और सही रूप से report करना आपकी inbox को साफ-सुथरा और सुरक्षित रखता है। हमेशा trusted senders से ही messages पर विश्वास करें।

अलग Emails का उपयोग

अपने personal और banking emails अलग-अलग रखना बेहद जरूरी है, ताकि sensitive जानकारी सुरक्षित रहे और किसी भी compromise का असर सीमित रहे।

Practical Tips

Emails को सुरक्षित रखने के लिए प्रैक्टिकल सुझाव जैसे suspicious attachments न खोलना, links की authenticity verify करना, और back up and recovery email का उपयोग करना आपकी सुरक्षा बढ़ाता है।

Chapter 4 Checklist: Emails की Cyber security

No.	Questions	Yes	No
1	क्या आपने अपने email accounts के लिए strong passwords का उपयोग किया है?		
2	क्या आपके emails में Two-Factor Authentication (2FA) enabled है?		
3	क्या आप अनजान senders से आए हुए links और attachments से बचते हैं?		
4	क्या आप suspicious emails को पहचानने के लिए grammar, spelling और sender details को चेक करते हैं?		
5	क्या आप अपने spam और junk emails को filter और report करते हैं?		
6	क्या आपके personal और banking emails अलग-अलग हैं?		

No.	Questions	Yes	No
7	क्या आप banking और sensitive emails के लिए एक dedicated email ID का उपयोग करते हैं?		
8	क्या आप कभी भी अनचाहे attachments को बिना जांचे open नहीं करते?		
9	क्या आप समय समय पर अनचाहे emails को unsubscibe करते है?		
10	क्या आप केवल trusted senders से ही communication करते हैं और उनके links verify करते हैं?		

अध्याय 5

Mobile Phones की Cyber security

आज के समय में mobile phones हमारे जीवन का अभिन्न हिस्सा बन गए हैं। हम न केवल calls और messages के लिए, बल्कि banking, social media, और महत्वपूर्ण डेटा के लिए भी mobile phones का उपयोग करते हैं। यह convenience जितना बढ़ता गया है, उतना ही cyber threats का खतरा भी बढ़ा है। Mobile phones पर cyber attacks जैसे malware, phishing apps, और data breaches आज आम हो गए हैं।

इस अध्याय का उद्देश्य है कि आप अपने mobile phones की सुरक्षा को बेहतर तरीके से समझें और cyber threats से बचने के लिए सही कदम उठाएं। चाहे वह secure apps का चुनाव हो, safe browsing habits अपनाना हो, या lost device की स्थिति में उचित steps लेना हो - यह अध्याय आपके mobile phone की सुरक्षा के हर पहलू को कवर करता है।

सुरक्षा को हल्के में लेना अब कोई विकल्प नहीं है। Mobile phones की cyber security सुनिश्चित करने के लिए इस अध्याय में दिए गए steps का पालन करना न केवल आपकी privacy को बचाएगा, बल्कि financial frauds और identity theft जैसे बड़े खतरों से भी आपको सुरक्षित रखेगा।

5.1. Smartphone Security की ज़रूरत

आज के समय में **smartphones** केवल communication के लिए ही नहीं, बल्कि banking, shopping, social media, navigation, और personal data storage के लिए भी उपयोग में लाए जाते हैं। इस प्रकार, smartphones हमारे जीवन के हर पहलू से जुड़े हुए हैं। इसी वजह से ये साइबर अपराधियों के लिए एक पसंदीदा लक्ष्य बन गए हैं। अगर आप अपने smartphone की सुरक्षा को नजरअंदाज करते हैं, तो आपके financial details, personal photos, contacts, और यहां तक कि आपकी identity भी खतरे में पड़ सकती है।

1. Mobile Phones पर बढ़ते Cyber Threats

हर साल mobile phones पर होने वाले cyber attacks की संख्या तेजी से बढ़ रही है। Cyber criminals ने mobile users को निशाना बनाने के कई तरीके विकसित किए हैं, जिनमें malware, phishing apps, और SIM swapping शामिल हैं। अक्सर हम यह सोचते हैं कि हमारे smartphones सुरक्षित हैं, लेकिन सच यह है कि अगर हमने सही सुरक्षा कदम नहीं उठाए, तो हमारे devices आसानी से compromise हो सकते हैं।

- **Malware और Spyware**: आपके smartphone में malicious apps download होने से malware आपके data को चोरी कर सकते हैं। ये malware background में चलकर आपके messages, call logs, और यहां तक कि banking details तक भी पहुंच सकते हैं।
- **Phishing Attacks**: Cyber criminals SMS या emails के जरिए links भेजते हैं, जिन्हें click करने पर users unknowingly

अपनी personal जानकारी साझा कर सकते हैं। यह जानकारी financial fraud के लिए उपयोग हो सकती है।

- **SIM Swapping**: यह एक बहुत ही खतरनाक attack है, जिसमें hacker आपके mobile number को control करके आपके OTP और अन्य authentication codes तक पहुंच सकते हैं, जिससे आपके bank accounts और अन्य sensitive information compromise हो सकती है।

Smartphone Security की ज़रूरत क्यों है?

1. **Personal Data की Security**: आपके smartphone में stored personal data जैसे contacts, photos, और messages आपकी privacy का हिस्सा हैं। अगर ये data चोरी हो जाता है तो इसे blackmail या identity theft के लिए उपयोग किया जा सकता है।

2. **Financial Security**: Mobile banking और payment apps के उपयोग से हमारे financial transactions का एक बड़ा हिस्सा smartphones पर निर्भर हो गया है। अगर आपका smartphone secure नहीं है, तो आपके bank account और e-wallet की जानकारी गलत हाथों में जा सकती है, जिससे financial loss हो सकता है।

3. **Digital Identity Protection**: आपके social media accounts और email IDs आपकी digital identity का हिस्सा हैं। अगर cyber criminals आपके smartphone को access कर लेते हैं, तो वे आपके accounts को control कर सकते हैं और आपकी पहचान का दुरुपयोग कर सकते हैं।

आज के समय में smartphone की सुरक्षा कोई विकल्प नहीं, बल्कि एक आवश्यकता है। Personal data, financial transactions, और digital identity को सुरक्षित रखना हमारी जिम्मेदारी है। सही सुरक्षा उपायों का पालन करके हम cyber threats से अपने smartphones को सुरक्षित रख सकते हैं। यह न केवल हमारी privacy की रक्षा करता है, बल्कि हमें financial और identity theft जैसे गंभीर खतरों से भी बचाता है।

5.2. App Permissions और Data Privacy

App Permissions और **Data Privacy** smartphone security का एक महत्वपूर्ण हिस्सा हैं। जब हम apps को install करते हैं, वे कई permissions मांगते हैं, जैसे contacts, location, camera, आदि। अक्सर हम बिना सोचे-समझे इन permissions को accept कर लेते हैं, जो हमारी data privacy के लिए खतरा बन सकता है। इस sub-chapter में हम जानेंगे कि app permissions को समझदारी से कैसे manage किया जाए और कैसे केवल आवश्यक permissions ही दी जाएं ताकि हमारा डेटा सुरक्षित रहे।

1. App Permissions का महत्व

जब आप कोई app install करते हैं, तो वह app आपके smartphone की कुछ functionalities और data तक access की अनुमति मांगती है। यह permissions जरूरी हो सकती हैं जैसे कैमरा का उपयोग फोटो खींचने के लिए, लेकिन कई बार apps अनावश्यक permissions भी मांगते हैं। उदाहरण के लिए, एक calculator app को contacts तक पहुंचने की आवश्यकता नहीं होनी चाहिए। ऐसी permissions को बिना समझे accept करना आपकी data privacy के लिए एक बड़ा खतरा हो सकता है।

- **अनावश्यक Permissions का खतरा**: कई apps अनावश्यक permissions मांगते हैं, ताकि वे आपके डेटा को third-party advertisers के साथ साझा कर सकें। इससे आपकी privacy पर खतरा बढ़ सकता है, और आपका निजी डेटा आपके नियंत्रण से बाहर जा सकता है।

- **Permissions का उद्देश्य समझें**: हमेशा यह समझने की कोशिश करें कि app किस प्रकार की permission मांग रहा है और उसका उद्देश्य क्या है। अगर कोई app आवश्यकता से अधिक permissions मांग रहा है, तो उसे uninstall करना या permission deny करना ही बेहतर है।

2. Common App Permissions और उनके खतरे

1. **Location Access**:

    - **खतरा**: आपकी location की जानकारी cyber criminals या advertisers द्वारा misuse की जा सकती है।
    - **सुझाव**: केवल उन्हीं apps को location access दें जिन्हें इसकी वास्तव में जरूरत है, जैसे navigation apps।

2. 3.Contacts Access:

    - **खतरा**: आपकी contacts list का misuse किया जा सकता है, जैसे spam calls या phishing messages भेजने के लिए।
    - **सुझाव**: सोच-समझकर ही किसी app को contacts access दें। Social media और messaging apps को ही इस permission की जरूरत होती है।

3. **Camera और Microphone Access**:

    - **खतरा**: अगर कोई malicious app को camera और microphone तक पहुंच मिलती है, तो वह आपकी जानकारी के बिना आपको रिकॉर्ड कर सकता है।

- **सुझाव**: इस permission को तभी allow करें जब app का मुख्य उद्देश्य इसका उपयोग करना हो, जैसे video calling apps।

4. **Storage Access**:

- **खतरा**: Storage access से app आपके photos, documents, और अन्य sensitive data को देख सकता है।
- **सुझाव**: ध्यान रखें कि storage access केवल उन्हीं apps को दें जो media files से संबंधित हैं, जैसे gallery या file manager apps।

3. Permissions Manage करने के Best Practices

- **Settings में Permissions को Regularly Review करें**: अपने smartphone की settings में जाकर periodically check करें कि किन apps को कौन-कौन सी permissions दी गई हैं। अगर कोई permission अनावश्यक लग रही है, तो उसे disable करें।
- **Restricted Permissions का उपयोग करें**: कुछ operating systems, जैसे Android और iOS, restricted permissions का विकल्प देते हैं, जहां आप permissions को सिर्फ app के active होने पर ही allow कर सकते हैं। इससे आपकी data privacy को बेहतर सुरक्षा मिलती है।
- **App Install करने से पहले Review पढ़ें**: किसी भी app को install करने से पहले उसके reviews और ratings को check

करें। यह देखने के लिए ध्यान दें कि कहीं दूसरे users को privacy-related issues तो नहीं आए हैं।

- **App Permissions Prompt को नजरअंदाज न करें**: Install करते समय या उपयोग के दौरान जब कोई app permission मांगे, तो उसे अनदेखा न करें। हमेशा सोचें कि क्या उस app को वास्तव में उस जानकारी की जरूरत है।

4. Data Privacy के लिए Steps

- **Data Minimization**: केवल उन्हीं apps का उपयोग करें जिन्हें वास्तव में जरूरत है। जितने कम apps होंगे, उतना ही कम आपका डेटा expose होगा।
- **App Data Collection Policies को समझें**: हमेशा app की privacy policy पढ़ें, ताकि यह समझ सकें कि आपका डेटा कैसे collect और use किया जा रहा है। अगर कोई app आपकी जानकारी के बिना data collection कर रहा है, तो इसे uninstall करना ही बेहतर है।
- **Avoid Third-Party Apps**: केवल official app stores से ही apps download करें। Third-party sources से downloaded apps में malware होने की संभावना अधिक होती है, जिससे आपकी data privacy को खतरा होता है।
- **Personal Data Share करने से बचें**: Apps के अंदर किसी भी प्रकार की संवेदनशील जानकारी, जैसे बैंक डिटेल्स, passwords, आदि, बिना सुनिश्चित हुए न डालें।

Data Privacy का महत्व

Data privacy का मतलब है आपकी व्यक्तिगत जानकारी का सुरक्षित रहना और unauthorized access से बचना। अगर app permissions को समझदारी से manage नहीं किया गया, तो आपकी personal information गलत हाथों में जा सकती है। Cyber criminals इस जानकारी का इस्तेमाल financial fraud, identity theft, या अन्य cyber crimes के लिए कर सकते हैं।

App Permissions और **Data Privacy** का सही तरीके से management करना smartphone security का एक महत्वपूर्ण हिस्सा है। Users को हमेशा सतर्क रहना चाहिए और सोच-समझकर ही apps को permissions देनी चाहिए। सही practices को अपनाकर आप अपने smartphone और अपने व्यक्तिगत डेटा को सुरक्षित रख सकते हैं।

Android Phone Settings में App Permissions और Privacy Check करने के Steps:

1. **Settings App खोलें**: अपने Android फोन में "Settings" (सेटिंग्स) ऐप को खोलें।
2. **Apps & Notifications**: "Apps" या "Apps & Notifications" (एप्स और सूचनाएं) विकल्प पर जाएं।
3. **App चुनें**: उस app को चुनें जिसका आप permission चेक करना चाहते हैं।
4. **Permissions**: "Permissions" (अनुमतियां) विकल्प पर क्लिक करें।

5. **Permissions Manage करें**: यहां आप देख सकते हैं कि कौन-कौन सी permissions app को दी गई हैं। आप जरूरत के अनुसार permissions को Allow (अनुमति दें) या Deny (इंकार करें) कर सकते हैं।

यह प्रक्रिया आपकी privacy को सुरक्षित रखने और apps द्वारा मांगी गई अनावश्यक permissions को manage करने में मदद करती है।

iPhone पर App Permissions और Privacy Check करने के Steps:

1. **Settings खोलें**: अपने iPhone में "Settings" (सेटिंग्स) ऐप खोलें।

2. **Privacy & Security पर जाएं**: नीचे स्क्रॉल करें और "Privacy & Security" (प्राइवेसी और सिक्योरिटी) पर टैप करें।

3. **Permissions का चयन करें**: यहां अलग-अलग categories जैसे "Location Services", "Camera", "Microphone" आदि दिखेंगी। जिस permission को आप check करना चाहते हैं, उस पर टैप करें।

4. **Apps की Permissions Manage करें**: यहां आप देख सकते हैं कि कौन-कौन से apps को उस permission तक access है। आप जरूरत के अनुसार Allow या Deny कर सकते हैं।

5. **Apps में Individual Permission Check**: Settings में "Apps" पर जाकर आप specific app की permissions भी देख सकते हैं और उन्हें adjust कर सकते हैं।

5.3. Mobile Payment Security

आजकल smartphones का सबसे महत्वपूर्ण उपयोग **mobile payments** के लिए हो रहा है। हम रोजाना अपने mobile phones से UPI payments, mobile banking, और digital wallets का उपयोग करते हैं। हालांकि, जैसे-जैसे mobile payments का उपयोग बढ़ रहा है, वैसे-वैसे cyber criminals भी इनसे संबंधित धोखाधड़ी करने के नए तरीके खोज रहे हैं। इसलिए, **Mobile Payment Security** को समझना और सही सुरक्षा उपायों का पालन करना बेहद जरूरी है।

1. Mobile Payment Risks

Mobile payments से जुड़े कई प्रकार के cyber risks हैं, जैसे unauthorized transactions, phishing attacks, और fake apps द्वारा data चोरी। नीचे कुछ प्रमुख risks का विवरण दिया गया है:

- **Phishing और Smishing Attacks**: Scammers आपको fake messages या emails भेजकर आपका UPI PIN, banking credentials, या OTP प्राप्त करने की कोशिश करते हैं। इसे **phishing** या **smishing** कहा जाता है।
- **Fake Payment Apps**: कई बार cyber criminals नकली payment apps बनाकर लोगों को उन्हें install करने के लिए प्रेरित करते हैं। इन apps के जरिए वे आपकी payment details चुरा सकते हैं।
- **Public Wi-Fi का उपयोग**: Public Wi-Fi networks पर mobile payments करना बेहद असुरक्षित हो सकता है।

Hackers इस unsecured network से आपकी transaction जानकारी चुरा सकते हैं।

2. Mobile Payment Security के लिए Best Practices

a. Secure Payment Apps का उपयोग करें

- **Official App Stores से Download करें**: हमेशा Google Play Store या Apple App Store जैसे official sources से ही payment apps download करें। Third-party websites से apps install करने से बचें क्योंकि इनमें malware होने की संभावना अधिक होती है।

Trusted Apps का उपयोग: केवल well-known और trusted payment apps जैसे Google Pay, PhonePe, Paytm, या बैंक के official apps का ही उपयोग करें। इन apps में बेहतर सुरक्षा उपाय होते हैं और आपका डेटा सुरक्षित रहता है।

b. UPI और Payment Apps के लिए Strong PIN Set करें

- Payment apps के लिए एक मजबूत UPI PIN या password सेट करें और इसे किसी के साथ भी साझा न करें।
- सुनिश्चित करें कि आपका PIN एक unique combination हो जो अनुमानित न हो, जैसे “1234” या “0000” जैसी आसानी से guess की जाने वाली संख्या।

c. Two-Factor Authentication (2FA) Enable करें

- अपने banking apps और digital wallets के लिए **Two-Factor Authentication (2FA)** का उपयोग करें। इससे unauthorized access की संभावना कम हो जाती है।
- कुछ payment apps एक extra layer के रूप में biometric authentication (जैसे fingerprint या face ID) का विकल्प भी देते हैं। इसे enable करना अधिक सुरक्षित है।

d. Notifications और Alerts को चालू रखें

- अपनी सभी payment apps और बैंकिंग apps में notifications और alerts को enable रखें। इससे आप हर transaction के बारे में real-time में जानकारी प्राप्त कर सकते हैं।
- अगर आपको किसी unauthorized transaction का notification मिलता है, तो तुरंत अपने बैंक को सूचित करें और आवश्यक कदम उठाएं।

e. Public Wi-Fi पर Payments न करें

- **Public Wi-Fi networks** पर mobile payments करने से बचें क्योंकि ये अक्सर सुरक्षित नहीं होते। अगर आपको ऐसी networks पर payments करनी पड़े, तो **VPN (Virtual Private Network)** का उपयोग करें, जिससे आपकी डेटा encrypted हो सके।

f. Regular Updates और Security Patches

- अपने smartphone और payment apps को हमेशा update रखें। Developers समय-समय पर security vulnerabilities

को ठीक करने के लिए updates जारी करते हैं। Regular updates से आपका smartphone और payment apps नए cyber threats से सुरक्षित रहते हैं।

g. Payment Apps को Lock रखें

- अपने payment apps के लिए एक अलग PIN या biometric lock सेट करें। इससे कोई भी unauthorized user आपके payment apps तक आसानी से नहीं पहुंच पाएगा।

h. SMS और Email Phishing से बचें

- कभी भी किसी ऐसे link पर क्लिक न करें जो आपको SMS या email के जरिए भेजा गया हो, जिसमें आपकी payment information मांगी गई हो। Fraudsters phishing messages के जरिए आपकी महत्वपूर्ण जानकारी चुराने की कोशिश करते हैं।
- अगर आपको किसी transaction का OTP प्राप्त होता है, जिसे आपने initiate नहीं किया, तो उसे किसी के साथ भी साझा न करें और तुरंत अपने बैंक से संपर्क करें।

3. क्या करें अगर आप Payment Fraud के शिकार हो जाएं?

- **बैंक को तुरंत सूचित करें**: जैसे ही आपको पता चले कि आपके account से unauthorized transaction हुआ है, तुरंत अपने बैंक से संपर्क करें और अपने account को block करने का अनुरोध करें।
- **UPI और Payment Apps के Support Team से संपर्क करें**: अगर fraud किसी payment app के जरिए हुआ है, तो उस

app की customer support team से भी तुरंत संपर्क करें और उन्हें issue के बारे में बताएं।

- **Cyber Crime Report करें**: अगर आपका financial fraud हुआ है, तो आप इसे **National Cyber Crime Reporting Portal** (cybercrime.gov.in) पर report कर सकते हैं। जितना जल्दी आप report करेंगे, उतनी जल्दी आपकी सहायता की जा सकेगी।

4. Mobile Payment Security का महत्व

Mobile payments ने हमारी जिंदगी को बेहद आसान बना दिया है, लेकिन इसके साथ ही cyber threats का खतरा भी बढ़ा है। अपने smartphone और payment apps की सुरक्षा सुनिश्चित करना हमारी जिम्मेदारी है ताकि हम financial fraud से बच सकें। सही security measures जैसे secure apps का उपयोग, strong passwords, और suspicious messages से बचाव करना बेहद आवश्यक है।

इसलिए, अपने mobile payment transactions को सुरक्षित बनाने के लिए ऊपर दिए गए सभी steps का पालन करें। याद रखें कि आपकी सतर्कता ही आपकी सबसे बड़ी सुरक्षा है।

5.4. Public Wi-Fi और Mobile Threats

Public Wi-Fi हमारे रोज़मर्रा के जीवन में एक महत्वपूर्ण सुविधा है। होटल, कैफे, एयरपोर्ट, और अन्य सार्वजनिक स्थानों पर उपलब्ध Public Wi-Fi हमें आसानी से इंटरनेट का उपयोग करने की सुविधा देता है। हालांकि, Public Wi-Fi नेटवर्क cyber criminals के लिए सबसे आसान टार्गेट होते हैं, क्योंकि ये नेटवर्क अक्सर कमजोर सुरक्षा वाले होते हैं। बिना proper encryption के ये नेटवर्क आपको विभिन्न cyber threats, जैसे **man-in-the-middle attacks**, **phishing attacks**, और **malware** से जोखिम में डाल सकते हैं।

Public Wi-Fi से जुड़े मुख्य खतरे

1. **Man-in-the-Middle Attacks (MITM)**:
   - इस तरह के हमलों में hacker आपके और उस वेबसाइट या service के बीच intercept करता है जिससे आप connect हो रहे होते हैं। इससे आपकी personal और financial जानकारी चोरी हो सकती है।
   - उदाहरण के तौर पर, अगर आप banking या shopping कर रहे हैं और hacker ने MITM setup कर लिया है, तो वह आपकी login credentials या payment details चुरा सकता है।

2. **Phishing Attacks**:
   - Public Wi-Fi पर phishing attacks के जरिए cyber criminals नकली websites बनाकर आपको login या personal information देने के लिए धोखा देते हैं।

- इन networks पर hacker एक fake Wi-Fi setup भी कर सकते हैं, जिसका नाम ऐसा होता है कि वह legitimate लगता है। जैसे ही आप connect होते हैं, आपका data उनसे compromise हो सकता है।

3. **Malware और Viruses:**

- Public Wi-Fi networks से जुड़े devices पर malware फैलने का खतरा बहुत अधिक होता है। जैसे ही आप unsecured network से connect होते हैं, hackers malicious software आपके phone या laptop में डाल सकते हैं।
- Malware आपके personal files को access कर सकता है, आपके contacts तक पहुंच सकता है, या आपके device की performance को नुकसान पहुंचा सकता है।

Public Wi-Fi से खुद को सुरक्षित कैसे रखें

1. **VPN (Virtual Private Network) का उपयोग करें:**

- VPN एक सुरक्षित और encrypted connection बनाता है, जिससे आपका data hacker तक नहीं पहुंच सकता। जब भी आप Public Wi-Fi का उपयोग कर रहे हों, VPN को activate करना जरूरी है। इससे आपका internet traffic encrypted रहता है, और MITM जैसे हमलों से बचाव होता है।

2. **HTTPS वेबसाइट्स का उपयोग करें:**

   - केवल उन्हीं websites पर जाएं जिनके URL में **https** लिखा हो। Https websites encrypted होती हैं, जिससे hackers आपकी गतिविधियों को track नहीं कर सकते। यह online banking और shopping के दौरान बेहद जरूरी है।

3. **ऑटोमैटिक कनेक्शन को बंद रखें:**

   - कई smartphones और devices में एक setting होती है जो automatically Public Wi-Fi networks से connect हो जाती है। इस setting को बंद रखें ताकि आपका device किसी भी unsecured network से बिना आपके अनुमति के connect न हो सके।

4. **Public Wi-Fi पर Banking और Personal काम से बचें:**

   - Public Wi-Fi पर banking, shopping, या किसी भी तरह के sensitive transactions करने से बचें। अगर जरूरी हो, तो पहले VPN का उपयोग करें ताकि आपके data को protection मिल सके।

Mobile Threats और उनसे बचने के तरीके

Mobile threats केवल Public Wi-Fi से ही नहीं होते, बल्कि ऐसे अन्य cyber risks भी हैं जो आपके mobile devices पर नजर रखते हैं। इनमें apps के जरिए data theft, malicious downloads, और phishing links प्रमुख हैं।

1. **Fake Apps और Phishing Links**:
    - App stores पर मौजूद कुछ malicious apps या websites के phishing links आपके mobile device को target कर सकते हैं। इसलिए, हमेशा केवल trusted sources से ही apps download करें, और suspicious links पर क्लिक करने से बचें।
2. **App Permissions पर ध्यान दें**:
    - Download करने से पहले apps के permissions को carefully check करें। केवल उन्हीं permissions को allow करें जो जरूरी हों। Unnecessary permissions आपके private data को खतरे में डाल सकती हैं।
3. **Regular Software Updates**:
    - अपने mobile device को हमेशा updated रखें। Regular updates आपके mobile device को नए प्रकार के malware और vulnerabilities से बचाते हैं।
4. **Antivirus और Security Tools का उपयोग करें**:
    - अपने mobile phone पर अच्छे antivirus software का उपयोग करें जो malware और viruses से आपके device को बचाए रखे। कई security apps आपके Wi-Fi connection की सुरक्षा भी सुनिश्चित करती हैं और अनजाने threats से बचाव करती हैं।

5.5. Safe Browsing on Mobile Devices

आज के समय में, mobile devices internet browsing के लिए सबसे ज़्यादा इस्तेमाल किए जाने वाले gadgets बन गए हैं। चाहे आप news पढ़ रहे हों, social media पर हों, या online shopping कर रहे हों—mobile devices पर browsing करते समय आपकी personal और financial information cyber threats के लिए exposed हो सकती है। इसलिए यह बेहद जरूरी है कि आप अपने mobile device पर safe browsing practices को अपनाएं।

इस section में हम mobile devices पर safe browsing के लिए कुछ essential tips और best practices पर चर्चा करेंगे, ताकि आप अपने personal data और privacy को सुरक्षित रख सकें।

Mobile Browsing के खतरे

Mobile devices पर browsing करते समय कई risks हो सकते हैं:

1. **Phishing Websites**: Mobile browsers के small screen और simplified layout की वजह से phishing websites को पहचानना मुश्किल हो सकता है। ये websites आपकी login credentials, personal information, या financial data चुराने के उद्देश्य से designed होते हैं।

2. **Malicious Ads और Pop-ups**: कई बार malicious ads या pop-ups आपके mobile browser पर automatically दिखते हैं, जो malware या spyware को download कर सकते हैं। ये malicious content आपकी device की security को compromise कर सकते हैं।

3. **Insecure Wi-Fi Connections**: Public Wi-Fi networks पर browsing करते समय cyber criminals आपके internet traffic को intercept कर सकते हैं, जिससे आपकी sensitive information चोरी हो सकती है।

4. **Malware-Embedded Websites**: कुछ websites malware से भरी होती हैं, जो आपके mobile device में unauthorized access प्राप्त करने की कोशिश कर सकती हैं। ये websites आपके mobile के operating system की vulnerabilities का फायदा उठाती हैं।

Safe Browsing Tips for Mobile Devices

1. **Always Use HTTPS Websites :** Mobile devices पर browsing करते समय हमेशा ensure करें कि आप HTTPS-enabled websites को ही visit करें। HTTPS websites SSL/TLS encryption का इस्तेमाल करती हैं, जो आपकी data को encrypt करके cyber criminals से बचाती हैं।

   - Example: "https://www.example.com" is secure, while "http://www.example.com" might not be.

2. **Keep Your Browser Updated :** अपने mobile browser को हमेशा updated रखें। Browsers के updates में security patches होते हैं, जो latest vulnerabilities को fix करते हैं। Mobile browsers जैसे Google Chrome, Safari, या Firefox के auto-update feature को enable रखें ताकि आपका browser हमेशा up-to-date रहे।

3. **Use a Trusted Mobile Browser :** हमेशा trusted और secure mobile browsers का इस्तेमाल करें, जो built-in security features प्रदान करते हैं। Browsers जैसे **Google Chrome**, **Mozilla Firefox**, और **Safari** बेहतर security standards के साथ आते हैं और safe browsing के लिए ideal होते हैं।

4. Avoid using unknown or unreliable browsers, क्योंकि इनमें जरूरी security features नहीं होते।

5. **Public Wi-Fi** पर गोपनीय **Transactions** करने से बचें : जब भी आपको online banking या shopping करनी हो, तो public Wi-Fi networks का इस्तेमाल करने से बचें। Public Wi-Fi networks insecure होते हैं और cyber criminals इन networks पर आपकी browsing activity को intercept कर सकते हैं। Sensitive transactions के लिए हमेशा mobile data या trusted Wi-Fi network का इस्तेमाल करें।

6. **VPN (Virtual Private Network)** अगर आपको public Wi-Fi पर browsing करनी ही पड़े, तो हमेशा **VPN (Virtual Private Network)** का इस्तेमाल करें। VPN आपके internet traffic को encrypt कर देता है, जिससे cyber criminals को आपके browsing data को intercept करना मुश्किल हो जाता है।

   - कुछ Popular VPNs है : **NordVPN**, **ExpressVPN**, और **ProtonVPN**.

7. **Pop-Up Blockers** को **Enable** करें: Pop-up ads cyber criminals के लिए एक common tool होते हैं, जो malicious websites या malware को promote करते हैं। अपने mobile browser में **pop-up blocker** को enable रखें ताकि unwanted ads और pop-ups को block किया जा सके। इससे आप malicious links और content से बच सकते हैं।

8. **Unknown Sources** से कोई भी फाइल download करने से बचें : Mobile browsing करते समय किसी unknown या untrusted website से files या software download करने से बचें। Unknown sources से files में malware या spyware हो सकता है, जो आपके mobile device को compromise कर सकता है।

9. Apps या files को केवल official app stores (जैसे Google Play या Apple App Store) से ही download करें।

10. **Private Browsing Mode का Use करें** : Mobile browsers में **Private Browsing** या **Incognito Mode** का इस्तेमाल करें। इस mode में आपके browsing history, cookies, और cache store नहीं होते, जिससे आपकी privacy और बेहतर तरीके से सुरक्षित रहती है। हालांकि यह आपके data को external threats से नहीं बचाता, लेकिन local privacy के लिए यह useful होता है।

11. **Use Anti-Phishing Tools और Ad Blockers**

12. कुछ mobile browsers में built-in **anti-phishing** और **ad-blocking** tools होते हैं, जो phishing websites और malicious ads को automatically block कर देते हैं। अगर आपका browser यह features support नहीं करता, तो आप third-party ad-blocking और anti-phishing extensions का इस्तेमाल कर सकते हैं।

13. **Beware of Suspicious Links** : कभी भी किसी unknown email, SMS, या pop-up message में दिए गए suspicious links पर click न करें। ये links आपको phishing websites पर ले जा सकते हैं, जहाँ आपकी login credentials या personal information चुराई जा सकती है। हमेशा URLs को carefully check करें और suspicious links से बचें।

Mobile Phishing Attack (2019)

2019 में कई mobile users को एक SMS phishing attack का सामना करना पड़ा, जिसे "SMiShing" कहते हैं। इस attack में users को एक SMS भेजा गया, जिसमें उन्हें mobile banking app पर suspicious activity होने की जानकारी दी गई और एक link पर click करने के लिए कहा गया। जब users ने link पर click किया, तो उन्हें एक fake banking website पर redirect किया गया, जहाँ उन्होंने अपने login credentials दर्ज कर दिए। यह phishing attack दिखाता है कि mobile devices पर browsing करते समय सतर्क रहना कितना जरूरी है।[5]

Safe Mobile Browsing के Benefits

1. **Personal Data की Security:** Safe browsing practices अपनाने से आपके mobile device पर browsing करते समय आपकी personal और financial data secure रहती है और cyber criminals द्वारा चोरी नहीं की जा सकती।

2. **Malware से सुरक्षा**: Safe browsing techniques जैसे HTTPS websites और VPN का उपयोग करके आप malicious websites और malware से अपने mobile device को बचा सकते हैं।

3. **Phishing और Identity Theft से बचाव**: Safe browsing practices phishing websites और malicious links से बचने में मदद करती हैं, जिससे आपकी identity और sensitive information सुरक्षित रहती है।

4. **Online Transactions की सुरक्षा**: जब आप safe browsing practices अपनाते हैं, तो आपकी online banking और shopping transactions secure रहती हैं, और cyber criminals के लिए आपके data को चोरी करना मुश्किल हो जाता है।

5.6. Lost or Stolen Devices का Risk

आज के समय में smartphones और tablets हमारी जिंदगी का एक अहम हिस्सा बन चुके हैं। इन devices में हमारे personal और professional data, financial details, emails, contacts, और अन्य महत्वपूर्ण जानकारी store होती हैं। इसलिए अगर आपका device खो जाता है या चोरी हो जाता है, तो यह एक गंभीर cyber security risk बन सकता है। Lost या stolen devices के case में cyber criminals आपकी sensitive information को misuse कर सकते हैं, जिससे financial loss या identity theft का खतरा हो सकता है।

इस section में हम lost या stolen devices से होने वाले risks और उन्हें minimize करने के लिए effective strategies पर चर्चा करेंगे।

Lost या Stolen Devices से जुड़े Cyber Risks

1. **Unauthorized Access**: अगर आपका device चोरी हो जाता है या खो जाता है, तो unauthorized users आपकी emails, contacts, apps, और stored data तक आसानी से पहुंच सकते हैं। अगर आपने अपने device पर proper security measures नहीं अपनाए हैं, तो cyber criminals आपके personal और financial information का गलत इस्तेमाल कर सकते हैं।

2. **Identity Theft**: Lost या stolen device से cyber criminals आपकी identity चोरी कर सकते हैं। वे आपके emails, social media accounts, और banking apps में

stored personal information को access करके धोखाधडी कर सकते हैं। इससे आपको financial नुकसान हो सकता है और आपकी personal reputation पर भी असर पड़ सकता है।

3. **Financial Fraud**: अगर आपका mobile या tablet चोरी हो जाता है और उसमें stored banking apps या payment information तक unauthorized access मिल जाता है, तो cyber criminals आपके accounts से fraudulent transactions कर सकते हैं। UPI, mobile wallets, और online banking apps का गलत इस्तेमाल financial loss का कारण बन सकता है।

4. **Corporate Data Breach**: अगर आपके device में कोई corporate या business-related data stored है, तो उसका access unauthorized users तक पहुंच सकता है, जिससे company की confidential information leak हो सकती है। इस तरह के data breach से business की reputation और financial stability को नुकसान हो सकता है।

5. **Password और Authentication Compromise**: अगर आपका device password-protected नहीं है या biometric authentication enabled नहीं है, तो cyber criminals आपके stored passwords और authentication methods तक आसानी से पहुंच सकते हैं। इससे वे आपके email accounts, social media profiles, और financial apps तक पहुंच सकते हैं।

Lost या Stolen Devices के Risks को कम करने के Best Practices

1. **Strong Screen Lock और Biometric Authentication Enable करें :** अपने mobile device पर **strong screen lock** (जैसे PIN, password, या pattern) enable करें और अगर संभव हो, तो **biometric authentication** (fingerprint या face recognition) का भी इस्तेमाल करें। इससे unauthorized users के लिए आपका device access करना मुश्किल हो जाएगा।
   - **Face ID** और **Fingerprint Lock** जैसे features additional security प्रदान करते हैं।
2. **Remote Tracking और Wipe Feature Enable करें :** हर mobile operating system में remote tracking और wipe feature होता है, जिसे enable करके आप खोए या चोरी हुए device का location track कर सकते हैं और जरूरत पड़ने पर remotely उसका data wipe कर सकते हैं।
   - **Android**: Google का **Find My Device** tool आपको अपने Android device को track करने, ring करने, lock करने, या remotely wipe करने की सुविधा देता है।
   - **iOS**: Apple का **Find My iPhone** tool भी similar features प्रदान करता है, जिससे आप अपने iPhone को locate और secure कर सकते हैं।
3. **Encryption Enable करें :** अपने mobile device पर data encryption enable करें। Encryption आपके device पर

stored data को unreadable form में बदल देता है, जिससे unauthorized users इसे access नहीं कर सकते।

- Android devices पर encryption by default enabled होती है, और iPhones में भी full-disk encryption का इस्तेमाल होता है।

4. **Regular Data Backup रखें :** Regular data backups रखना बेहद जरूरी है, ताकि अगर आपका device खो जाए या चोरी हो जाए, तो आप अपने data को easily recover कर सकें। Backups को encrypted format में store करें और एक secure location पर रखें।

   - Cloud services जैसे **Google Drive**, **iCloud**, या external storage devices पर encrypted backups लेना एक अच्छा तरीका है।

5. **Important Apps और Services पर Two-Factor Authentication (2FA) Enable करें :** अपने important apps और services, जैसे email, social media, और banking apps पर two-factor authentication (2FA) enable करें। 2FA ensure करता है कि भले ही कोई आपका password जान भी ले, लेकिन बिना secondary authentication step के आपके accounts तक पहुंचना मुश्किल हो जाएगा।

6. **Sensitive Information Store करने से बचें :** अगर जरूरी न हो, तो अपने mobile device पर sensitive information (जैसे passwords, banking details, या confidential files) को store करने से बचें। Sensitive data को हमेशा

encrypted storage में ही रखें और जरूरी apps में auto-login या password-saving features disable कर दें।

7. **SIM Card Lock Enable करें :** SIM card के लिए PIN lock enable करें ताकि अगर कोई आपका SIM card निकाल कर दूसरे device में इस्तेमाल करने की कोशिश करे, तो बिना PIN के वो उसे access न कर सके। SIM card lock unauthorized access को रोकने का एक अच्छा तरीका है।

8. **Immediate Action लें :** अगर आपका device खो जाता है या चोरी हो जाता है, तो सबसे पहले अपने mobile carrier और banking institutions को इसकी सूचना दें ताकि SIM card और banking services को temporarily block किया जा सके। इसके अलावा, अपने online accounts के passwords को तुरंत change करें और devices की tracking शुरू करें।

9. **Phone और SIM Card संबंधी जानकारी** : किसी भी प्रकार की कार्यवाही के लिए आपके पास नीचे लिखी जानकारी अवश्य होनी चाहिए इसे आप सुरक्षित रूप से अपने पास लिख कर रख ले

Make and Model of Phone, IMEI Number of SIM , Purchase Date, Mobile Number, Service Provider,

Starbucks Data Breach (2017)

2017 में Starbucks के कुछ employees के devices चोरी हो गए थे, जिनमें stored customer data को cyber criminals ने access कर लिया था। इस breach में mobile devices पर

stored sensitive information का misuse हुआ, जिससे कई customers का personal data leak हो गया था। यह incident हमें यह सिखाता है कि mobile devices पर stored data को हमेशा secure रखना कितना जरूरी है।[6]

5.7. Lost या Stolen Devices के Risks को कम करने के Benefits

1. **Data Security:** Best practices अपनाने से आप unauthorized access और data theft से अपने personal और financial data को सुरक्षित रख सकते हैं।

2. **Identity Theft और Financial Fraud से बचाव**: अगर आपका device चोरी हो जाए, तो encryption, remote wipe, और two-factor authentication आपको identity theft और financial fraud से बचाने में मदद कर सकते हैं।

3. **Business Data की सुरक्षा**: अगर आपके device में business-related data है, तो encryption और remote wipe feature data breaches से बचाने में मदद करते हैं और company की reputation सुरक्षित रखते हैं।

4. **Quick Recovery**: Regular backups और tracking features के इस्तेमाल से आप अपने lost या stolen device का data recover कर सकते हैं और potential damage को minimize कर सकते हैं।

आपकी मदद के लिए यहाँ हम एक Sample Complaint Letter दे रहे है जिसे भरकर आप अपने नज़दीकी पोलिस थाने में जमा करवा सकते है|

Date : {dd/mm/yyyy}

FIR Complaint for Lost Mobile Phone and SIM Card

सेवा में,

थाना प्रभारी

[पुलिस स्टेशन का नाम]

[शहर, राज्य]

तारीख: [तारीख]

विषय: मोबाइल फोन और सिम कार्ड के खो जाने की शिकायत

मैं, {नाम}, निवासी < पूरा डाक पता >, इस पत्र के माध्यम से अपने मोबाइल फोन और सिम कार्ड खो जाने की शिकायत दर्ज करवा रहा/रही हूँ।

खोए हुए फोन का विवरण:

फोन का मॉडल: [फोन का मेक और मॉडल]

SIM IMEI नंबर: [IMEI नंबर]

खरीद की तारीख: [खरीदने की तारीख]

खरीद स्थान: [खरीद स्थान]

अंतिम ज्ञात स्थान: [फोन का आखिरी ज्ञात स्थान]

हाल ही की कोई गतिविधि: [किसी हाल ही की फोन एक्टिविटी का विवरण]

खोए हुए सिम कार्ड का विवरण:

मोबाइल नंबर: [मोबाइल नंबर]

सर्विस प्रदाता: [नेटवर्क प्रदाता]

संकलित दस्तावेज़:

[संकलित दस्तावेजों की सूची, जैसे कि खरीद बिल, सिम कार्ड सक्रियता विवरण, आदि]

मैं पुलिस से अनुरोध करता/करती हूँ कि इस मामले की जांच की जाए और मेरे खोए हुए फोन और सिम कार्ड को ढूंढने के लिए आवश्यक कार्रवाई की जाए। इस शिकायत की एक प्रति मेरे रिकॉर्ड के लिए रखी जा रही है।

सादर,

[आपका नाम]

[आपके हस्ताक्षर]

Date :

FIR Complaint for Lost Mobile Phone and SIM Card

To

The Police Station Incharge

[Name of Police Station]

[City, State]

Date: [Date]

Complaint:

I, {Name } a resident of < Complete Postal Address >. do hereby lodge a complaint of the loss of my mobile phone and SIM cards.

Details of the Lost Phone:

- Make and Model: [Phone Make and Model]
- IMEI Number: [IMEI Number]
- Purchase Date: [Purchase Date]
- Purchase Place: [Purchase Location]
- Last Known Location: [Last Known Location]
- Any Recent Activity: [Describe any recent phone activity]

Details of the Lost SIM Card:

- Mobile Number: [Mobile Number]

- Service Provider: [Network Provider]
- Date of Activation: [Activation Date]
- Last Known Recharge: [Last Recharge Date]

Supporting Documents:

- [List of supporting documents, e.g., purchase bill, SIM card activation details, etc.]

I request the police to investigate this matter and take necessary action to recover my lost phone and SIM card. A copy of this complaint is being retained for my records.

Yours Sincerely,

[Your Name]

[Your Signature]

महत्वपूर्ण जानकारी : **CEIR (Central Equipment Identity Register)** पोर्टल भारत सरकार द्वारा लॉन्च किया गया है, जो आपके खोए या चोरी हुए मोबाइल फोन को block करने और trace करने की सुविधा प्रदान करता है। **CEIR** का उद्देश्य IMEI नंबर के माध्यम से खोए या चोरी हुए मोबाइल फोन को track करना और unauthorized इस्तेमाल से बचाव करना है।

आपके द्वारा दिए गए लिंक (https://www.ceir.gov.in/Request/CeirUserBlockRequestDirect.jsp) पर पहुंचने पर, यह आपको **CEIR पोर्टल** के उस पेज पर ले जाएगा जहाँ आप अपने खोए या चोरी हुए मोबाइल फोन को block करने की request डाल सकते हैं।

CEIR पोर्टल पर Block Request कैसे डालें *:

Step-by-step process:

1. **Block Request Form**:

2. इस पेज पर एक form होता है, जिसे भरकर आप अपने खोए या चोरी हुए मोबाइल फोन को block करने की request कर सकते हैं। इस form में आपको अपने फोन और अपनी जानकारी देनी होती है।

3. **Form Details**:

   - **Mobile Number**: यहाँ आप वह मोबाइल नंबर डालेंगे जो आपके खोए हुए फोन में इस्तेमाल हो रहा था।
   - **Device IMEI Number**: IMEI नंबर आपके फोन का एक unique identification number होता है। आपको इसे

फॉर्म में डालना होता है। IMEI नंबर आपके फोन के बॉक्स, बिल या *#06# डायल करके फोन में पाया जा सकता है।

- **Phone Brand & Model**: यहाँ आपको अपने फोन का brand और model number दर्ज करना होगा।
- **Loss Location**: जहाँ पर आपका फोन खोया है या चोरी हुआ है, उस स्थान की जानकारी दर्ज करें।
- **Date of Loss**: जिस तारीख को फोन खोया या चोरी हुआ, वो तारीख यहाँ दर्ज करें।
- **Police Complaint/ FIR Number**: अपने खोए हुए फोन के बारे में पुलिस स्टेशन में दर्ज की गई शिकायत का FIR नंबर यहां दर्ज करें। यह जरूरी है क्योंकि बिना FIR के मोबाइल ब्लॉक नहीं किया जाएगा।
- **Proof of Identity**: आपको अपनी पहचान के प्रमाण जैसे आधार कार्ड, ड्राइविंग लाइसेंस, या पैन कार्ड अपलोड करना होगा।
- **Mobile Purchase Invoice**: फोन की खरीद की रसीद या invoice को भी अपलोड करना होता है ताकि ownership का proof हो सके।

4. **Verification Process**: सभी जानकारी भरने के बाद, आपको submit करना होता है। आपके द्वारा दिए गए विवरण की जांच की जाएगी और जांच पूरी होने के बाद आपका मोबाइल IMEI नंबर block कर दिया जाएगा, ताकि कोई भी unauthorized व्यक्ति उस फोन का इस्तेमाल न कर सके।

5. **Updates & Tracking**: आप CEIR पोर्टल के माध्यम से अपनी request के status को track कर सकते हैं। अगर आपका फोन मिलता है, तो आप इसे unblock करने की request भी इसी पोर्टल के माध्यम से कर सकते हैं

* सरकार समय समय पर अपनी वेबसाइट में फ़ेरबदल करती रहती है आपसे अनुरोध है की CEIR portal पर माँगी जा रही नवीनतम सूचनाओं के अनुसार फॉर्म भरें। CEIR का इस्तेमाल करके आप न सिर्फ अपने खोए या चोरी हुए फोन को block कर सकते हैं, बल्कि अगर आपका फोन मिल जाता है तो आप इसे unblock भी कर सकते हैं।

5.8. Mobile Antivirus क्यों और कब जरुरी है

आज के digital युग में, mobile devices का इस्तेमाल काफी बढ़ गया है, और इसी के साथ cyber threats का खतरा भी बढ़ा है। Mobile phones में हमारी personal information, financial details, emails, और कई confidential files होती हैं, जो cyber criminals के लिए एक बड़ा target बन सकती हैं। ऐसे में mobile antivirus software का इस्तेमाल बहुत जरूरी हो जाता है। यह आपके mobile device को malware, viruses, spyware, और phishing attacks से सुरक्षित रखने में मदद करता है।

Mobile Antivirus सॉफ़्टवेयर क्यों जरूरी है?

Real-Time Protection:

Antivirus सॉफ़्टवेयर आपके device को real-time में monitor करता है और जैसे ही कोई malicious activity detect होती है, उसे तुरंत block कर देता है। इससे आपका mobile हर वक्त safe रहता है।

Malware और Viruses से सुरक्षा:

कई बार apps या files unknowingly malicious हो सकते हैं। Antivirus सॉफ़्टवेयर malware और viruses को detect और remove करके आपके device को सुरक्षित रखता है।

Phishing से बचाव:

Phishing emails और websites के जरिए cyber criminals आपकी personal information चोरी करने की कोशिश करते

हैं। Mobile antivirus सॉफ़्टवेयर ऐसे phishing attempts को पहचान कर आपको alert करता है।

App Scanning:

कई बार third-party apps malicious हो सकते हैं। Antivirus सॉफ़्टवेयर आपके installed apps को scan करता है और suspicious apps को identify करता है ताकि आप उन्हें safely remove कर सकें।

Device Performance में सुधार:

कुछ antivirus सॉफ़्टवेयर device optimization features के साथ आते हैं, जो आपके phone को lag-free और faster रखते हैं। ये सॉफ़्टवेयर unnecessary files को clean करके device की performance भी बढ़ाते हैं।

अचूछे Mobile Antivirus Software का चुनाव कैसे करें?

अच्छे antivirus software का चुनाव करते समय कुछ महत्वपूर्ण factors को ध्यान में रखना चाहिए:

Comprehensive Security Features:

एक अच्छा antivirus software सिर्फ malware protection ही नहीं, बल्कि phishing protection, app scanning, और real-time protection जैसी features भी offer करता है। ऐसा सॉफ़्टवेयर चुनें, जो आपको complete security प्रदान करे।

User-Friendly Interface:

यह जरूरी है कि antivirus सॉफ़्टवेयर का interface simple और user-friendly हो। इससे आपको इसे आसानी से navigate और manage करने में मदद मिलेगी। एक अच्छा software आपकी सुरक्षा को आसान बनाता है।

Regular Updates:

Antivirus सॉफ़्टवेयर को हमेशा updated रहना चाहिए ताकि यह नए-नए cyber threats को detect कर सके। सॉफ़्टवेयर का regular updates provide करना बेहद जरूरी है, ताकि आप latest security risks से सुरक्षित रहें।

Battery और Performance पर Impact:

कुछ antivirus सॉफ़्टवेयर device की battery और performance को negatively affect कर सकते हैं। इसलिए ऐसा सॉफ़्टवेयर चुनें जो lightweight हो और device की performance पर ज्यादा असर न डाले।

Customer Support:

एक अच्छा antivirus software मजबूत customer support के साथ आता है, ताकि आपको किसी भी समस्या का समाधान जल्दी मिल सके। 24/7 support प्रदान करने वाले सॉफ़्टवेयर का चुनाव करना बेहतर रहेगा।

Chapter 5 Summary: Cyber security for Mobile Devices

Chapter 5 में हमने mobile devices की cyber security के महत्वपूर्ण पहलुओं पर चर्चा की, जो आज के digital युग में बेहद जरूरी है। Mobile phones हमारे personal और professional जीवन का एक महत्वपूर्ण हिस्सा बन चुके हैं, लेकिन cyber criminals के लिए यह एक बड़ा target भी है। Safe mobile practices को अपनाकर आप अपने device और उसमें stored sensitive information को सुरक्षित रख सकते हैं।

Mobile Apps की सुरक्षा

अपने mobile device पर केवल trusted sources जैसे Google Play Store और Apple App Store से ही apps download करें। Untrusted third-party sources से apps install करने से malware और viruses का खतरा रहता है। इसके अलावा, app permissions को ध्यान से review करें और केवल वही permissions allow करें, जो जरूरी हों।

App Permissions Management

Mobile apps की permissions को manage करना आपकी privacy के लिए बेहद जरूरी है। Unnecessary permissions को disable करके आप अपनी sensitive information को unauthorized access से बचा सकते हैं। Settings में जाकर हर app की permissions को carefully review करें और केवल जरूरी permissions को allow करें।

Safe Browsing on Mobile Devices

Mobile devices पर browsing करते समय हमेशा secure websites (HTTPS) का इस्तेमाल करें, और public Wi-Fi networks पर sensitive transactions करने से बचें। VPN का उपयोग करें ताकि आपकी browsing activity encrypted रहे और cyber criminals से सुरक्षित हो।

Lost or Stolen Devices का Risk

अगर आपका mobile device खो जाता है या चोरी हो जाता है, तो यह unauthorized users को आपके personal और financial data तक पहुंचने का मौका देता है। Strong screen lock, remote tracking, और remote wipe features का उपयोग करके आप अपने lost device को trace कर सकते हैं और necessary security measures ले सकते हैं।

Mobile antivirus software आपके mobile device को malware, viruses, spyware, और phishing attacks से सुरक्षित रखने में मदद करता है।

Referance Links

[1] https://www.cnbc.com/2017/05/04/gmail-google-hack-phishing-attack.html

[2] https://www.blueapache.com/paypal-targeted-in-new-phishing-and-malware-attack/

[3] https://www.reddit.com/r/GMail/comments/11tmf4p/now_gmail_has_a_spam_problem/?rdt=58129

[4] https://security.stackexchange.com/questions/84162/mitigation-against-mitm-at-starbucks

[5] https://aware.eccouncil.org/smishing.html

[6] https://www.twingate.com/blog/tips/starbucks-data-breach

Chapter 5 Checklist: इन प्रश्नों के उत्तर देकर अपने ज्ञान और सतर्कता की जाँच करें

No.	Questions	Yes (हाँ)	No (नहीं)
1	क्या आप केवल trusted app stores (Google Play Store या Apple App Store) से ही apps download करते हैं?		
2	क्या आप हर app की permissions carefully review करते हैं और unnecessary permissions को disable करते हैं?		
3	क्या आप हमेशा HTTPS-enabled websites को mobile device पर browse करते समय इस्तेमाल करते हैं?		
4	क्या आपने अपने mobile device पर VPN का इस्तेमाल करते हुए public Wi-Fi पर browsing की है?		

No.	Questions	Yes (हाँ)	No (नहीं)
5	क्या आपके mobile device पर strong screen lock या biometric authentication enabled है?		
6	क्या आपने अपने mobile device पर remote tracking और wipe features enable किए हैं?		
7	क्या आपने अपने important apps और services पर two-factor authentication (2FA) enable किया है?		
8	क्या आप अपने फ्री में मोबाइल थीम customization देने वाले apps से बचते हैं?		
9	क्या आपने अपने mobile device पर data encryption enabled किया हुआ है?		
10	क्या आप regular data backup के लिए encrypted cloud services का इस्तेमाल करते हैं?		

अध्याय 6

Networking और Wi-Fi की Cyber security

आज के digital युग में network और Wi-Fi हमारे जीवन का अभिन्न हिस्सा बन चुके हैं। चाहे हम घर पर हों, ऑफिस में काम कर रहे हों, या किसी सार्वजनिक स्थान पर—हमारा अधिकांश online interaction Wi-Fi और नेटवर्क्स के माध्यम से होता है। इसी कारण, इन networks की सुरक्षा अत्यंत महत्वपूर्ण हो जाती है। Unsecured networks cyber criminals के लिए एक आसान target होते हैं, जिनके माध्यम से वे आपकी personal और financial information चोरी कर सकते हैं, unauthorized access प्राप्त कर सकते हैं, और आपके devices को malicious attacks का शिकार बना सकते हैं।

इस अध्याय में हम चर्चा करेंगे कि कैसे आप अपने घर और ऑफिस के Wi-Fi networks को सुरक्षित रख सकते हैं, और किस प्रकार public Wi-Fi networks पर browsing के दौरान आपको अपने data और privacy की सुरक्षा सुनिश्चित करनी चाहिए। Safe networking practices अपनाकर आप cyber threats से खुद को और अपने digital assets को सुरक्षित रख सकते हैं।

6.1. घर की Network Security कैसे रखे

हमारे घरों में Wi-Fi networks अब एक अनिवार्य सुविधा बन चुके हैं। लगभग हर device, चाहे वो smartphone हो, laptop, smart TV या IoT devices, सभी इंटरनेट से connected होते हैं। लेकिन इसी सुविधा के साथ कई सारे cyber threats भी आते हैं। Unsecured home networks cyber criminals के लिए आसान targets हो सकते हैं, जिससे आपके personal और financial data का theft हो सकता है, या आपके devices पर unauthorized access पाया जा सकता है। इसलिए अपने home network को सुरक्षित रखना बेहद जरूरी है।

इस section में हम कुछ Home Network Security Basics पर चर्चा करेंगे, जिनका पालन करके आप अपने Wi-Fi network को सुरक्षित रख सकते हैं और cyber threats से बच सकते हैं।

Home Network Security को मजबूत करने के जरूरी कदम

Strong Wi-Fi Password Set करें

सबसे पहला और महत्वपूर्ण कदम है कि आप अपने Wi-Fi network के लिए एक **strong और unique password** set करें। कमजोर passwords cyber criminals के लिए आसानी से crackable होते हैं। Password में uppercase और lowercase letters, numbers, और special characters का combination होना चाहिए।

Example: “MyWifi123” से अच्छा होगा “M@h0m3N3t$ec#.”

Router Default Login Credentials को Change करें

जब आप नया router खरीदते हैं, तो उसमें एक default username और password set होता है, जो सभी devices के लिए common हो सकता है। Cyber criminals अक्सर default credentials का फायदा उठाकर आपके router को hack कर सकते हैं। इसलिए तुरंत default credentials को बदलकर एक मजबूत username और password सेट करें।

WPA3 Encryption Enable करें

अपने home Wi-Fi network पर **WPA3** (Wi-Fi Protected Access 3) encryption enable करें। यह सबसे secure encryption method है, जो आपके data को सुरक्षित रखता है। अगर आपके router में WPA3 उपलब्ध नहीं है, तो कम से कम **WPA2** encryption का इस्तेमाल करें।

Avoid using outdated encryption methods जैसे **WEP** (Wired Equivalent Privacy), क्योंकि यह आसानी से hack हो सकता है।

Router Firmware को Regularly Update करें

Router manufacturers समय-समय पर security vulnerabilities को fix करने के लिए firmware updates release करते हैं। अपने router के firmware को हमेशा updated रखें ताकि नए security patches applied हों और आपका network सुरक्षित रहे। आप router settings में जाकर automatic firmware updates enable कर सकते हैं।

Guest Network Setup करें

अगर आपके घर में guests या visitors आते हैं और Wi-Fi का इस्तेमाल करते हैं, तो उनके लिए एक **guest network** create करें। Guest network आपके primary network से अलग होता है, जिससे आपके personal devices और data सुरक्षित रहते हैं। इस network पर आप limited access प्रदान कर सकते हैं और इसे अलग password से सुरक्षित कर सकते हैं।

Disable Remote Management

कई routers में **remote management** feature होता है, जो आपको दूर से router को manage करने की अनुमति देता है। लेकिन यह feature cyber criminals को भी exploit करने का मौका देता है। इसलिए अगर आपको इसकी जरूरत नहीं है, तो इसे disable करें। Remote management के बिना, आपका router local network के अंदर से ही access किया जा सकता है, जो ज्यादा secure है।

Firewall Enable रखें

अपने router और devices पर built-in **firewall** को enable रखें। Firewall आपके network को unauthorized access से बचाता है और suspicious traffic को block करता है। Firewall आपके home network के लिए एक additional security layer प्रदान करता है।

Network Name (SSID) को Hide करें

अपने Wi-Fi network के **SSID (Service Set Identifier)** को hide करने से आपका network publically दिखाई नहीं देगा। इससे cyber criminals के लिए आपके network को target करना मुश्किल हो जाता है। आप router settings में जाकर SSID broadcast को disable कर सकते हैं, जिससे केवल उन devices को network दिखाई देगा जिन्हें आप manually connect करेंगे।

Device Whitelisting (MAC Address Filtering)

अगर आप ज्यादा advanced security चाहते हैं, तो **MAC address filtering** enable कर सकते हैं। इससे आप केवल उन devices को allow कर सकते हैं, जिनके MAC addresses आपने router settings में manually add किए हों। यह एक strong layer of security है, जिससे unauthorized devices आपके network से connect नहीं हो पाएंगे।

IoT Devices को Secure करें

अगर आपके घर में IoT devices (जैसे smart bulbs, smart speakers, security cameras) हैं, तो इन devices को भी secure रखना बेहद जरूरी है। इन devices के लिए strong passwords का इस्तेमाल करें और इन पर भी firmware updates apply करें। आप इन devices को भी एक अलग guest network पर connect कर सकते हैं ताकि आपकी primary network और sensitive data सुरक्षित रहे।

Target Data Breach (2013)

2013 में हुए **Target** data breach में cyber criminals ने एक vulnerable home network की तरह काम करने वाले third-party vendor के credentials को exploit करके Target के systems में प्रवेश किया। इस breach में लाखों लोगों की financial information compromise हो गई। इस example से हमें यह समझने को मिलता है कि weak network security का परिणाम कितना खतरनाक हो सकता है, और क्यों हमारे home networks को भी अच्छे से सुरक्षित रखना चाहिए।

Home network security आपके digital life का एक महत्वपूर्ण हिस्सा है, और इसे secure रखने के लिए कुछ basic steps का पालन करना जरूरी है। Strong passwords, WPA3 encryption, regular updates, और firewall जैसे basic security measures का इस्तेमाल करके आप अपने Wi-Fi network को cyber criminals से सुरक्षित रख सकते हैं। Safe network practices अपनाकर आप अपने personal और professional information की सुरक्षा सुनिश्चित कर सकते हैं।

6.2. Public Wi-Fi Networks का खतरा

Public Wi-Fi networks, जैसे कि cafés, airports, malls, libraries, और hotels में available free Wi-Fi, आजकल हमारे लिए बेहद सुविधाजनक हो गए हैं। हम इन networks का इस्तेमाल इंटरनेट ब्राउज़ करने, emails चेक करने, social media पर समय बिताने, और कभी-कभी banking जैसी sensitive tasks के लिए भी करते हैं। लेकिन जितने ये networks सुविधाजनक होते हैं, उतने ही खतरनाक भी हो सकते हैं। Public Wi-Fi networks अक्सर **unsecured** होते हैं, और cyber criminals इन्हें exploit करके आपकी personal और financial information चुराने की कोशिश करते हैं।

इस section में हम public Wi-Fi networks से जुड़े खतरों और उनसे बचने के तरीकों पर चर्चा करेंगे।

Public Wi-Fi Networks से जुड़े खतरे

Man-in-the-Middle (MITM) Attack

Public Wi-Fi networks पर सबसे बड़ा खतरा **Man-in-the-Middle (MITM)** attack होता है। इस प्रकार के attack में cyber criminals आपके device और Wi-Fi router के बीच के communication को intercept करके आपकी browsing activity, login credentials, और sensitive data को चुरा सकते हैं।

Example: अगर आप public Wi-Fi पर bank account login कर रहे हैं, तो एक attacker आपके bank credentials को intercept करके उनका misuse कर सकता है।

Unencrypted Networks

कई बार public Wi-Fi networks पर encryption settings नहीं होतीं, यानी आपके द्वारा भेजी और प्राप्त की जा रही जानकारी को कोई भी व्यक्ति देख सकता है। Unencrypted networks पर आप जो भी data transfer करते हैं, वह plain text में होता है, जिसे cyber criminals आसानी से access कर सकते हैं।

Fake Wi-Fi Hotspots

Cyber criminals कभी-कभी खुद से fake Wi-Fi hotspots set करते हैं, जो देखने में legitimate public Wi-Fi network की तरह लगते हैं। अगर आप ऐसे hotspot से connect हो जाते हैं, तो आपकी सारी browsing activity और sensitive information cyber criminals तक पहुंच सकती है।

Example: एक coffee shop में "Free Wi-Fi" के नाम से एक hotspot हो सकता है, लेकिन यह असल में cyber criminal द्वारा set किया गया fake network हो सकता है।

Malware Distribution

Unsecured public Wi-Fi networks पर malware और viruses फैलने का खतरा होता है। अगर आप unknowingly किसी malicious website पर जाते हैं या infected files download

करते हैं, तो आपके device पर malware install हो सकता है, जो आपके data को चुरा सकता है या device को damage कर सकता है।

Session Hijacking

Public Wi-Fi networks पर session hijacking का खतरा भी होता है। इस प्रकार के attack में cyber criminals आपके web sessions को hijack करके unauthorized access प्राप्त कर सकते हैं। इससे वे आपके online accounts, जैसे social media या email accounts, पर नियंत्रण प्राप्त कर सकते हैं।

Packet Sniffing

Packet sniffing एक ऐसी technique है, जिसमें cyber criminals Wi-Fi network पर भेजे जा रहे data packets को capture करते हैं। इससे वे आपकी browsing activity, passwords, और sensitive data को analyze करके misuse कर सकते हैं। Unsecured public Wi-Fi networks पर packet sniffing attacks का खतरा ज्यादा होता है।

Public Wi-Fi Networks पर सुरक्षित रहने के तरीके

Virtual Private Network (VPN) का इस्तेमाल करें

Public Wi-Fi networks का इस्तेमाल करते समय हमेशा **VPN (Virtual Private Network)** का इस्तेमाल करें। VPN आपके internet traffic को encrypt करता है, जिससे cyber criminals आपके data को intercept नहीं कर पाते। VPN आपके browsing experience को सुरक्षित और private बनाता है।

Popular VPNs: **NordVPN**, **ExpressVPN**, **CyberGhost**, और **ProtonVPN**।

HTTPS Websites का Use करें

Public Wi-Fi networks पर browsing करते समय हमेशा **HTTPS** websites को ही visit करें। HTTPS websites SSL/TLS encryption का इस्तेमाल करती हैं, जो आपके data को encrypted form में भेजता है। अगर website HTTP है, तो उसमें संवेदनशील जानकारी दर्ज न करें, क्योंकि यह सुरक्षित नहीं होती।

Public Wi-Fi पर Sensitive Tasks Avoid करें

Public Wi-Fi networks पर कभी भी sensitive tasks, जैसे कि online banking, shopping, या confidential emails भेजने से बचें। इन activities के लिए mobile data या trusted, सुरक्षित नेटवर्क का ही इस्तेमाल करें। Public Wi-Fi networks पर sensitive information transfer करना काफी risky हो सकता है।

Firewall Enable करें

अपने device के built-in firewall को हमेशा enable रखें। Firewall आपके device को unauthorized access और suspicious traffic से बचाता है। Public Wi-Fi networks पर browsing करते समय यह आपके security की एक additional layer प्रदान करता है।

Auto-Connect Feature को Disable करें

कई mobile devices में public Wi-Fi networks से automatically connect होने का feature होता है। इसे disable कर दें, ताकि आपका device unknowingly किसी unsecured network से connect न हो जाए। Manually सुरक्षित नेटवर्क को choose करके आप खुद को ज्यादा सुरक्षित रख सकते हैं।

Software और Apps को Regularly Update करें

अपने operating system और apps को हमेशा updated रखें। Software updates में security patches होते हैं, जो cyber criminals द्वारा exploit किए जा रहे vulnerabilities को fix करते हैं। Outdated software पर cyber criminals attacks करने में सफल हो सकते हैं।

Avoid Using Shared Files और Printers

Public Wi-Fi networks पर कभी भी file sharing या printers को use करने से बचें। यह आपके device को unauthorized users के लिए accessible बना सकता है, जिससे आपकी files और personal information compromise हो सकती हैं।

Use Two-Factor Authentication (2FA)

हमेशा अपने important online accounts (जैसे कि emails, social media, banking) पर **Two-Factor Authentication (2FA)** enable करें। 2FA एक extra security layer प्रदान करता है, जिससे cyber criminals के लिए आपके accounts को hack करना मुश्किल हो जाता है।

Device के Wi-Fi और Bluetooth को Off रखें

जब आप public Wi-Fi networks का इस्तेमाल नहीं कर रहे हों, तो अपने device के Wi-Fi और Bluetooth को off कर दें। इससे आपका device unnecessary network connections से बचा रहेगा और cyber criminals के लिए target करना मुश्किल हो जाएगा।

अगर आप एक ऐसा व्यवसाय चलाते है जहाँ अक्सर ग्राहकों को इंटरनेट का प्रयोग करना होता है या waiting room में बैठना होता है ऐसे में उन्हें Free Wi-Fi देने के बारें में भी सोचना आवश्यक है| Free Wi-Fi सेवा देने से न केवल आप ग्राहकों का अनुभव बेहतर बना सकते हैं, बल्कि यह आपके व्यापार के लिए एक आकर्षक फीचर भी हो सकता है। हालांकि, यह सुनिश्चित करना जरूरी है कि Wi-Fi नेटवर्क सुरक्षित हो, ताकि cyber threats और data breaches से बचा जा सके।

Free Wi-Fi सेवा देने के लिए Steps:

1. Dedicated Guest Network Setup करें

   अपने मुख्य business network से अलग एक dedicated guest network बनाएं। इससे आपके business data और customer network के बीच सुरक्षा बनी रहेगी। Guest network पर आपके ग्राहक केवल internet का उपयोग कर सकेंगे, जबकि आपके business operations से जुड़े devices सुरक्षित रहेंगे।

   Guest network पर अलग SSID (network name) और strong password सेट करें।

2. Strong Password Protection

   अपने Free Wi-Fi नेटवर्क के लिए एक **strong password** सेट करें। Password में uppercase, lowercase letters, numbers और special characters का combination होना चाहिए। यह सुनिश्चित करें कि आपका password आसान न हो और इसे नियमित रूप से बदलते रहें।

   आप password को Wi-Fi access करने के लिए एक sticker के रूप में display कर सकते हैं, या इसे अपने ग्राहकों को पूछने पर provide कर सकते हैं।

3. Bandwidth Limitation और Time Limits सेट करें

   Bandwidth Limit लगाएं ताकि बहुत सारे users के एकसाथ connect होने पर आपका network slow न हो। Bandwidth को manage करने के लिए आप कुछ apps और services का इस्तेमाल कर सकते हैं, जो ग्राहकों को limited speed प्रदान करते हैं।

   Time Limit भी सेट करें, जिससे प्रत्येक ग्राहक एक निश्चित समय के लिए ही Wi-Fi का उपयोग कर सके। इससे network पर load कम रहेगा और सभी users को equal service मिलेगी।

4. Network Security Measures Implement करें

   WPA3 Encryption का इस्तेमाल करें: WPA3 सबसे सुरक्षित Wi-Fi encryption protocol है, जो data को encrypted रखता है और unauthorized access को रोकता है। यह पुराने WEP और WPA protocols से कहीं ज्यादा सुरक्षित है।

Firewall Enable करें: Firewall आपके network को unauthorized access और malicious traffic से बचाने में मदद करता है।

Content Filtering: Content filtering का इस्तेमाल करें, ताकि customers केवल safe और appropriate websites को access कर सकें। इससे आपके Wi-Fi पर किसी भी illegal या inappropriate activity को block किया जा सकेगा।

5. Landing Page या Captive Portal सेट करें

   Captive Portal: जब कोई ग्राहक आपके Wi-Fi network से जुड़ने की कोशिश करता है, तो उसे सबसे पहले एक **landing page** या **captive portal** पर redirect करें। इस page पर वह terms and conditions को accept करने के बाद ही Wi-Fi access कर सकेगा।

   Landing page पर आप अपने business की branding भी कर सकते हैं, और customers को offers, promotions या contact details प्रदान कर सकते हैं।

6. Monitor Network Activity

   Network को **monitor** करने के लिए सही tools और software का इस्तेमाल करें। यह आपको यह जानने में मदद करेगा कि कितने users connected हैं, कितना bandwidth इस्तेमाल हो रहा है, और network पर कोई suspicious activity तो नहीं हो रही।

कुछ popular network monitoring tools हैं: **PFSense**, **OpenDNS**, और **NetFlow**।

7. Data Collection और Marketing

   Wi-Fi सेवा प्रदान करते समय आप customers से basic information जैसे email address या phone number मांग सकते हैं। इस data का इस्तेमाल आप भविष्य marketing campaigns के लिए कर सकते हैं।

   Data collection का तरीका हमेशा transparent होना चाहिए, और users को यह बताना जरूरी है कि उनका data कैसे इस्तेमाल किया जाएगा।

8. Legal Considerations (Terms & Conditions)

   हमेशा customers को एक **terms and conditions** page दिखाएं, जिसमें यह स्पष्ट हो कि उनका data कैसे इस्तेमाल किया जाएगा और आपके Wi-Fi पर क्या-क्या प्रतिबंध हैं। इस तरह की legal disclaimer से आप खुद को किसी legal issue से सुरक्षित रख सकते हैं।

   Terms and conditions में यह mention करें कि illegal content access करने पर या कोई illegal activity करने पर जिम्मेदारी उनकी होगी।

Starbucks Man-in-the-Middle Attack (2017)

2017 में एक Starbucks café में customers ने एक sophisticated Man-in-the-Middle (MITM) attack का

सामना किया। Attackers ने public Wi-Fi network के जरिए customers के devices से data intercept किया और उनकी sensitive information चोरी की। यह incident इस बात का अच्छा example है कि कैसे unsecured public Wi-Fi networks पर cyber criminals attacks कर सकते हैं और users को सतर्क रहने की जरूरत है।

याद रखें - Public Wi-Fi networks सुविधाजनक तो होते हैं, लेकिन साथ ही यह cyber criminals के लिए एक आसान target भी होते हैं। Man-in-the-Middle attacks, phishing, और unencrypted networks जैसी समस्याओं से बचने के लिए safe browsing practices अपनाना बेहद जरूरी है। VPN का इस्तेमाल, firewall enable रखना, और HTTPS websites पर ही browse करना आपकी cyber security को मजबूत करने में मदद करता है। Public Wi-Fi networks पर हमेशा सतर्क रहें और सही सुरक्षा उपायों का पालन करें।

6.3. Router Security और Safe Settings

मैं मानता हूँ की एक आम आदमी के लिए जो बहुत ज्यादा टेक्निकल नहीं है Router Security के बारें में समझना थोडा कठिन हो सकता है पर यक़ीन मानिये आपके लिए मैंने इसे जितना हो सके उतना सरल करने की कोशिश की है। अगर संभव हो तो आप किसी Network Expert या Engineer को बुलवा कर भी अपने Router की सुरक्षा के बारें में समझ सकते है। दरअसल Router आपके home या office network का सबसे महत्वपूर्ण हिस्सा होता है, क्योंकि यह आपके devices और इंटरनेट के बीच का gateway होता है। अगर आपका router properly secured नहीं है, तो cyber criminals इसे exploit करके आपके entire network को compromise कर सकते हैं। Router Security पर ध्यान देना इसलिए बेहद जरूरी है ताकि आपका network और उसमें connected devices cyber threats से सुरक्षित रहें।

क्या मेरा राउटर हैक हो गया है? सामान्य संकेत

यदि आपको संदेह है कि आपका राउटर हैक हो गया है, तो कुछ सामान्य संकेत आपको सचेत कर सकते हैं ताकि आप समय रहते समस्या को पहचान सकें:

1. **DNS सेटिंग बदली हुई**: DNS सेटिंग का परिवर्तन राउटर हैक का सबसे आम संकेत है। हैकर आपके इंटरनेट ट्रैफ़िक को बिना आपकी जानकारी के कहीं और रीडायरेक्ट कर सकता है, जिससे संभावित रूप से **DNS हाइजैकिंग** हो सकता है। अपने राउटर के एडमिन मेनू में जाकर DNS सेटिंग को नियमित रूप से चेक करें।

2. **एडमिन पासवर्ड काम नहीं कर रहा**: यदि आपका राउटर का एडमिन पासवर्ड काम नहीं कर रहा है, तो हो सकता है कि हैकर ने इसे बदल दिया हो। इस स्थिति में, राउटर को तुरंत **फैक्टरी रीसेट** करें और एक नया और मजबूत पासवर्ड सेट करें।

3. **धीमा इंटरनेट**: अगर आपका इंटरनेट अचानक धीमा हो गया है और अन्य संकेत भी दिख रहे हैं, तो यह हो सकता है कि कोई हैकर आपके बैंडविड्थ का उपयोग कर रहा हो। हालांकि, धीमा इंटरनेट कई अन्य कारणों से भी हो सकता है, लेकिन इसे नजरअंदाज न करें।

4. **अजीब सॉफ़्टवेयर या मैलवेयर**: अगर आपके डिवाइस पर कोई अजीब सॉफ़्टवेयर या मालवेयर दिखाई दे रहा है, तो यह संभव है कि राउटर हैक का परिणाम हो। राउटर हैक होने पर हैकर आपके डिवाइस पर मालवेयर डाउनलोड कर सकते हैं।

5. **नेटवर्क पर अपरिचित डिवाइस**: अगर आपके नेटवर्क से अपरिचित डिवाइस जुड़े हुए हैं, तो इसका मतलब हो सकता है कि आपका Wi-Fi पासवर्ड हैक किया गया है। यह संकेत AVG AntiVirus जैसे सॉफ़्टवेयर द्वारा पता लगाया जा सकता है, जो आपको चेतावनी दे सकता है। इस प्रकार के कनेक्शन के जरिए आगे जाकर आपके राउटर को हैक किया जा सकता है।

सुरक्षा उपाय

- **सुरक्षा सॉफ़्टवेयर** का उपयोग करें: हमेशा प्रतिष्ठित ब्रांडों के सर्वोत्तम सुरक्षा सॉफ़्टवेयर का उपयोग करके अपने डिवाइस को सुरक्षित रखें।

- **फैक्टरी रीसेट और पासवर्ड अपडेट**: अगर किसी भी तरह का संदिग्ध गतिविधि दिखाई दे तो राउटर को रीसेट करें और नया पासवर्ड सेट करें।
- **नेटवर्क की निगरानी** करें: अपने होम नेटवर्क पर नज़र रखें और अपरिचित डिवाइसों को तुरंत डिस्कनेक्ट करें।

ये संकेत आपको आपके राउटर को संभावित हैकिंग से बचाने में मदद करेंगे और आपके नेटवर्क की सुरक्षा सुनिश्चित करेंगे।

Router Security के लिए Safe Settings और Best Practices

1. Default Login Credentials को Change करें

ज्यादातर routers के साथ default username और password आते हैं, जैसे "admin" या "password", जो सभी devices के लिए common होते हैं। Cyber criminals इन default credentials का फायदा उठाकर आपके router को hack कर सकते हैं।

- पहला कदम है कि आप router setup के बाद तुरंत default username और password को change करें और एक strong और unique password सेट करें।
- Example: "Admin123" के बजाय, "R@ut3r$ecur!ty2024" जैसा password चुनें।

2. **WPA3 या WPA2 Encryption Enable करें**

आपके Wi-Fi network की security के लिए WPA3 encryption सबसे बेहतर है। यह latest encryption standard है जो आपके network पर आने-जाने वाले data को सुरक्षित करता है। अगर आपका router WPA3 support नहीं करता, तो कम से कम WPA2 encryption enable करें।

- Avoid using outdated WEP encryption, क्योंकि यह आसानी से hack हो सकता है।

3. **Router Firmware को Regularly Update करें**

Firmware updates आपके router की performance और security को बेहतर बनाते हैं। Router manufacturers समय-समय पर नए updates release करते हैं, जिनमें security patches और नए features होते हैं।

- Regularly check करें कि आपके router का firmware updated है या नहीं। आप अपने router की settings में जाकर automatic updates enable कर सकते हैं, ताकि firmware समय-समय पर खुद से update होता रहे।

4. **Remote Management Disable करें** कई routers में remote management का feature होता है, जिससे आप दूर से router की settings को access और manage कर सकते हैं। लेकिन यह feature cyber criminals के लिए आपके router तक पहुंचने का एक और रास्ता खोल देता है।

- अगर remote management की जरूरत नहीं है, तो इसे disable कर दें ताकि केवल local network से ही router access किया जा सके।

5. Router Firewall Enable करें

ज्यादातर routers में एक built-in firewall होती है, जो आपके network को unauthorized access से बचाती है। यह incoming और outgoing traffic को monitor करके suspicious activity को block करता है।

- Router की settings में जाकर firewall को enable रखें। अगर firewall disable है, तो इसे तुरंत activate करें ताकि आपका network external threats से सुरक्षित रहे।

6. Network Name (SSID) को सुरक्षित करें

SSID (Service Set Identifier) आपके network का नाम होता है, जो सभी nearby devices को दिखाई देता है। अपने network के लिए एक unique और non-identifiable नाम चुनें।

- कभी भी अपने network का नाम ऐसा न रखें जिससे आपकी identity या location का पता चले, जैसे "Home_WiFi" या "Johns_Network"। Instead, कोई random नाम चुनें, जैसे "SecureNetX123"।
- आप चाहें तो SSID को hide भी कर सकते हैं ताकि आपका network visible न हो, और केवल authorized devices को manual setup से connect किया जा सके।

7. Guest Network Setup करें

अगर आपको अपने घर या ऑफिस में visitors या clients को Wi-Fi access देना हो, तो उनके लिए एक guest network

बनाएं। Guest network आपके primary network से अलग होगा, जिससे आपका personal data और connected devices सुरक्षित रहेंगे।

- Guest network पर limited access और अलग password सेट करें, ताकि यह आपके primary network से isolated रहे।

8. MAC Address Filtering Enable करें

MAC address filtering एक advanced security setting है, जिसमें आप केवल उन devices को allow कर सकते हैं, जिनके MAC addresses आपने manually add किए हों।

- MAC address filtering enable करने से unauthorized devices आपके network से connect नहीं हो पाएंगे, चाहे उन्हें आपके Wi-Fi network का password पता हो।

9. UPnP (Universal Plug and Play) Disable करें

UPnP एक ऐसा feature है जो network devices को automatically router settings configure करने की अनुमति देता है। हालांकि यह सुविधाजनक हो सकता है, लेकिन यह एक बड़ा security risk भी बन सकता है, क्योंकि malicious apps इस feature का misuse कर सकती हैं।

- अगर UPnP की जरूरत नहीं है, तो इसे disable करें, ताकि केवल manual configuration के बाद ही devices आपके network से जुड़ सकें।

10. DNS Settings को सुरक्षित करें

अपने router की **DNS settings** को सुरक्षित करें। आप अपने router में default DNS settings को बदलकर सुरक्षित और trusted DNS services का इस्तेमाल कर सकते हैं, जैसे कि **Google Public DNS** (8.8.8.8) या **OpenDNS** (208.67.222.222)।

- यह आपके browsing experience को सुरक्षित बनाएगा और आपको malicious websites से बचाने में मदद करेगा।

6.4. VPN का इस्तेमाल

VPN (Virtual Private Network) आज के समय में आपकी online security और privacy के लिए एक महत्वपूर्ण tool बन गया है। Internet पर browsing करते समय आपका data कई बार unsecure networks से होकर गुजरता है, जिससे cyber criminals, government agencies, या internet service providers (ISPs) आपकी browsing activity और personal information को track कर सकते हैं। ऐसे में **VPN** का इस्तेमाल आपकी data privacy को सुरक्षित रखता है, क्योंकि यह आपके internet traffic को encrypt करता है और उसे एक सुरक्षित server के माध्यम से route करता है।

इस section में हम **VPN के इस्तेमाल** और इसके लाभों पर चर्चा करेंगे।

VPN क्या होता है?

VPN (Virtual Private Network) एक ऐसी तकनीक है जो आपके internet connection को सुरक्षित बनाती है। यह आपके device से जाने वाले data को **encrypt** करके एक remote server से होकर route करता है। इससे आपकी online identity और data को third parties (जैसे कि hackers, ISPs, और government agencies) से छुपाया जा सकता है। VPN इस्तेमाल करते समय आपका IP address भी छुपा रहता है, जिससे आपकी location और identity private बनी रहती है।

VPN के फायदे

Data Encryption

VPN आपके internet traffic को encrypt करता है, जिससे कोई भी third-party (जैसे hackers या ISPs) आपके data को intercept या track नहीं कर पाती। इससे आपका personal और financial information safe रहता है, चाहे आप unsecure Wi-Fi networks पर ही क्यों न हों।

Anonymous Browsing

VPN आपके actual IP address को hide करके आपको **anonymous browsing** का अनुभव प्रदान करता है। इससे websites और online services आपकी real location को track नहीं कर पातीं, और आपका online identity protected रहता है।

Public Wi-Fi पर सुरक्षित Browsing

Public Wi-Fi networks (जैसे cafés, airports, और hotels) अक्सर unsecured होते हैं, जिससे cyber criminals आपके data को intercept कर सकते हैं। VPN का इस्तेमाल करके आप public Wi-Fi networks पर भी securely browse कर सकते हैं, क्योंकि आपका data encrypted रहता है।

Geographical Restrictions को Bypass करना

कई websites और streaming services कुछ geographical locations पर restricted होती हैं। VPN का इस्तेमाल करके आप इन geo-restrictions को bypass कर सकते हैं और दुनिया भर के

किसी भी content को access कर सकते हैं, क्योंकि VPN आपको एक different location का IP address assign करता है।

Online Privacy और Anonymity

VPN का इस्तेमाल करके आप अपनी online activities को private रख सकते हैं। आपके ISP और अन्य third parties आपके browsing history या activities को track नहीं कर पाएंगे। इससे आप एक higher level of **online privacy** और anonymity प्राप्त करते हैं।

Secure Remote Access

अगर आप घर से काम कर रहे हैं या किसी remote location से company network को access कर रहे हैं, तो VPN आपके connection को सुरक्षित बनाता है। इससे आपकी company's confidential data सुरक्षित रहती है और unauthorized access का खतरा कम हो जाता है।

VPN का इस्तेमाल कैसे करें?

एक Trusted VPN Provider चुनें

सबसे पहले, एक reliable और secure VPN provider चुनें। कई VPN services free और paid versions में उपलब्ध हैं, लेकिन paid VPN services बेहतर encryption, privacy protection, और features प्रदान करती हैं।

Popular VPN services: NordVPN, ExpressVPN, CyberGhost, और ProtonVPN।

Free VPNs भी available होते हैं, लेकिन उनमें अक्सर data limits और कम security features होते हैं।

VPN Software Install करें

VPN provider चुनने के बाद, आपको उसका software या app को अपने device पर install करना होगा। यह process simple होता है और ज्यादातर VPN services सभी platforms (Windows, macOS, Android, iOS) के लिए apps प्रदान करती हैं।

Login और Server Selection

VPN software install करने के बाद आपको अपने account से login करना होता है। इसके बाद, आप available servers की list में से कोई एक server चुन सकते हैं। Server selection से आप किसी भी देश का IP address choose कर सकते हैं, जिससे आप उस location से browse कर सकते हैं।

Connect to VPN

Server चुनने के बाद, simply **connect** पर क्लिक करें। आपका internet traffic अब VPN के जरिए encrypted हो जाएगा और सुरक्षित connection स्थापित हो जाएगा। अब आप anonymously browse कर सकते हैं और आपकी data privacy सुरक्षित रहेगी।

VPN Disconnect करना

जब आपका काम खत्म हो जाए, तो VPN से disconnect करना न भूलें। Disconnect करने से आपका internet traffic normal routing पर आ जाएगा, और encryption temporarily disable हो जाएगी।

VPN इस्तेमाल करते समय ध्यान रखने योग्य बातें

Speed पर Impact

VPN का इस्तेमाल आपके internet speed को थोड़ा कम कर सकता है, क्योंकि आपका traffic एक additional server से होकर गुजरता है। लेकिन अच्छे VPN providers high-speed servers प्रदान करते हैं, जिससे speed का impact कम होता है।

Reliable और Paid VPN का इस्तेमाल करें

Free VPN services कभी-कभी आपके data को log कर सकती हैं या third parties को बेच सकती हैं। इसलिए बेहतर होगा कि आप एक reliable और paid VPN service का इस्तेमाल करें, जो आपकी privacy को पूरी तरह से सुरक्षित रखे।

VPN Logs Policy

VPN provider की **no-logs policy** check करें। यह policy सुनिश्चित करती है कि VPN provider आपके browsing history या data को track या store नहीं करेगा। Reliable VPN services no-logs policy का पालन करती हैं, जो आपकी anonymity को और भी सुरक्षित बनाती है।

Kill Switch Feature

एक अच्छा VPN provider **kill switch** feature प्रदान करता है। यह feature आपके internet connection को automatically disconnect कर देता है अगर VPN connection टूट जाए, जिससे आपका unencrypted data accidentally internet पर न जाए।

VPN इस्तेमाल के Benefits

Enhanced Data Security:

VPN का इस्तेमाल आपके internet traffic को encrypt करता है, जिससे cyber criminals और unauthorized users आपके data को access नहीं कर सकते। यह आपके personal और financial information को सुरक्षित रखता है।

Increased Online Privacy:

VPN आपकी online activities और identity को छुपाकर आपको एक anonymous browsing experience प्रदान करता है। इससे आपकी privacy सुरक्षित रहती है और आप बिना track हुए internet browse कर सकते हैं।

Secure Public Wi-Fi Use:

VPN का इस्तेमाल public Wi-Fi networks पर browsing को सुरक्षित बनाता है। Unsecured public Wi-Fi पर sensitive tasks जैसे online banking या email check करना VPN के साथ ज्यादा सुरक्षित होता है।

Access Geo-Restricted Content:

VPN का इस्तेमाल करके आप geo-restricted content को access कर सकते हैं। चाहे आप किसी दूसरे देश से streaming services का access करना चाहें या किसी blocked website को visit करना चाहें, VPN आपकी मदद करता है।

VPN का इस्तेमाल आपकी online security और privacy को एक नया स्तर प्रदान करता है। Data encryption, anonymous browsing, और secure public Wi-Fi usage जैसे benefits से आप cyber threats से सुरक्षित रह सकते हैं। VPN एक जरूरी tool है, खासकर अगर आप frequently public networks पर internet access करते हैं या अपनी online privacy को बढ़ाना चाहते हैं। सही VPN provider का चुनाव करके आप अपने browsing experience को सुरक्षित और private बना सकते हैं।

6.5. Network Monitoring Tools

Network Monitoring Tools आपके home या office network की सुरक्षा और performance को manage करने में मदद करते हैं। ये tools आपको real-time में network traffic को monitor करने, suspicious activities को detect करने, और potential threats को रोकने की सुविधा देते हैं। Network monitoring tools न केवल आपको unauthorized access से बचाते हैं, बल्कि यह भी सुनिश्चित करते हैं कि आपके devices efficiently और securely connected हों।

इस section में हम कुछ popular और useful network monitoring tools पर चर्चा करेंगे, जो आपकी network security को बेहतर बनाने में मदद कर सकते हैं।

Network Monitoring Tools की जरूरत क्यों है?

Unauthorized Access Detect करना

Network monitoring tools आपको यह देखने की सुविधा देते हैं कि कौन से devices आपके network से connected हैं। इससे आप unauthorized devices और suspicious activity को जल्दी detect कर सकते हैं और उसे block कर सकते हैं।

Bandwidth Utilization Track करना

ये tools आपको real-time में bandwidth utilization की जानकारी देते हैं। इससे आप जान सकते हैं कि कौन से devices या apps ज्यादा bandwidth इस्तेमाल कर रहे हैं और अगर

कोई unusual activity हो रही है, तो उसे आसानी से track कर सकते हैं।

Network Performance Improve करना

Network monitoring tools आपके network की performance को track करते हैं और bottlenecks को identify करते हैं। इससे आप अपने network को efficiently manage कर सकते हैं और performance को optimize कर सकते हैं।

Alerts और Notifications

Advanced network monitoring tools आपको suspicious activities या unusual traffic patterns के लिए alerts और notifications भेजते हैं। ये alerts आपको potential threats के बारे में जल्दी जानकारी देते हैं, जिससे आप समय रहते action ले सकते हैं।

Popular Network Monitoring Tools

PFSense : PFSense एक open-source firewall और router software है, जो आपको advanced network monitoring और security features प्रदान करता है। यह tool छोटे businesses और home networks के लिए ideal है।

Features: Firewall rules management, traffic shaping, and real-time network monitoring.

Use Case: PFSense आपको real-time में incoming और outgoing traffic की detailed analysis करने की सुविधा देता

है। इसका interface user-friendly है, और यह suspicious activities को block करने के लिए automatic firewall rules set करने में सक्षम है।

Nagios : Nagios एक powerful network monitoring tool है, जो आपकी network activity को real-time में monitor करता है। Nagios बड़े networks के लिए ज्यादा suitable है और इसे customize किया जा सकता है।

Features: Traffic analysis, bandwidth utilization, real-time alerts, and server performance monitoring.

Use Case: Nagios आपको detailed reports और performance metrics प्रदान करता है, जिससे आप network health और performance को effectively manage कर सकते हैं।

Wireshark : Wireshark एक widely-used packet analyzer है, जो आपको network traffic को detailed packet-level पर analyze करने की सुविधा देता है। यह tool advanced users के लिए ज्यादा useful है, जो deeper network analysis करना चाहते हैं।

Features: Packet capturing, traffic analysis, and protocol decoding.

Use Case: Wireshark आपको हर packet की detailed analysis प्रदान करता है, जिससे आप unusual traffic patterns और potential threats को जल्दी detect कर सकते हैं। यह troubleshooting के लिए भी उपयोगी है।

SolarWinds Network Performance Monitor (NPM)

SolarWinds NPM एक comprehensive network monitoring tool है, जो आपको network performance और traffic को efficiently manage करने की सुविधा देता है। यह बड़े networks के लिए ideal है।

Features: Real-time network monitoring, customizable alerts, and detailed performance reports.

Use Case: SolarWinds NPM की मदद से आप network की performance को track कर सकते हैं, और traffic bottlenecks को detect करके उन्हें fix कर सकते हैं। इसका alert system potential threats को जल्दी पकड़ने में मदद करता है।

NetFlow Analyzer : NetFlow Analyzer एक real-time network monitoring tool है, जो आपको traffic analysis और bandwidth utilization की detailed जानकारी देता है। यह tool खासकर उन users के लिए useful है, जो high-traffic networks को monitor करते हैं।

Features: Traffic reports, application-wise bandwidth usage, and real-time alerts.

Use Case: NetFlow Analyzer आपको यह जानकारी देता है कि कौन से applications और devices ज्यादा bandwidth use कर रहे हैं। यह आपको suspicious traffic को track करने और necessary actions लेने में मदद करता है।

Zabbix : Zabbix एक enterprise-level network monitoring tool है, जो आपको real-time monitoring और

performance tracking की सुविधा देता है। यह tool बड़े और complex networks के लिए highly suitable है।

Features: Real-time monitoring, performance metrics, and customizable dashboards.

Use Case: Zabbix आपको centralized monitoring dashboard प्रदान करता है, जिससे आप सभी connected devices और servers की health को track कर सकते हैं। इसका alerting system आपको suspicious activity की तुरंत जानकारी देता है।

Network Monitoring Tools का Use कैसे करें?

1. **Setup और Configuration :** Network monitoring tools को setup करने के बाद, आपको network traffic, bandwidth utilization, और connected devices की monitoring शुरू करनी होगी। ज्यादातर tools user-friendly interfaces प्रदान करते हैं, जिनसे आप आसानी से network statistics और alerts देख सकते हैं।

2. **Real-Time Monitoring :** इन tools का सबसे बड़ा benefit real-time monitoring होता है। आप तुरंत जान सकते हैं कि कौन से devices आपके network पर connected हैं, कितनी bandwidth use हो रही है, और किसी unusual traffic pattern को जल्दी detect कर सकते हैं।

3. **Alerts और Notifications :** इन tools को इस तरह से configure करें कि अगर कोई unusual activity या potential

threat detect हो, तो आपको तुरंत alert या notification मिल सके। ये alerts आपको suspicious activities के प्रति सतर्क रहने में मदद करते हैं।

4. Reports और Analytics

5. ज्यादातर network monitoring tools आपको detailed reports और analytics प्रदान करते हैं, जिससे आप network performance को analyze कर सकते हैं और potential bottlenecks को fix कर सकते हैं। Regular reports को review करना network की security और performance को maintain करने के लिए जरूरी है।

Target Data Breach (2013)

2013 में हुए **Target data breach** में attackers ने एक compromised network का फायदा उठाकर millions of customer credit card details को चुरा लिया। अगर real-time network monitoring tools का सही से इस्तेमाल किया गया होता, तो यह breach पहले detect किया जा सकता था और time रहते damage को रोका जा सकता था। यह example दिखाता है कि network monitoring tools कितने जरूरी होते हैं और किस तरह से इन्हें इस्तेमाल करके potential breaches से बचा जा सकता है।

Network Monitoring Tools के Benefits

1. **Real-Time Threat Detection**: Network monitoring tools real-time में threats को detect करते हैं, जिससे आप

तुरंत action ले सकते हैं और potential cyber attacks से बच सकते हैं।

2. **Performance Optimization**: Monitoring tools network performance को analyze करके आपको traffic bottlenecks और inefficiencies को पहचानने में मदद करते हैं, जिससे आप network performance को optimize कर सकते हैं।

3. **Data और Privacy Protection**: Network monitoring tools unauthorized access और suspicious activities को जल्दी detect करते हैं, जिससे आपका data और privacy सुरक्षित रहती है।

4. **Efficient Resource Management**: Bandwidth utilization और device connectivity को track करके आप network resources को efficiently manage कर सकते हैं और network load को balance कर सकते हैं।

Network monitoring tools आपकी network security और performance को manage करने के लिए बेहद जरूरी हैं। ये tools आपको real-time में network traffic को track करने, suspicious activities को detect करने, और potential threats को रोकने की सुविधा देते हैं। सही network monitoring tools का इस्तेमाल करके आप अपने home या office network की सुरक्षा और performance को बेहतर बना सकते हैं और cyber threats से बच सकते हैं।

Chapter 6 Summary: Networking और Wi-Fi की Cyber security

Chapter 6 में हमने **Networking और Wi-Fi की Cyber security** के महत्वपूर्ण पहलुओं पर चर्चा की। आज के समय में, चाहे घर हो या ऑफिस, एक सुरक्षित नेटवर्क सेटअप करना बेहद जरूरी है ताकि cyber threats से बचा जा सके। यह अध्याय आपको safe networking practices अपनाने और अपने Wi-Fi network को सुरक्षित रखने में मदद करता है।

1. **Home Network Security Basics :** Home network की सुरक्षा के लिए strong Wi-Fi password, WPA3 encryption, और router firmware को नियमित रूप से update करना अनिवार्य है। Guest network setup करके आप अपने मुख्य network को visitors से अलग रख सकते हैं और unauthorized access से बच सकते हैं।

2. **Public Wi-Fi Networks का खतरा :** Public Wi-Fi networks का उपयोग करना risky हो सकता है, क्योंकि ये अक्सर unsecured होते हैं। Cyber criminals इन networks पर Man-in-the-Middle (MITM) और packet sniffing attacks करके आपकी personal information चुरा सकते हैं। Public Wi-Fi का सुरक्षित इस्तेमाल करने के लिए VPN का उपयोग करना जरूरी है।

3. **Router Security और Safe Settings :** Router आपके network का gateway है, इसलिए इसे सुरक्षित करना बेहद जरूरी है। Default credentials बदलना, WPA3 या WPA2

encryption enable करना, और firewall activate रखना basic सुरक्षा कदम हैं। Remote management और UPnP जैसे features को disable करके router की security को और भी मजबूत किया जा सकता है।

4. **VPN का इस्तेमाल :** VPN का उपयोग आपकी internet activity को encrypt करता है और आपको anonymous browsing की सुविधा देता है। यह खासकर public Wi-Fi networks पर browsing करते समय बेहद उपयोगी है। VPN आपकी location और identity को छुपाकर आपकी privacy को सुरक्षित रखता है और आपको geo-restricted content access करने की अनुमति देता है।

5. **Network Monitoring Tools :** Network monitoring tools आपके network पर नजर रखने और suspicious activities को detect करने में मदद करते हैं। ये tools real-time में आपके network की performance को track करते हैं और potential threats को रोकने के लिए alerts प्रदान करते हैं। PFSense, Wireshark, और Nagios जैसे tools आपकी network security को improve करने में मदद करते हैं।

Chapter 6 Checklist

No.	Questions	Yes	No
1	क्या आपके home Wi-Fi network पर WPA3 या WPA2 encryption enabled है?		
2	क्या आपने अपने Wi-Fi router के default username और password को बदल दिया है?		
3	क्या आप regular intervals पर router firmware updates apply करते हैं?		
4	क्या आपने public Wi-Fi networks पर browsing करते समय VPN का इस्तेमाल किया है?		
5	क्या आपने router के remote management और UPnP features को disable किया है?		
6	क्या आप guest network setup करके अपने मुख्य network को visitors से अलग रखते हैं?		

No.	Questions	Yes	No
7	क्या आपके network पर कोई network monitoring tool enabled है?		
8	क्या आपने router के firewall को enable रखा है?		
9	क्या आप public Wi-Fi पर sensitive tasks (जैसे online banking) avoid करते हैं?		
10	क्या आपने VPN service को select करते समय no-logs policy और kill switch जैसे features को ध्यान में रखा है?		

अध्याय 7

Banking Practices में Cyber security

आज की digital economy में banking transactions का अधिकांश हिस्सा online platforms और mobile apps के माध्यम से होता है। Online banking, digital wallets, और UPI (Unified Payments Interface) जैसे payment methods ने banking को पहले से कहीं अधिक accessible और सुविधाजनक बना दिया है। लेकिन इसके साथ ही, **cyber threats** भी काफी बढ़ गए हैं, जो आपकी financial security के लिए बड़ा खतरा बन सकते हैं। इसलिए यह जरूरी हो जाता है कि **cyber security** को banking practices का एक अभिन्न हिस्सा बनाया जाए।

Banking sector cyber criminals के सबसे बड़े targets में से एक है। Financial institutions पर होने वाले cyber attacks का उद्देश्य आपके banking credentials, personal information, और पैसे को चुराना होता है। इसलिए, banking transactions करते समय cyber security का पालन करना बेहद जरूरी है। Cyber criminals अक्सर phishing, malware, और social engineering जैसे techniques का इस्तेमाल करके आपकी banking information को compromise करने की कोशिश करते हैं।

Cyber security आपकी banking practices के हर पहलू में एक सुरक्षा की परत जोड़ता है, चाहे वह online banking हो, mobile banking apps का उपयोग हो, या ATM transactions हों।

इस अध्याय में हम यह समझेंगे कि किस प्रकार cyber security आपके banking transactions और personal financial information की सुरक्षा सुनिश्चित करती है और किन best practices को अपनाकर आप cyber threats से बच सकते हैं।

7.1. Secure Online Banking

Online banking ने banking transactions को बेहद आसान और accessible बना दिया है। अब हम कहीं से भी अपने bank accounts को access कर सकते हैं, transactions कर सकते हैं, और bills pay कर सकते हैं। लेकिन, जितनी सुविधा online banking ने दी है, उतना ही यह cyber criminals के लिए एक बड़ा target भी बन गया है। इसलिए यह सुनिश्चित करना जरूरी है कि आप जब online banking करें, तो सभी necessary cyber security steps को follow करें ताकि आपकी financial और personal information सुरक्षित रहे।

इस section में हम **secure online banking** के लिए जरूरी steps और best practices पर चर्चा करेंगे, जिससे आप cyber threats से बचे रह सकें और सुरक्षित रूप से banking transactions कर सकें।

Secure Online Banking के फायदे

1. **Financial Security**: Secure online banking practices अपनाकर आप अपने पैसे और financial information को cyber criminals से बचा सकते हैं। Phishing और malware attacks से बचकर आप unauthorized transactions से सुरक्षा पा सकते हैं।

2. **Data और Identity Protection**: Secure banking methods का पालन करके आप अपनी personal identity और data की सुरक्षा सुनिश्चित कर सकते हैं। यह आपकी online privacy को बनाए रखता है और identity theft के खतरे को कम करता है।

3. **Real-Time Monitoring**: Security alerts और notifications enable करके आप अपने banking account की activity को real-time में monitor कर सकते हैं और किसी भी suspicious transaction का तुरंत पता लगा सकते हैं।

4. **Convenient और Safe Banking Experience**: जब आप secure online banking practices follow करते हैं, तो आपका banking experience न केवल convenient होता है, बल्कि सुरक्षित भी रहता है। आपको यह चिंता नहीं रहती कि आपके account से कोई unauthorized activity हो सकती है।

Secure Online Banking के लिए Best Practices

1. **Bank की Official Website या Mobile App का Use करें** : जब भी आप online banking करें, हमेशा अपने bank की **official website** या **authorized mobile app** का

ही इस्तेमाल करें। Phishing attacks में cyber criminals अक्सर fake websites बनाकर users से उनकी banking credentials चुराने की कोशिश करते हैं।

- **Best Practice**: Bank की website को access करने के लिए URL को manually type करें और browser में "https://" और lock icon का ध्यान रखें। Mobile banking apps को सिर्फ official app stores (जैसे Google Play Store या Apple App Store) से ही download करें।

2. **Strong Password और Multi-Factor Authentication (MFA) का इस्तेमाल करें :** आपके online banking account के लिए एक **strong और unique password** का इस्तेमाल करें। Password में uppercase और lowercase letters, numbers, और special characters का combination होना चाहिए।

   - **Multi-Factor Authentication (MFA)** enable करना भी बेहद जरूरी है। MFA आपके account की security को एक additional layer देता है, जिसमें आपको login के लिए password के अलावा OTP या biometric authentication जैसे दूसरे factors की जरूरत होती है। इससे cyber criminals के लिए आपका account access करना मुश्किल हो जाता है।

3. **Public Wi-Fi Networks से बचें :** Public Wi-Fi networks, जैसे कि cafés, airports, और malls में, cyber criminals के लिए एक आसान target होते हैं। Public Wi-Fi networks

अक्सर unsecured होते हैं, और इन networks पर banking transactions करना बेहद risky हो सकता है।

- **Best Practice**: Banking transactions केवल trusted और secure networks पर करें। अगर आपको public Wi-Fi networks का इस्तेमाल करना ही पड़े, तो **VPN (Virtual Private Network)** का उपयोग करें, जो आपके internet traffic को encrypt करता है और आपकी privacy को सुरक्षित रखता है।

4. **Always Logout After Use :** जब भी आप online banking session complete करें, तो हमेशा **logout** करें। कई लोग banking websites या apps को बंद कर देते हैं, लेकिन properly logout नहीं करते। इससे cyber criminals के लिए आपके session को hijack करना आसान हो सकता है।

    - **Best Practice**: Logout करने के बाद भी banking session को पूरी तरह बंद करें और browser history को clear कर लें, खासकर अगर आपने किसी public या shared computer पर banking किया हो।

5. **Security Alerts और Notifications Enable करें :** आजकल ज्यादातर banks real-time **security alerts** और **transaction notifications** की सुविधा प्रदान करते हैं। जब भी आपके account में कोई login attempt, suspicious activity, या large transaction होती है, तो आपको तुरंत notification मिलनी चाहिए।

- **Best Practice**: अपने banking account पर सभी important alerts enable करें, ताकि आप तुरंत किसी भी suspicious activity का पता लगा सकें और समय पर action ले सकें।

6. **Phishing Emails और SMS से बचें :** Cyber criminals अक्सर **phishing emails** और SMS भेजकर users को trap करने की कोशिश करते हैं। इन messages में वे आपको किसी fake website पर redirect करते हैं या आपके login credentials चुराने की कोशिश करते हैं।

   - **Best Practice**: किसी भी suspicious email, SMS, या link पर click करने से पहले sender की authenticity verify करें। अगर आपको कोई suspicious email दिखे, तो bank से सीधे contact करें और message में दिए गए link का उपयोग न करें।

7. **Antivirus और Firewall को Enable रखें :** अपने computer और smartphone को updated और secure रखना बेहद जरूरी है। Cyber criminals malware और viruses का इस्तेमाल करके आपके device को compromise कर सकते हैं और banking credentials चुरा सकते हैं।

   - **Best Practice**: अपने devices पर **antivirus software** और **firewall** को हमेशा enable रखें। ये tools आपके devices को unauthorized access और malware से बचाते हैं।

8. **Banking Apps के लिए Biometric Authentication Enable करें :** Mobile banking apps में biometric

authentication (जैसे fingerprint या face recognition) का इस्तेमाल करना additional security प्रदान करता है। Biometric authentication के कारण unauthorized users को आपके banking account तक पहुंचना बेहद मुश्किल हो जाता है।

- **Best Practice**: Mobile banking के लिए biometric authentication enable करें और साथ ही app में timeout और auto logout features का इस्तेमाल करें, जिससे inactivity के बाद app automatically logout हो जाए।

9. **Avoid Saving Banking Credentials in Browser** : Browser में passwords save करने का feature convenient हो सकता है, लेकिन यह security के लिहाज से खतरे से भरा होता है। अगर आपका browser compromised हो जाए या किसी unauthorized user को access मिल जाए, तो आपके banking credentials खतरे में आ सकते हैं।

   - **Best Practice**: Online banking credentials को कभी भी browser में save न करें। अगर आपको passwords manage करने की जरूरत हो, तो trusted **password manager** का इस्तेमाल करें, जो encrypted तरीके से आपके passwords को store करता है।

10. **Regularly Bank Statements और Transaction History चेक करें** : Regularly अपने **bank statements** और **transaction history** को चेक करना एक अच्छी habit

है। इससे आप किसी unauthorized transaction को जल्दी पकड़ सकते हैं और उसे rectify कर सकते हैं।

- **Best Practice**: हर महीने अपने bank statements को check करें और transaction history को cross-verify करें। किसी भी unusual activity के बारे में तुरंत bank से संपर्क करें।

HDFC Bank Phishing Attack (2021)

2021 में, कई HDFC Bank customers को phishing emails प्राप्त हुए, जिनमें उन्हें अपने accounts verify करने के लिए कहा गया। ये emails देखने में authentic लगे, लेकिन इसमें दिए गए links users को fake HDFC website पर ले जाते थे, जहां उनके login credentials चोरी कर लिए गए।

इस घटना ने यह साबित किया कि online banking करते समय phishing attacks से बचने के लिए जागरूकता और सतर्कता बहुत जरूरी है।

Online banking आजकल हमारी financial life का एक महत्वपूर्ण हिस्सा बन चुका है, लेकिन इसके साथ कई cyber risks भी जुड़े होते हैं। Secure online banking practices अपनाकर आप इन risks से बच सकते हैं। Strong passwords, multi-factor authentication, VPN का इस्तेमाल, और suspicious emails से बचाव जैसे steps को अपनाकर आप अपनी financial security को मजबूत बना सकते हैं। Regularly अपने banking account की monitoring करें और unauthorized access से बचने के लिए हमेशा सतर्क रहें।

7.2. Credit/Debit Card Fraud से बचाव

आज के digital युग में, **credit और debit cards** का उपयोग बेहद common हो गया है। चाहे आप online shopping करें, ATM से पैसे निकालें, या किसी restaurant में payment करें—credit और debit cards ने transactions को बेहद सुविधाजनक बना दिया है। हालांकि, इस सुविधा के साथ **card fraud** का खतरा भी बढ़ गया है। Cyber criminals कई तरीकों से आपके card details को चोरी कर सकते हैं और unauthorized transactions कर सकते हैं।

इस section में हम credit और debit card frauds के विभिन्न प्रकारों और उनसे बचने के effective तरीकों पर चर्चा करेंगे।

Credit/Debit Card Fraud के सामान्य प्रकार

1. **Skimming : Skimming** तब होता है जब cyber criminals ATM या POS (Point of Sale) मशीन में एक skimming device लगाते हैं, जो आपके card की information को चुरा लेता है। इसके बाद, चोर आपके card details का उपयोग करके unauthorized transactions कर सकता है।

    - Example: Skimmer आपके card की magnetic strip से information collect कर लेता है, और एक hidden camera आपके PIN को capture कर लेता है।

2. **Card Phishing :** Card Phishing में cyber criminals आपको एक fake email, SMS, या call के जरिए आपकी card details साझा करने के लिए convince करते हैं। ये messages देखने में legitimate लग सकते हैं, लेकिन इनका उद्देश्य आपकी card information चुराना होता है।

- Example: एक phishing email जो आपकी bank से आया हुआ लगे और आपको अपने card details verify करने के लिए कहे।

3. **Card Not Present (CNP) Fraud : Card Not Present (CNP) Fraud** तब होता है जब cyber criminals आपके card details का इस्तेमाल करके online या phone transactions करते हैं, बिना आपके card के physical रूप से present हुए। ये fraud तब होता है जब आपका card number, expiry date, और CVV code चुराया जाता है।

    - Example: किसी phishing attack या hacked website से आपके card details चोरी कर लिए जाते हैं और फिर उन्हें unauthorized online purchases के लिए इस्तेमाल किया जाता है।

4. **SIM Swap Fraud : SIM Swap Fraud** में cyber criminals आपके mobile number को hack करके आपके OTPs (One-Time Passwords) को intercept करते हैं और आपके bank या card से linked accounts तक unauthorized access प्राप्त करते हैं।

    - Example: Fraudster आपके नाम से mobile service provider को call करके SIM card को swap करवा लेता है और फिर OTP के जरिए unauthorized transactions करता है।

5. **Lost या Stolen Cards :** अगर आपका credit या debit card खो जाता है या चोरी हो जाता है, तो किसी भी unauthorized व्यक्ति द्वारा इसका misuse हो सकता है। अगर आप तुरंत action

नहीं लेते, तो cyber criminals आपके card का इस्तेमाल करके बड़ी transactions कर सकते हैं।

- Example: अगर आपका card किसी public place पर खो जाता है और उसे unauthorized user द्वारा pickup किया जाता है, तो उसे तुरंत block करना जरूरी है।

Credit/Debit Card Fraud से बचाव के तरीके

1. **EMV Chip-Enabled Cards का Use करें :** आजकल ज्यादातर cards **EMV chip-enabled** होते हैं, जो magnetic stripe वाले cards की तुलना में ज्यादा सुरक्षित होते हैं। Chip-based cards fraud prevention के लिए बेहतर होते हैं क्योंकि उन्हें skimming devices द्वारा आसानी से duplicate नहीं किया जा सकता।

   - **Best Practice**: Magnetic stripe cards के बजाय EMV chip-enabled cards का उपयोग करें, और हमेशा chip-based POS terminals पर ही transactions करें।

2. **Strong PIN और Secure Passwords का Use करें :** अपने debit और credit cards के लिए एक **strong PIN** और online banking के लिए secure password सेट करें। PIN को किसी के साथ share न करें और कभी भी इसे card पर लिखकर न रखें। Online transactions के लिए एक complex password चुनें जो अनुमान करना मुश्किल हो।

   - Example: 1234 या 0000 जैसे simple PINs avoid करें और कभी भी birthday या आसानी से guess किए जा सकने वाले numbers का इस्तेमाल न करें।

3. **Two-Factor Authentication (2FA) Enable करें :** अपने card-related transactions के लिए हमेशा **Two-Factor Authentication (2FA)** या OTP (One-Time Password) enable रखें। इससे cyber criminals के लिए सिर्फ card details से transaction करना मुश्किल हो जाएगा क्योंकि उन्हें आपके phone या email पर आने वाले OTP की भी जरूरत होगी।

   - **Best Practice**: हर transaction के लिए OTP authentication enable रखें, चाहे वह online हो या POS पर।

4. **Phishing Attempts से सतर्क रहें :** किसी भी suspicious email, SMS, या call से सतर्क रहें, जो आपकी card details मांगते हैं। कोई भी legitimate financial institution या bank कभी भी आपकी personal card details email, SMS, या phone call के जरिए नहीं मांगेगा।

   - **Best Practice**: अगर आपको ऐसा कोई suspicious message मिलता है, तो तुरंत उसे ignore करें और bank के official customer care number पर contact करें।

5. **Card Transaction Alerts और Notifications Enable करें :** अपने credit/debit cards के लिए real-time **transaction alerts** और notifications enable रखें। इससे आपको हर transaction की जानकारी मिलती रहेगी, और अगर कोई unauthorized transaction होती है, तो आप तुरंत उसे पकड़ सकते हैं।

- **Best Practice**: अपने bank से transaction alerts के लिए SMS और email notifications दोनों enable करें। अगर कोई suspicious transaction होती है, तो तुरंत action लें।

6. **Skimming से बचाव के लिए ATM और POS Machine की जांच करें:** जब भी आप ATM या POS machine का इस्तेमाल करें, हमेशा पहले उसे inspect करें। अगर machine पर कोई unusual device या attachment दिखे, तो उस machine का इस्तेमाल न करें।

    - **Best Practice**: ATM machine के card slot और PIN pad को ध्यान से देखें और suspicious लगने पर दूसरे ATM का इस्तेमाल करें। हमेशा ऐसे ATM का उपयोग करें जो busy और secure locations पर हों।

7. **Virtual Cards का इस्तेमाल करें :** कई banks और financial institutions virtual cards की सुविधा प्रदान करते हैं, जो एक limited period के लिए या एक specific transaction के लिए use किए जा सकते हैं। यह online shopping के दौरान आपकी actual card details को cyber criminals से बचाने का एक बेहतरीन तरीका है।

    - **Best Practice**: High-risk या unfamiliar websites से purchases करते समय virtual cards का इस्तेमाल करें।

8. **SIM Swap Fraud से बचें**

9. **SIM Swap Fraud** से बचने के लिए हमेशा अपने mobile number के साथ linked accounts पर alerts और

notifications enable रखें। अगर आपको अचानक mobile signal बंद हो जाए या SIM inactive हो जाए, तो तुरंत अपने mobile service provider से संपर्क करें।

- **Best Practice**: अपने mobile service provider के पास SIM swap के लिए एक secure authentication method enable करें, जिससे कोई भी unauthorized person आपका SIM card swap न कर सके।

10. **Lost या Stolen Card को तुरंत Block करें :** अगर आपका credit या debit card खो जाता है या चोरी हो जाता है, तो इसे तुरंत block करें। Banks आजकल emergency card block services प्रदान करते हैं, जिससे आप तुरंत अपने card को block कर सकते हैं और unauthorized transactions को रोक सकते हैं।

    - **Best Practice**: जैसे ही आपको card के खोने या चोरी होने का पता चले, तुरंत bank की customer care से contact करें और card को block करवा दें। इसके बाद replacement card का अनुरोध करें।

11. **Contactless Payments के लिए PIN या Authentication Enable करें :** अगर आप contactless cards का इस्तेमाल करते हैं, तो हर transaction के लिए **PIN या biometric authentication** enable करें। इससे contactless payments करते समय unauthorized users के लिए fraud करना मुश्किल हो जाएगा।

- **Best Practice**: Contactless transactions के लिए एक transaction limit set करें और बड़े transactions के लिए PIN या OTP की आवश्यकता रखें।

SBI Debit Card Skimming Fraud (2019)

2019 में, कई SBI customers ने debit card skimming fraud का सामना किया, जिसमें cyber criminals ने ATMs में skimming devices लगाकर card details को capture कर लिया और unauthorized transactions कीं। इस घटना ने यह दिखाया कि ATM transactions के दौरान सतर्कता और card security का ध्यान रखना कितना जरूरी है। [2]

7.3. NFC technology की सही समझ और सुरक्षा

NFC (Near Field Communication) क्या है?

NFC (Near Field Communication) एक wireless technology है, जो devices को एक-दूसरे के साथ करीब लाने पर data transfer करने की अनुमति देती है। NFC का इस्तेमाल contactless payments में सबसे अधिक होता है, जहां आप अपने **credit या debit card** को बिना swipe किए या insert किए, केवल POS machine के पास लाकर payment कर सकते हैं। यह technology काफी तेजी से बढ़ रही है और आजकल कई smartphones, smartwatches, और contactless cards में NFC feature मौजूद होता है।

NFC Card Payments कैसे काम करती हैं?

NFC-enabled credit और debit cards को **contactless cards** कहा जाता है। जब आप POS machine के पास अपना card tap करते हैं, तो यह एक **short-range radio frequency** signal के जरिए payment information को transmit करता है। इसके लिए card और reader के बीच 4 से 10 सेंटीमीटर की दूरी होनी चाहिए। Contactless payments तेजी से हो जाती हैं और small-value transactions के लिए PIN या signature की जरूरत नहीं होती।

NFC से Card Fraud के खतरे

NFC-based payments सुविधाजनक तो हैं, लेकिन इनसे जुड़ी कुछ security concerns भी हैं। अगर सही सावधानियां नहीं बरती गईं,

तो **card fraud** का खतरा बढ़ सकता है। आइए जानते हैं कि NFC के जरिए card fraud कैसे हो सकता है:

1. **Skimming Devices के जरिए Unauthorized Access:** Cyber criminals NFC skimming devices का इस्तेमाल करके आपके card से payment information चोरी कर सकते हैं। Skimming devices POS machines या ATMs के पास लगाई जा सकती हैं, जहां से ये आपकी card information को NFC signals के जरिए capture कर लेते हैं।

2. **Proximity-based Attacks :** NFC की working range कम होती है, लेकिन cyber criminals **proximity-based attacks** में NFC reader के जरिए आपके card से बिना आपकी जानकारी के data capture कर सकते हैं। अगर आपका contactless card किसी attacker के NFC reader के करीब आता है, तो वह आपके card की information को चुरा सकता है और इसे unauthorized transactions के लिए इस्तेमाल कर सकता है।

3. **Replay Attacks : Replay attacks** में cyber criminals आपके card से payment data को capture करके उसी data को किसी और unauthorized transaction के लिए reuse करते हैं। हालांकि, NFC payments में encryption का इस्तेमाल होता है, लेकिन कभी-कभी attackers इस data को manipulate करके unauthorized payments कर सकते हैं।

4. **Lost/Stolen Cards से Unauthorized Transactions:** अगर आपका contactless card खो जाता है या चोरी हो जाता है, तो cyber criminals बिना PIN या signature के small-value transactions कर सकते हैं, क्योंकि contactless payments के लिए सिर्फ card को tap करने की जरूरत होती है।

NFC Fraud से बचाव के तरीके

1. **NFC को जरूरत पड़ने पर ही Enable करें :** अगर आप NFC-enabled smartphone का इस्तेमाल करते हैं, तो NFC feature को हमेशा on न रखें। केवल तब enable करें, जब आपको contactless payment करनी हो। इससे proximity-based attacks से बचा जा सकता है।

2. **RFID/NFC-Blocking Wallet का Use करें : RFID/NFC-blocking wallets** का इस्तेमाल करके आप NFC signals को block कर सकते हैं। यह wallets खास material से बने होते हैं, जो NFC readers को आपके card के signal तक पहुंचने से रोकते हैं। इससे cyber criminals आपके card से data चोरी नहीं कर पाते हैं।

3. **Low Transaction Limit Set करें :** NFC fraud से बचने के लिए आप अपने contactless card पर **transaction limit** set कर सकते हैं। कई banks आपको small-value transactions (जैसे ₹2000 या उससे कम) के लिए बिना PIN के payments करने की अनुमति देते हैं। आप अपनी bank से इस transaction limit को कम करने या contactless

payments के लिए PIN required करने का अनुरोध कर सकते हैं।

4. **PIN या Biometric Authentication Enable करें :** अपने card या mobile wallet पर **PIN या biometric authentication** enable करें। इससे हर transaction के लिए PIN या fingerprint की जरूरत होगी, जिससे unauthorized payments करने में cyber criminals के लिए मुश्किलें बढ़ जाएंगी।
   - Example: आप अपने smartphone के Google Pay या Apple Pay में biometric authentication enable कर सकते हैं।

5. **Contactless Payments पर Alerts Enable करें :** अपने contactless card transactions के लिए **real-time alerts** और notifications enable करें। इससे अगर कोई unauthorized transaction होती है, तो आपको तुरंत जानकारी मिल जाएगी और आप तुरंत card block करवा सकते हैं।

6. **Proximity का ध्यान रखें :** जब आप public places पर हों, तो अपने card को NFC readers या POS machines के पास अनावश्यक रूप से न रखें। NFC की range कम होती है, लेकिन अगर कोई skimming device या malicious reader पास में है, तो आपका card information capture किया जा सकता है।

7. **Lost या Stolen Card को तुरंत Block करें :** अगर आपका contactless card खो जाता है या चोरी हो जाता है, तो इसे तुरंत block करवाएं। Banks emergency card block services प्रदान करते हैं, जिससे आप अपने card को तुरंत deactivate कर सकते हैं और unauthorized transactions को रोक सकते हैं।

8. **NFC Reader Devices को Inspect करें :** जब भी आप NFC-enabled POS machine का इस्तेमाल करें, तो पहले device को check करें। अगर machine में कोई unusual attachment या suspicious device लगा हुआ लगे, तो उस machine का इस्तेमाल न करें। यह एक skimming device हो सकता है जो आपके card की details चुराने के लिए लगाया गया हो।

Contactless Card Fraud in London (2018)

2018 में, London के कई commuters ने report किया कि उनका contactless card unauthorized payments के लिए इस्तेमाल किया गया था। Skimming devices और mobile NFC readers का इस्तेमाल करके cyber criminals ने commuters के contactless cards से बिना उनकी जानकारी के transactions कीं। इस घटना के बाद, कई users ने RFID-blocking wallets और PIN-protected contactless payments की ओर रुख किया। [3]

NFC technology ने payments को आसान और तेजी से करने का तरीका दिया है, लेकिन इसके साथ कुछ security risks भी जुड़े हुए हैं। सही सावधानियों और सुरक्षा उपायों को अपनाकर NFC fraud से बचा जा सकता है। RFID-blocking wallets का इस्तेमाल, PIN-protected contactless payments, और transaction alerts enable करना NFC fraud से बचाव के effective तरीके हैं। सतर्क रहकर और सुरक्षित practices अपनाकर आप contactless payments का लाभ उठा सकते हैं, बिना किसी financial threat के।

7.4. Digital Wallets की सुरक्षा

Digital wallets जैसे Paytm, Google Pay, PhonePe, और अन्य mobile payment apps ने financial transactions को बेहद आसान और तेज़ बना दिया है। अब आप बिना physical cash या card के अपने smartphone के जरिए payments कर सकते हैं। Digital wallets ने banking और financial ecosystem को एक नई दिशा दी है, लेकिन इसके साथ ही **cyber security risks** भी बढ़ गए हैं। अगर आप अपने digital wallets को सुरक्षित नहीं रखते हैं, तो cyber criminals आपके funds और personal information का misuse कर सकते हैं।

इस section में हम **digital wallets की सुरक्षा** के लिए जरूरी steps और best practices पर चर्चा करेंगे, ताकि आप सुरक्षित रूप से इनका उपयोग कर सकें।

Digital Wallets के साथ जुड़े जोखिम

1. **Unauthorized Access :** अगर आपका smartphone या device compromise हो जाता है या चोरी हो जाता है, तो cyber criminals आपके digital wallet तक unauthorized access प्राप्त कर सकते हैं। इसके बाद वे आपके funds को transfer या withdraw कर सकते हैं।

2. **Weak Authentication Methods :** अगर आप अपने digital wallet को weak password या बिना multi-factor authentication (MFA) के इस्तेमाल करते हैं, तो cyber criminals आसानी से आपके wallet तक पहुंच सकते हैं और unauthorized transactions कर सकते हैं।

3. **Phishing और Social Engineering Attacks :** Phishing attacks और social engineering methods के जरिए cyber criminals आपको fake emails, SMS, या calls भेज सकते हैं, ताकि वे आपके digital wallet की login information या OTP चुरा सकें। Phishing websites या apps का उपयोग करके आपकी sensitive information चोरी की जा सकती है।

4. **Malware और Spyware :** अगर आपके smartphone में malware या spyware मौजूद है, तो cyber criminals आपके digital wallet की credentials या payment information को track और steal कर सकते हैं। यह unauthorized transactions और data theft का कारण बन सकता है।

UPI Fraud (2020)

2020 में, कई users ने UPI fraud का सामना किया, जहां cyber criminals ने phishing attacks और fake calls का इस्तेमाल करके users से उनके UPI PIN और wallet information चोरी की। इसके बाद unauthorized transactions की गईं। यह घटना बताती है कि digital wallets की सुरक्षा कितनी महत्वपूर्ण है और सतर्कता से इस्तेमाल करना कितना जरूरी है।[4]

Digital Wallets की सुरक्षा के लिए Best Practices

1. **Strong Password और PIN का इस्तेमाल करें :** हमेशा अपने digital wallet के लिए एक **strong password** और **PIN** सेट करें। Password में uppercase, lowercase letters, numbers, और special characters का combination

होना चाहिए। PIN को simple और easily guessable (जैसे 1234 या 0000) न रखें।

- **Best Practice**: हर transaction के लिए एक strong password और PIN का उपयोग करें और इसे किसी के साथ share न करें।

2. **Biometric Authentication Enable करें :** Biometric authentication (जैसे fingerprint या face recognition) आपके digital wallet के लिए एक अतिरिक्त सुरक्षा परत प्रदान करता है। यह unauthorized users के लिए आपके wallet तक पहुंचने में कठिनाई पैदा करता है।

    - **Best Practice**: अगर आपके smartphone में biometric authentication उपलब्ध है, तो उसे enable करें और केवल authenticated users को wallet access करने दें।

3. **Two-Factor Authentication (2FA) Enable करें : Two-Factor Authentication (2FA)** या OTP (One-Time Password) enable करने से आपके wallet की सुरक्षा और मजबूत हो जाती है। 2FA में, आपको password के अलावा एक second authentication factor (जैसे OTP) की भी जरूरत होती है, जो cyber criminals के लिए unauthorized access करना मुश्किल बना देता है।

    - **Best Practice**: अपने digital wallet पर 2FA enable करें, ताकि हर transaction और login के लिए OTP की जरूरत हो।

4. **Wallet और Phone Lock Feature का इस्तेमाल करें :** Digital wallets के साथ-साथ अपने smartphone को भी lock रखें। अगर आपका phone चोरी हो जाता है या कहीं खो जाता है, तो phone lock feature unauthorized users को wallet तक पहुंचने से रोकता है।

    - **Best Practice**: अपने smartphone और digital wallet app दोनों पर PIN, pattern, या biometric lock enable रखें। इसके अलावा, inactivity के बाद automatic lock feature भी enable रखें।

5. **Phishing Attempts से सतर्क रहें :** कभी भी suspicious emails, SMS, या calls से प्राप्त link पर click न करें। Cyber criminals phishing attacks के जरिए आपको fake login pages या apps की ओर redirect कर सकते हैं, जहां से वे आपकी wallet information चोरी कर सकते हैं।

    - **Best Practice**: किसी भी suspicious link पर click करने से पहले उसे verify करें और हमेशा official apps और websites का इस्तेमाल करें।

6. **Digital Wallet Apps को Regularly Update करें :** अपने digital wallet apps और smartphone के operating system को हमेशा updated रखें। Developers समय-समय पर security patches और updates release करते हैं, जो नए-नए vulnerabilities को fix करते हैं।

    - **Best Practice**: Automatic updates enable करें, ताकि आपके apps और OS हमेशा latest security standards पर हों।

7. **Transaction Alerts और Notifications Enable करें** : Real-time **transaction alerts** और **notifications** enable करके आप हर payment और transaction पर नजर रख सकते हैं। इससे अगर कोई unauthorized transaction होती है, तो आपको तुरंत जानकारी मिल जाती है और आप समय पर action ले सकते हैं।

    - **Best Practice**: अपने digital wallet पर हर transaction के लिए SMS और email alerts enable रखें।

8. **Unknown या Untrusted Apps Install न करें** : Untrusted या third-party app stores से apps download करने से बचें। ऐसे apps में malware या spyware हो सकता है, जो आपकी digital wallet information को track और steal कर सकता है।

    - **Best Practice**: Apps हमेशा Google Play Store या Apple App Store से ही download करें और केवल trusted developers के apps का ही उपयोग करें।

9. **Public Wi-Fi पर Digital Wallet का Use Avoid करें** : Public Wi-Fi networks unsecured होते हैं और cyber criminals इनका फायदा उठाकर आपके digital wallet credentials को intercept कर सकते हैं। Public Wi-Fi पर payment transactions करना unsafe हो सकता है।

    - **Best Practice**: अगर आपको public Wi-Fi networks का इस्तेमाल करना हो, तो हमेशा **VPN (Virtual Private Network)** का उपयोग करें, ताकि आपका internet traffic encrypted हो जाए।

10. **Lost/Stolen Phone का Risk Minimize करें:** अगर आपका phone खो जाता है या चोरी हो जाता है, तो इसे remotely lock और wipe करने की सुविधा को enable रखें। Digital wallets के लिए ये security measures बहुत महत्वपूर्ण होते हैं, क्योंकि आपका phone खो जाने से cyber criminals आपके wallet तक unauthorized access प्राप्त कर सकते हैं।

    - **Best Practice**: Google's **Find My Device** या Apple's **Find My iPhone** जैसे tools enable रखें, ताकि आप अपने phone को remotely track, lock, या wipe कर सकें।

Digital wallets आज के समय में बेहद सुविधाजनक और तेजी से popular हो रहे हैं, लेकिन उनके साथ आने वाले cyber risks को नजरअंदाज नहीं किया जा सकता। Unauthorized access, phishing attacks, और malware से बचने के लिए आपको strong passwords, biometric authentication, और 2FA जैसे security measures अपनाने चाहिए। Public Wi-Fi networks से avoid करें, और अपने wallet apps को हमेशा updated रखें। सही सावधानियां और best practices अपनाकर आप अपने digital wallet को सुरक्षित रख सकते हैं और financial security सुनिश्चित कर सकते हैं।

7.5. UPI Frauds

UPI Fraud (Unified Payments Interface Fraud) आजकल तेजी से बढ़ रहे cyber threats में से एक है, क्योंकि UPI एक बहुत ही लोकप्रिय और व्यापक रूप से इस्तेमाल किया जाने वाला payment method बन गया है। UPI के माध्यम से व्यक्ति और व्यवसाय सीधे अपने bank accounts से linked mobile apps के जरिए real-time में payments कर सकते हैं। लेकिन इसकी तेजी और लोकप्रियता के साथ-साथ, cyber criminals ने इसका दुरुपयोग करने के लिए नए-नए तरीके खोज लिए हैं।

UPI Fraud क्या है?

UPI fraud में cyber criminals users को धोखा देकर उनकी **UPI IDs, PINs**, या **bank details** चुरा लेते हैं और उनके bank accounts से unauthorized transactions कर लेते हैं। Fraudsters आमतौर पर phishing, social engineering, SIM swap, और अन्य तकनीकों का इस्तेमाल करके users को धोखे में डालते हैं।

UPI fraud के कई उदाहरण सामने आ चुके हैं, जिनमें cyber criminals ने लोगों को विभिन्न तरीकों से धोखा देकर उनकी UPI IDs, PINs, या bank details चुराए हैं। ये fraud अक्सर phishing attacks, social engineering, और अन्य deceptive techniques के जरिए किए जाते हैं। Youtube और इंटरनेट इस तरह के UPI की धोखाधड़ी से भरे पडे है पर यहाँ मैं कुछ खास तरह के frauds के बारें में आपकों विशेष रूप से सावधान करना चाहता हूँ, इन तरीकों को बहुत ध्यान से पढ़े और अगली बार आपके आसपास ऐसा कुछ भी हो तो तुरंत alert हो जाये -

1. Fake UPI Payment Request Fraud (2020) कैसे होता है:

इस प्रकार के fraud में, cyber criminals UPI payment request feature का इस्तेमाल करते हैं। वे पीड़ित को एक fake payment request भेजते हैं, जो देखने में authentic लगता है। कई लोग इसे payment प्राप्त करने की request समझते हैं, जबकि असल में यह पैसे भेजने की request होती है।

उदाहरण:

एक व्यक्ति को यह message आता है कि उसने लॉटरी जीती है या उसे cashback मिलेगा। Scammer उसे कहता है कि UPI पर एक link या request accept करें। व्यक्ति जैसे ही उस request को accept करता है, उसके account से पैसे निकाल लिए जाते हैं।

बचाव के उपाय:

कभी भी अनजान व्यक्ति की payment request को accept न करें। Payment request को ध्यान से पढ़ें कि यह पैसे भेजने की request है या प्राप्त करने की। UPI में पैसे भेजने के लिए हमेशा UPI PIN की आवश्यकता होती है।

2. QR Code Scam कैसे होता है:

Cyber criminals एक fake QR code भेजते हैं और पीड़ित को उसे scan करने के लिए कहते हैं, जिससे उसे पैसा मिलेगा। लेकिन असल में, उस QR code को scan करते ही पीड़ित के account से पैसे निकल जाते हैं।

उदाहरण:

एक व्यक्ति ने अपने पुराने सामान को ऑनलाइन बेचने के लिए classified site पर ad दिया। Scammer ने सामान खरीदने में दिलचस्पी दिखाई और कहा कि वह UPI से payment करेगा। उसने एक QR code भेजा और कहा कि इसे scan करने पर पैसे खाते में आ जाएंगे। QR code scan करने पर पीड़ित के account से ही पैसे deduct हो गए।

बचाव के उपाय:

QR code केवल पैसे प्राप्त करने के लिए नहीं होता, यह पैसे भेजने के लिए भी इस्तेमाल हो सकता है। इसलिए कभी भी किसी अनजान QR code को scan न करें।

3. SIM Swap Fraud कैसे होता है:

Cyber criminals पीड़ित के mobile number को fraudulently SIM swap करके control में ले लेते हैं। इसके बाद वे UPI accounts को reset करते हैं और OTPs का इस्तेमाल करके account से पैसे निकाल लेते हैं।

उदाहरण:

Scammer ने एक व्यक्ति के mobile network provider को call करके उसकी SIM card details को swap करवा लिया और नया SIM issue करवा लिया। जैसे ही scammer के पास नया SIM आया, उसने UPI app के जरिए account को reset किया और OTP का इस्तेमाल करके account से पैसे निकाल लिए।

बचाव के उपाय:

अगर आपका mobile अचानक काम करना बंद कर दे या signal चला जाए, तो तुरंत mobile service provider से संपर्क करें। SIM swap fraud से बचने के लिए mobile number पर banking alerts और notifications enable रखें।

4. Phishing Links और Fake Customer Care

कैसे होता है:

Fraudsters phishing links या fake customer care numbers का इस्तेमाल करके users को अपने UPI credentials या bank details देने के लिए trap करते हैं।

उदाहरण:

किसी व्यक्ति को fake SMS या email मिला, जिसमें एक urgent message था कि उसका bank account या UPI ID बंद हो जाएगा। उसमें एक link दिया गया था, जिसे क्लिक करके user को अपनी credentials verify करनी थी। Link पर click करने के बाद, user की credentials चोरी कर ली गईं और उसके account से पैसे निकाल लिए गए।

बचाव के उपाय:

कभी भी किसी suspicious link पर क्लिक न करें, चाहे वह SMS, email, या social media पर हो। अगर कोई urgent action लेने के लिए कहे, तो सीधे अपने bank या UPI app की official site पर जाएं।

5. Loan Fraud through UPI Apps कैसे होता है:

कई बार cyber criminals low-interest loans का लालच देकर UPI app के जरिए payment या bank details मांगते हैं। User इन लालच में आकर अपनी details दे देता है, और बाद में उसके account से unauthorized transactions होती हैं।

उदाहरण:

एक व्यक्ति को message आया कि उसे low-interest personal loan दिया जाएगा। उसे UPI app के जरिए advance payment करने को कहा गया। जैसे ही उसने payment किया, उसकी सारी banking information fraudsters ने access कर ली और unauthorized withdrawals हो गए।

बचाव के उपाय:

Unsolicited loan offers या schemes से सावधान रहें। अगर कोई loan या financial service चाहिए हो, तो हमेशा official और trusted sources का ही उपयोग करें।

इन UPI Frauds से बचने के तरीके:

- **UPI PIN को कभी किसी के साथ share न करें**। किसी भी payment को authorize करने के लिए UPI PIN जरूरी होता है, इसलिए इसे गोपनीय रखें।
- **Suspicious messages, calls, और emails से बचें**। कभी भी अपनी banking या personal information को बिना verification के साझा न करें।

- **QR codes को scan करते समय सावधान रहें।** केवल trusted sources से ही QR codes scan करें।
- **Transaction alerts और notifications को enable रखें।** Real-time updates आपको unauthorized transactions की जानकारी देते हैं।
- **SIM swap के बारे में सतर्क रहें।** अगर आपका mobile signal अचानक बंद हो जाए, तो तुरंत mobile provider से संपर्क करें।
- **UPI ऐप्स को हमेशा official app stores से download करें।** Third-party या unverified apps से बचें।

7.6. Safe Banking Practices

आज के डिजिटल युग में banking तेजी से बदल रहा है, और ज्यादातर transactions अब online या mobile devices के माध्यम से होते हैं। जबकि यह सुविधा हमारी financial management को आसान बनाती है, इसके साथ **cyber threats** भी बढ़ गए हैं। Cyber criminals online banking systems को target करके users की financial information को चुराने और unauthorized transactions करने का प्रयास करते हैं। इसलिए, यह बेहद जरूरी हो जाता है कि हम **safe banking practices** को अपनाएं ताकि हमारी financial और personal information सुरक्षित रह सके।

इस section में हम **safe banking practices** के कुछ महत्वपूर्ण तरीकों पर चर्चा करेंगे, जो आपके accounts और transactions को cyber threats से सुरक्षित रखने में मदद करेंगे।

Safe Banking Practices के लिए जरूरी Steps

1. **Strong Passwords का इस्तेमाल करें :** अपने online banking accounts के लिए एक **strong और unique password** का इस्तेमाल करें। Password में uppercase, lowercase letters, numbers, और special characters का combination होना चाहिए।

    - Example: कभी भी password के रूप में आसानी से guess किए जा सकने वाले शब्द जैसे '123456' या 'password' का उपयोग न करें। इसके बजाय एक मजबूत और complex password चुनें जैसे "S3cur3!B@nking".

2. **Multi-Factor Authentication (MFA) Enable करें :** **Multi-Factor Authentication (MFA)** एक extra layer of security प्रदान करता है, जहां login के लिए केवल password ही नहीं, बल्कि OTP या biometric authentication की भी जरूरत होती है। इससे cyber criminals के लिए आपका account access करना बेहद मुश्किल हो जाता है, भले ही वे आपका password जान भी जाएं।

    - **Best Practice**: अपने सभी online banking accounts पर MFA enable रखें। यह सुनिश्चित करेगा कि आपके account तक unauthorized access न हो सके।

3. **Suspicious Emails और Links से बचें :** Phishing emails और fake websites banking fraud का एक आम तरीका हैं। Cyber criminals आपको एक ऐसे email भेज सकते हैं, जो दिखने में आपकी bank से आया हुआ लगे, लेकिन इसका उद्देश्य आपकी login credentials चुराना होता है।

    - **Best Practice**: कभी भी suspicious emails में दिए गए links पर क्लिक न करें। हमेशा manually बैंक की official website पर जाकर login करें। कोई भी बैंक आपको email या SMS के जरिए UPI PIN या login credentials मांगने के लिए नहीं कहेगा।

4. **Public Wi-Fi Networks से Banking Transactions Avoid करें :** Public Wi-Fi networks ज्यादातर unsecured होते हैं और cyber criminals के लिए एक आसान target होते हैं। Public Wi-Fi पर banking transactions करना काफी risky हो सकता है।

- **Best Practice**: Banking transactions केवल trusted और secure networks पर ही करें। अगर आपको public Wi-Fi networks का इस्तेमाल करना हो, तो **VPN (Virtual Private Network)** का उपयोग करें, जो आपके internet traffic को encrypt करता है और आपकी privacy को सुरक्षित रखता है।

5. **Regularly Bank Statements और Transaction History Check करें :** Regularly अपने bank statements और transaction history को check करना एक अच्छा practice है। इससे आप किसी भी unauthorized या suspicious transaction को जल्दी पकड़ सकते हैं और तुरंत bank से contact कर सकते हैं।

    - **Best Practice**: हर महीने अपने bank statement को ध्यान से देखें और transaction history को verify करें। किसी भी unusual activity पर तुरंत bank को सूचित करें।

6. **Strong और Secure Devices का Use करें :** अपने online banking के लिए केवल trusted और secure devices का इस्तेमाल करें। अगर आप outdated software या unpatched systems का उपयोग करते हैं, तो cyber criminals इन vulnerabilities का फायदा उठाकर आपके accounts को compromise कर सकते हैं।

    - **Best Practice**: अपने computers, smartphones, और tablets पर latest software updates और security patches install रखें। साथ ही, एक अच्छा antivirus

और firewall का इस्तेमाल करें, जो आपके devices को malicious activities से सुरक्षित रख सके।

7. **Banking Apps का Secure इस्तेमाल करें** : जब आप mobile banking apps का इस्तेमाल करते हैं, तो सुनिश्चित करें कि आप एक official और trusted app का ही इस्तेमाल कर रहे हैं। Banking apps में कुछ जरूरी security features का इस्तेमाल करें:

   - **Biometric Authentication**: Fingerprint या face recognition जैसी biometric authentication enable करें।
   - **App Lock**: Banking apps को एक secure PIN या password से lock करें।
   - **Automatic Logout**: App inactivity के बाद automatically logout होनी चाहिए, ताकि unauthorized access न हो सके।

8. **Transaction Alerts और Notifications Enable करें** : अपने banking accounts पर real-time **transaction alerts** और notifications enable रखें। इससे आपको हर transaction की जानकारी real-time में मिलती रहेगी, और अगर कोई unauthorized transaction होती है, तो आप तुरंत action ले सकते हैं।

   - **Best Practice**: Transaction alerts के लिए SMS और email notifications दोनों enable रखें।

9. **Phishing Calls और SMS से बचें :** कई बार cyber criminals आपको फोन करके या SMS भेजकर यह बताने की कोशिश करेंगे कि आपके bank account में कोई समस्या है या आपको account details verify करने की जरूरत है।

   - **Best Practice**: कभी भी अपनी personal information फोन पर या SMS के जरिए न दें। अगर आपको किसी call या SMS पर शक है, तो सीधे बैंक के official customer care से संपर्क करें।

10. **Debit और Credit Cards की सुरक्षा :** Debit और credit cards का इस्तेमाल करते समय कुछ अतिरिक्त सावधानियां बरतें:

    - **Contactless Payments पर Limit सेट करें**: Contactless transactions के लिए एक transaction limit सेट करें और large transactions के लिए PIN या biometric authentication enable करें।
    - **Card Information Secure रखें**: Card details कभी भी untrusted websites पर enter न करें। Online payments करते समय हमेशा trusted और secure websites पर ही अपनी card information दर्ज करें।

Safe banking practices का पालन करना आज के digital युग में अत्यंत महत्वपूर्ण है, जहां cyber criminals लगातार नए-नए तरीके ढूंढ रहे हैं ताकि वे users की financial information को compromise कर सकें। Strong passwords, multi-factor authentication, suspicious emails से बचाव, और secure devices का उपयोग करके आप अपने accounts को सुरक्षित रख सकते हैं। Safe banking का सबसे बड़ा फायदा यह है कि यह आपकी financial और personal information को cyber threats से बचाता है और आपको सुरक्षित banking experience प्रदान करता है।

Chapter 7 Summary

Chapter 7 में हमने banking और financial transactions की सुरक्षा के लिए जरूरी cyber security practices और tools पर चर्चा की है। आज के समय में banking ज्यादातर online platforms और mobile apps के माध्यम से होती है, जिससे cyber threats का खतरा भी बढ़ गया है। Cyber criminals लगातार नए तरीके ढूंढ रहे हैं, ताकि users की financial information को चुराया जा सके और उनके accounts से unauthorized transactions की जा सके। इसलिए, यह जरूरी है कि users **safe banking practices** को अपनाएं और **financial data protection tools** का सही उपयोग करें।

- **Secure Online Banking :** Strong passwords, multi-factor authentication (MFA), और suspicious emails से बचाव जैसे steps अपनाकर आप अपने online banking account को सुरक्षित रख सकते हैं। Public Wi-Fi networks से banking transactions करने से बचें और हमेशा trusted networks का ही उपयोग करें।
- **Credit/Debit Card Fraud से बचाव :** Card skimming, phishing, और SIM swap fraud से बचने के लिए आप strong PIN, 2FA, और real-time transaction alerts जैसे सुरक्षा उपायों का पालन कर सकते हैं। कार्ड की सुरक्षा के लिए कभी भी card details को untrusted websites पर न डालें और suspicious QR codes को scan करने से बचें।
- **UPI Fraud :** UPI transactions करते समय phishing, fake payment requests, और SIM swap fraud से बचाव के लिए

हमेशा अपने UPI PIN को गोपनीय रखें और किसी भी suspicious link पर क्लिक न करें। Unauthorized UPI transactions से बचने के लिए transaction alerts enable रखें और secure payment practices अपनाएं।

- **Digital Wallets की सुरक्षा :** Digital wallets का इस्तेमाल करते समय strong passwords, biometric authentication, और app lock जैसे सुरक्षा उपाय अपनाएं। Public Wi-Fi पर wallet का उपयोग करने से बचें और suspicious links या messages पर क्लिक न करें।
- **NFC और Contactless Payments से Fraud का खतरा:** Contactless payments के लिए transaction limits सेट करें और suspicious NFC devices से दूरी बनाए रखें। RFID-blocking wallets का इस्तेमाल करें और हमेशा contactless transactions के लिए PIN या biometric authentication enable रखें।
- **Safe Banking Practices :** Regularly bank statements और transaction history को check करना, suspicious emails और phishing attempts से बचाव, और trusted devices का उपयोग करना सुरक्षित banking के लिए जरूरी steps हैं। Secure mobile apps का इस्तेमाल करें और हर transaction के लिए alerts enable रखें।
- **Financial Data Protection Tools :** Financial data की सुरक्षा के लिए antivirus, VPN, password managers, और encryption tools का इस्तेमाल जरूरी है। Fraud detection और credit monitoring tools आपको suspicious

activities की जानकारी real-time में देते हैं, जिससे आप unauthorized transactions को रोक सकते हैं।

Referance Link

[1] https://www.indiatoday.in/technology/news/story/scammers-sending-fraud-messages-to-hdfc-customers-aim-to-empty-their-bank-account-2341570-2023-03-02

[2] https://www.moneycontrol.com/news/trends/current-affairs-trends/sbi-alerts-customers-of-card-skimming-fraud-sends-out-a-list-of-dos-and-donts-3515771.html

[3] https://diro.io/contactless-payment-fraud/

[4] https://www.indiatoday.in/technology/news/story/more-than-95000-upi-fraud-cases-reported-in-2022-here-is-how-you-can-stay-safe-2386084-2023-05-29

Chapter 7 Checklist: इन प्रश्नों के उत्तर देकर अपने ज्ञान और सतर्कता की जाँच करें

No.	Questions	Yes (हाँ)	No (नहीं)
1	क्या आप अपने online banking accounts के लिए strong passwords का उपयोग करते हैं?		
2	क्या आपने अपने banking accounts पर multi-factor authentication (MFA) enable किया है?		
3	क्या आप public Wi-Fi networks पर banking transactions से बचते हैं?		
4	क्या आपके debit/credit cards पर real-time transaction alerts enable हैं?		
5	क्या आपने suspicious emails और phishing attempts से बचने के लिए सतर्कता बरती है?		

No.	Questions	Yes (हाँ)	No (नहीं)
6	क्या आप UPI transactions के लिए UPI PIN को सुरक्षित रखते हैं और phishing requests से बचते हैं?		
7	क्या आप अपने digital wallet पर biometric authentication और strong password का इस्तेमाल करते हैं?		
8	क्या आप NFC/contactless payments के लिए transaction limits और authentication enable रखते हैं?		
9	क्या आप financial data protection के लिए antivirus, VPN, और password manager का उपयोग करते हैं?		
10	क्या आप अपने bank statements और transaction history को regularly check करते हैं?		

अध्याय 8

Personal Data की सुरक्षा

आज के डिजिटल युग में, **personal data** सबसे महत्वपूर्ण संपत्तियों में से एक बन गया है। चाहे social media profiles हों, online banking details, या personal documents—आपकी personal information हर जगह online उपलब्ध है। लेकिन इसी कारण से cyber criminals के लिए आपके personal data को target करना आसान हो गया है। अगर आपकी personal information सुरक्षित नहीं है, तो cyber criminals इसका दुरुपयोग करके identity theft, financial fraud, और कई अन्य cyber crimes कर सकते हैं।

इस अध्याय में हम personal data की सुरक्षा के महत्वपूर्ण steps और tools पर चर्चा करेंगे, ताकि आप अपनी जानकारी को cyber threats से सुरक्षित रख सकें।

Personal Data क्या होता है?

वैसे तो आज के समय में Personal data का क्षेत्र भी काफी बढ गया है जिसमे आपके chats, biometric data, आपकी Internet Browsing History आदि बहुत सी चीज़े आ जाती है पर मोटे रूप में **Personal data** किसी भी व्यक्ति से संबंधित वो सारी information है, जिसका उपयोग उसकी पहचान, financial स्थिति,

या अन्य निजी जानकारी को track करने के लिए किया जा सकता है। इसमें शामिल हैं:

- Name, address, email, phone number
- Date of Birth, anniversary, family details
- Aadhaar number, PAN card details
- Social media accounts and surfing history
- Passwords और login credentials
- Financial information (bank account numbers, credit card details)
- Personal documents (photos, videos, official documents)

Personal data की सुरक्षा इसलिए जरूरी है क्योंकि cyber criminals इस information का दुरुपयोग करके identity theft, unauthorized access, और financial fraud जैसे अपराध कर सकते हैं।

8.1. Social Media Privacy and its Settings

Social media platforms आज के समय में हमारे जीवन का एक अभिन्न हिस्सा बन गए हैं। Facebook, Instagram, X, LinkedIn, और अन्य platforms का उपयोग हम रोजाना अपनी personal और professional life को share करने, connect करने और interact करने के लिए करते हैं। हालांकि, जितनी आसानी से हम अपनी जानकारी share करते हैं, उतनी ही आसानी से cyber criminals इस जानकारी का दुरुपयोग कर सकते हैं। इसलिए **social media privacy** को manage करना बेहद जरूरी है, ताकि आपकी personal information सुरक्षित रहे और unauthorized access से बची रहे।

इस section में हम social media privacy को सुरक्षित रखने के best practices और settings पर चर्चा करेंगे।

Social Media Privacy की जरूरत क्यों है?

Social media पर हम बहुत सारी personal information share करते हैं, जैसे कि हमारा नाम, address, phone number, email, और हमारी daily activities। अगर यह जानकारी गलत हाथों में चली जाती है, तो cyber criminals इसका दुरुपयोग करके identity theft, stalking, और अन्य cyber crimes को अंजाम दे सकते हैं। इसलिए, यह जरूरी है कि आप social media platforms पर अपनी privacy settings को manage करें और personal information की सुरक्षा पर ध्यान दें।

Social Media Privacy Settings के फायदे

1. **Identity Theft से बचाव**: Privacy settings को सही से manage करके आप cyber criminals के लिए अपनी identity को चोरी करना मुश्किल बना सकते हैं। इससे आप identity theft और financial fraud से बचे रह सकते हैं।

2. **Unauthorized Access से सुरक्षा**: Two-factor authentication और privacy settings का सही उपयोग करके आप अपने social media accounts को unauthorized access से बचा सकते हैं। इससे आपकी personal information सुरक्षित रहती है।

3. **Online Reputation की सुरक्षा**: अगर आपकी social media activity को केवल trusted connections के साथ share किया जाता है, तो आप अपनी online reputation को भी manage कर सकते हैं और अनावश्यक privacy risks से बच सकते हैं।

4. **Physical Safety और Privacy**: Location sharing और public posts को control में रखकर आप अपनी physical safety सुनिश्चित कर सकते हैं। यह आपको cyberstalking और location-based threats से बचाता है।

Social Media Privacy Settings के Best Practices

1. **Profile Privacy को Private रखें** : Social media platforms पर आपका profile और posts किसे दिखें, इसे control करना बेहद जरूरी है। हमेशा सुनिश्चित करें कि आपकी

profile की privacy settings "**Private**" पर हों ताकि केवल आपके trusted connections ही आपकी information देख सकें।

- **Best Practice**:
    - **Facebook**: अपनी profile और posts को केवल "Friends" तक सीमित रखें।
    - **Instagram**: Profile को "Private" पर सेट करें, जिससे केवल approved followers ही आपकी posts देख सकें।
    - **X**: अगर आप अपनी tweets को restricted रखना चाहते हैं, तो "Protect Your Tweets" option enable करें।

2. **Location Sharing Disable करें :** कई social media apps automatically आपके location data को track और share करते हैं। Location sharing से cyber criminals को आपकी real-time location का पता चल सकता है, जिससे आप physical और cyber threats का शिकार हो सकते हैं।

    - **Best Practice**: Social media apps की settings में जाकर **location sharing** को disable करें। Post करते समय ध्यान रखें कि कोई location tag शामिल न हो, जब तक कि यह जरूरी न हो।

3. **Friend Requests और Followers को Carefully Approve करें :** Social media पर कई बार अनजान लोग friend requests या follow requests भेजते हैं। ये requests

अक्सर cyber criminals या scammers के हो सकते हैं, जो आपकी personal information तक पहुंचने की कोशिश कर रहे होते हैं।

- **Best Practice**:
    - केवल उन्हीं लोगों को friend या follow करें, जिन्हें आप personally जानते हैं।
    - अनजान लोगों से आने वाली friend requests को accept करने से बचें।

4. **Two-Factor Authentication (2FA) Enable करें** : Social media accounts की सुरक्षा बढ़ाने के लिए **two-factor authentication (2FA)** enable करें। इससे आपके account को unauthorized access से बचाना आसान हो जाता है, क्योंकि login करने के लिए केवल password ही नहीं, बल्कि एक OTP या authentication code की भी जरूरत होती है।

    - **Best Practice**: Facebook, Instagram, और X जैसे platforms पर 2FA enable करें, जिससे आपका account password चोरी होने पर भी सुरक्षित रहे।

5. **Posts और Photos को Carefully Share करें** : Social media पर अपने photos, posts, और status updates को share करने से पहले सोचें कि यह information public domain में जाने पर किस तरह का impact डाल सकती है। Cyber criminals आपकी photos या posts का दुरुपयोग

कर सकते हैं, खासकर अगर उनमें sensitive जानकारी शामिल हो।

- **Best Practice**:
  - कोई भी personal detail जैसे address, phone number, या financial information को social media पर पोस्ट न करें।
  - अपनी photos और posts को "Friends" या "Followers" तक सीमित रखें, और किसी public platform पर अनावश्यक personal details share करने से बचें।

6. **Tagged Photos और Posts की Privacy Manage करें :** Social media पर कई बार friends या connections आपको posts या photos में tag कर देते हैं। अगर ये tags public हैं, तो आपकी personal activity और photos cyber criminals के लिए visible हो सकते हैं।

   - **Best Practice**:
     - **Facebook**: Tagging settings में जाकर "Review posts you're tagged in before they appear on your timeline" option enable करें।
     - **Instagram**: अपनी tagged photos की visibility को सीमित करने के लिए settings में जाकर "Manually Approve Tags" option enable करें।

7. **Third-Party Apps और Permissions पर नजर रखें :** कई social media platforms third-party apps को आपकी

profile information access करने की अनुमति देते हैं। अगर आप इन apps को सही से manage नहीं करते, तो आपकी personal information उन apps तक पहुंच सकती है, जिन्हें आप trust नहीं करते।

- **Best Practice**:
  - **Facebook** और अन्य platforms पर जाकर third-party apps और websites की permissions को review करें और उन apps को हटाएं, जिन्हें आप उपयोग नहीं करते या जिन पर आप trust नहीं करते।

8. **Old Posts और Personal Information को Regularly Clean करें :** Social media पर आपकी पुरानी posts और information भी cyber criminals के लिए valuable हो सकती हैं। Regularly अपनी पुरानी posts और profile information को review करें और अनावश्यक या outdated जानकारी को delete कर दें।

   - **Best Practice**:
     - Facebook, Instagram, और X पर **archive** या **delete** feature का उपयोग करके पुरानी posts को हटाएं या archive करें।
     - Regularly अपनी profile information को update और secure रखें।

9. **Profile Information को सीमित रखें :** Social media पर अपनी profile में केवल जरूरी information ही रखें। जितनी

कम जानकारी आप share करेंगे, उतनी ही आपकी privacy सुरक्षित रहेगी।

- **Best Practice**: केवल नाम और आवश्यक जानकारी ही share करें। Address, phone number, email, और sensitive details को public profile से हटा दें।

10. **Social Media Accounts का Regular Monitoring करें:** Regularly अपने social media accounts की activity को monitor करें। अगर आपको कोई unusual login या suspicious activity दिखे, तो तुरंत action लें और account settings को secure करें।

    - **Best Practice**: Regularly **login alerts** और **suspicious activity notifications** को enable रखें, ताकि अगर कोई unauthorized access हो, तो आपको तुरंत जानकारी मिल सके।

Facebook Data Breach (2018)

2018 में, एक बड़ा **Facebook data breach** सामने आया, जिसमें लगभग 50 मिलियन users के personal details चोरी हुए थे। इस breach का कारण third-party app permissions का misuse था, जिसने cyber criminals को users की sensitive information तक पहुंचने का मौका दिया। यह घटना social media privacy settings को manage करने के महत्व को दर्शाती है।[1]

8.2. Fake social profiles frauds क्या और कितना गंभीर

Fake Social Profiles Frauds क्या हैं?

Fake social profiles frauds में cyber criminals या fraudsters किसी असली व्यक्ति या मशहूर हस्ती की पहचान चुराकर fake social media accounts बनाते हैं। ये profiles असली profiles की तरह दिखती हैं, जिनमें असली photos, नाम, और personal details का इस्तेमाल होता है, ताकि लोगों को धोखा दिया जा सके। Fraudsters इन fake profiles का इस्तेमाल करके विभिन्न तरीकों से लोगों को financial और personal नुकसान पहुंचाते हैं।

Fake Social Profiles Frauds आजकल के डिजिटल युग में एक आम लेकिन बेहद गंभीर समस्या बन गए हैं। Cyber criminals और fraudsters इन **fake profiles** का इस्तेमाल लोगों की personal information चुराने, उन्हें financially धोखा देने, या उनकी पहचान का दुरुपयोग करने के लिए करते हैं। ये profiles दिखने में authentic लगती हैं और अक्सर असली लोगों की पहचान को चुराकर बनाई जाती हैं।

इस section में हम **fake social profiles frauds** के बारे में विस्तार से चर्चा करेंगे और जानेंगे कि यह कितने गंभीर हो सकते हैं और उनसे कैसे बचा जा सकता है।

Fake Social Profiles Frauds के Types

Impersonation Fraud (धोखा देकर किसी की पहचान चुराना)

Impersonation fraud में cyber criminals किसी व्यक्ति की पहचान का उपयोग करके fake profile बनाते हैं और उनके रिश्तेदारों, दोस्तों, या followers से financial help मांगते हैं। यह fraud खासकर तब ज्यादा होता है जब किसी व्यक्ति की पहचान पहले से ही public domain में होती है, जैसे celebrities, influencers, या सरकारी अधिकारी।

Example: Fraudster किसी व्यक्ति के नाम और photos का उपयोग करके एक fake Facebook या Instagram account बनाता है और उनके contacts से पैसे की मांग करता है, यह कहकर कि वह किसी emergency में है।

Romance Scams

Fake profiles का इस्तेमाल romance scams में भी किया जाता है, जिसमें fraudsters dating platforms या social media पर लोगों से भावनात्मक रूप से जुड़ते हैं और फिर उनसे financial help की मांग करते हैं।

Example: Fraudster किसी dating platform पर एक attractive fake profile बनाता है, व्यक्ति के साथ रिश्ते में जुड़ता है, और फिर अचानक से financial मदद की मांग करता है, यह कहकर कि वह एक emergency में है।

Phishing और Social Engineering Scams

Fake profiles का उपयोग phishing और social engineering scams के लिए भी किया जाता है। Fraudster आपको एक trustworthy व्यक्ति के रूप में धोखा देकर आपकी personal या financial information निकालने की कोशिश करता है।

Example: Fake profile बनाने के बाद, fraudster आपको friend request भेजता है और फिर किसी message के जरिए आपकी banking details, OTPs, या login credentials मांगता है।

Job Scams और Recruitment Fraud

Fraudsters fake social profiles का उपयोग job offers देने के लिए करते हैं और लोगों से recruitment fees, application fees, या personal documents मांगते हैं। ये profiles आमतौर पर बड़ी कंपनियों के HR professionals या recruiters के नाम से बनाए जाते हैं।

Example: Fraudster LinkedIn पर एक बड़े कंपनी के HR के रूप में fake profile बनाता है और लोगों को attractive job offers भेजता है। इसके बाद वह application fees या processing charges के नाम पर पैसे मांगता है।

Influencer और Celebrity Fraud

Fake profiles अक्सर influencers और celebrities की पहचान चुराने के लिए बनाई जाती हैं। Fraudsters इन profiles के जरिए

उनके followers से financial help मांगते हैं या fake giveaways या promotions का वादा करते हैं।

Example: एक celebrity या influencer के नाम से fake Instagram profile बनाई जाती है और followers से gift cards, पैसे, या अन्य valuables मांगे जाते हैं, यह कहकर कि वह एक giveaway जीत चुके हैं।

Business Fraud

Fake profiles का इस्तेमाल businesses के नाम पर भी किया जाता है, जहां fraudsters एक भरोसेमंद business या brand के नाम से profiles बनाते हैं और लोगों से products या services के लिए पैसे लेते हैं, लेकिन बाद में कोई product या service नहीं देते।

Example: एक fake Facebook page किसी बड़े retail store के नाम पर बनाया जाता है और customers से advance payments लेने के बाद disappear हो जाता है।

Fake Social Profiles Frauds के गंभीर परणिाम

Identity Theft और Financial Loss

Fake profiles का सबसे बड़ा खतरा identity theft है, जहां आपकी personal information चुराई जाती है और उसका दुरुपयोग financial fraud के लिए किया जाता है। लोग अपनी असली पहचान का दुरुपयोग होते हुए देखते हैं और fraud के शिकार हो जाते हैं।

Financial Loss: लोग इन fake profiles पर विश्वास करके scammers को पैसे भेज देते हैं, जिससे उन्हें भारी financial loss होता है।

Reputation Damage

अगर आपकी पहचान का इस्तेमाल करके कोई fake profile बनाई जाती है, तो इससे आपकी online reputation को गंभीर नुकसान हो सकता है। Fraudsters आपकी पहचान का दुरुपयोग करके आपके दोस्तों, रिश्तेदारों, और followers को धोखा दे सकते हैं, जिससे आपकी छवि खराब हो सकती है।

Privacy Breach

Fake profiles का उपयोग करके fraudsters आपकी personal और sensitive information तक पहुंच सकते हैं, जिससे आपकी privacy पर खतरा हो सकता है। Phishing scams के जरिए cyber criminals आपके social media accounts, banking information, और अन्य private data को compromise कर सकते हैं।

Emotional और Psychological Impact

Fraudsters emotions का फायदा उठाकर लोगों को romance scams या emergency help scams में फंसाते हैं। इस तरह की धोखाधड़ी से emotional और psychological नुकसान भी हो सकता है, क्योंकि लोग अपने emotions के साथ धोखा महसूस करते हैं।

Legal Consequences

अगर आप खुद unknowingly किसी fake profile के trap में फंस जाते हैं और किसी प्रकार का illegal activity करने के लिए

fraudsters के निर्देशों का पालन करते हैं, तो आपको भी legal consequences का सामना करना पड़ सकता है।

Fake Social Profiles Frauds से बचने के तरीके

1. **Suspicious Profiles की पहचान करें :** हमेशा suspicious profiles को carefully examine करें। अगर कोई profile आपको friend या follow request भेजता है और उसकी profile में बहुत कम information है या बहुत कम mutual friends हैं, तो उसे तुरंत report करें।

    - **Best Practice**: Profile की activity, posts, और followers की authenticity check करें। अगर profile suspicious लगे, तो उसे ignore करें और report करें।

2. **Personal Information Share करने से बचें :** कभी भी social media पर अपनी personal information (जैसे कि phone number, address, financial details) share न करें, खासकर उन profiles के साथ जिन्हें आप personally नहीं जानते। Fraudsters इस information का दुरुपयोग करके आपको financially या emotionally धोखा दे सकते हैं।

3. **Friend Requests और Followers को Carefully Approve करें :** केवल उन्हीं friend requests और follow requests को approve करें, जिन्हें आप personally जानते हैं। Unverified और अनजान लोगों को अपनी social media profile तक पहुंच न दें।

- **Best Practice**: अगर कोई suspicious request आती है, तो उसे reject करें और platform की report feature का उपयोग करके उसे report करें।

4. **Two-Factor Authentication Enable करें** : अपने social media accounts की सुरक्षा बढ़ाने के लिए two-factor authentication (2FA) enable करें। इससे cyber criminals के लिए आपके account तक unauthorized access करना मुश्किल हो जाएगा।

5. **Fake Profiles को Report करें** : अगर आपको किसी भी platform पर कोई fake profile नजर आती है, तो उसे तुरंत social media platform पर report करें। यह step fraudsters के accounts को disable करने में मदद करेगा और दूसरों को धोखाधड़ी से बचाएगा।

   - **Best Practice**: Facebook, Instagram, LinkedIn, और अन्य platforms पर "Report Profile" feature का उपयोग करें और suspicious accounts को report करें।

6. **Secure Privacy Settings का Use करें** : Social media platforms पर अपनी privacy settings को हमेशा private या limited access पर रखें। इससे आपकी personal information और posts केवल trusted contacts के साथ share होंगी और cyber criminals के लिए आपकी जानकारी को target करना मुश्किल हो जाएगा।

Fake social profiles frauds एक गंभीर cyber threat हैं, जो financial loss, identity theft, और emotional damage

का कारण बन सकते हैं। Cyber criminals इन profiles का उपयोग लोगों को धोखा देने और उनकी personal information चुराने के लिए करते हैं। यह बेहद जरूरी है कि आप social media पर सतर्क रहें और suspicious profiles से बचें। Personal information को सुरक्षित रखें, privacy settings को manage करें, और suspicious activity को report करने में पीछे न हटें। Fake social profiles से बचाव के लिए जागरूकता और सतर्कता ही सबसे अच्छा तरीका है।

8.3. Personal Data Leak से बचाव

Personal data leak एक गंभीर cyber security खतरा है, जहां आपकी personal information जैसे कि नाम, पते, contact details, passwords, financial information आदि बिना आपकी अनुमति के सार्वजनिक या unauthorized hands में चली जाती है। Cyber criminals इस leaked information का दुरुपयोग identity theft, financial fraud, या अन्य cyber crimes के लिए कर सकते हैं। इसलिए, यह जरूरी है कि आप अपने personal data को सुरक्षित रखने के लिए सावधानी बरतें और कुछ महत्वपूर्ण सुरक्षा उपायों को अपनाएं।

इस section में हम personal data leaks से बचाव के तरीकों और सुरक्षा उपायों पर चर्चा करेंगे।

Personal Data Leak के सामान्य कारण

1. **Weak Passwords और Authentication Methods:** अगर आप weak passwords का उपयोग करते हैं या multi-factor authentication (MFA) enable नहीं करते हैं, तो cyber criminals आपके accounts को आसानी से hack कर सकते हैं और आपकी personal information चुरा सकते हैं।

2. **Phishing और Social Engineering Attacks:** Cyber criminals phishing attacks या social engineering के जरिए users को धोखा देकर उनकी personal information जैसे कि passwords, login credentials, या banking details प्राप्त करते हैं।

3. **Unsecured Websites और Applications :** Unsecured websites और applications पर personal information दर्ज करने से वह information cyber criminals द्वारा intercept की जा सकती है। HTTP websites पर data encryption नहीं होता, जिससे आपकी information सार्वजनिक हो सकती है।

4. **Data Breaches :** Data breaches तब होते हैं, जब किसी organization का security system compromise हो जाता है और उसके users की personal data unauthorized individuals तक पहुंच जाती है। यह सबसे common तरीके हैं जिनसे आपकी personal information leak हो सकती है।

5. **Public Wi-Fi Networks का Unsafe Use :** Public Wi-Fi networks पर banking, shopping, या अन्य sensitive tasks करना risk भरा हो सकता है, क्योंकि ये networks अक्सर unsecured होते हैं और cyber criminals इस vulnerability का फायदा उठाकर आपकी personal information को चुरा सकते हैं।

Personal Data Leak से बचाव के तरीके

1. **Strong Passwords का इस्तेमाल करें :** आपका password आपकी पहली सुरक्षा की परत होती है। हर account के लिए एक **strong और unique password** का इस्तेमाल करें। Passwords में uppercase, lowercase letters, numbers, और special characters का इस्तेमाल करें।

- **Best Practice**: Password manager का इस्तेमाल करें, ताकि आपको multiple complex passwords को याद रखने की जरूरत न पड़े। जैसे कि LastPass या 1Password.

2. **Multi-Factor Authentication (MFA) Enable करें : Multi-Factor Authentication (MFA)** एक अतिरिक्त सुरक्षा परत जोड़ता है। अगर आपका password किसी तरह compromise भी हो जाता है, तो 2FA या MFA cyber criminals को आपके account तक unauthorized access से रोकता है।

   - **Best Practice**: हर account पर MFA enable करें, खासकर email, banking, और social media accounts पर।

3. **Phishing Attempts से बचें :** Phishing attacks के जरिए cyber criminals आपकी personal information चुराने की कोशिश करते हैं। यह fake emails, SMS, या phone calls के रूप में हो सकता है, जिनमें आपको आपकी credentials दर्ज करने के लिए कहा जाता है।

   - **Best Practice**: कभी भी किसी suspicious link पर क्लिक न करें और ऐसी websites पर अपनी information न डालें, जो authentic न लगें। Emails और SMS के links को verify करें और केवल official websites से ही login करें।

4. **Encrypted Websites का Use करें :** जब भी आप online कोई sensitive information दर्ज करें, तो सुनिश्चित करें कि website secure हो। Secure websites के URL में "https://" और padlock symbol होता है, जो बताता है कि data encrypted है।

    - **Best Practice**: कभी भी HTTP websites पर personal information न दर्ज करें, खासकर जब आप online shopping या banking कर रहे हों।

5. **Public Wi-Fi Networks का सुरक्षित Use करें :** Public Wi-Fi networks काफी unsecured होते हैं और cyber criminals इनका फायदा उठाकर आपके data को चुरा सकते हैं।

    - **Best Practice**: अगर public Wi-Fi का इस्तेमाल करना हो, तो हमेशा **VPN (Virtual Private Network)** का इस्तेमाल करें, जिससे आपकी browsing activity encrypted हो जाए। ExpressVPN, NordVPN जैसे tools public networks पर भी आपकी data को सुरक्षित रखते हैं।

6. **Software और Applications को Regularly Update करें :** Outdated software और apps में vulnerabilities होती हैं, जिन्हें cyber criminals exploit कर सकते हैं। इसलिए यह जरूरी है कि आप अपने devices के software और apps को regularly update करें, ताकि latest security patches लागू हो सकें।

- **Best Practice**: अपने operating system, browsers, और applications पर automatic updates enable करें।

7. **Data Breach Alerts और Monitoring Services का Use करें :** कई services और tools हैं, जो आपको alert करते हैं अगर आपकी information किसी data breach में शामिल हो जाती है। ये tools आपको समय रहते अपने passwords और security measures को update करने की अनुमति देते हैं।

   - **Best Tools**:
     - **Have I Been Pwned**: यह एक free tool है, जो आपको alert करता है कि आपकी email या passwords किसी data breach का हिस्सा हैं या नहीं।
     - **Credit Monitoring Services**: Experian या Credit Karma जैसे tools आपके financial activity को monitor करते हैं और किसी suspicious activity पर आपको alert करते हैं।

8. **Social Media Privacy Settings को Tight रखें :** Social media पर अक्सर लोग अपनी private information (जैसे कि birthday, phone number, address) share कर देते हैं, जो cyber criminals के लिए एक बड़ा asset हो सकता है।

   - **Best Practice**: Social media profiles की privacy settings को check करें और ensure करें कि केवल trusted contacts ही आपकी personal information

तक पहुंच सकें। Public posts और information को minimize करें।

9. **Secure Cloud Storage का Use करें :** अगर आप अपनी files और documents को cloud storage में store करते हैं, तो ensure करें कि आपका cloud storage service encrypted हो और आप strong passwords और 2FA का इस्तेमाल कर रहे हों।

    - **Best Practice**: Google Drive, Dropbox, या iCloud जैसी cloud services पर always encryption enable रखें और important files के लिए backups maintain करें।

10. **Regularly Passwords और Security Questions Update करें :** Regularly अपने passwords और security questions को update करना एक अच्छा practice है। इससे अगर आपकी कोई पुरानी information compromise हो जाती है, तो भी cyber criminals आपके accounts तक पहुंच नहीं पाएंगे।

    - **Best Practice**: Critical accounts (जैसे email, banking) के passwords को हर 3-6 महीने में change करें और security questions को strong और non-guessable चुनें।

Personal data leak से बचाव के लिए strong passwords, MFA, और encrypted websites जैसे बुनियादी सुरक्षा उपाय अपनाने बेहद जरूरी हैं। Public Wi-Fi networks से बचें, phishing attacks से सतर्क रहें, और regularly अपने software और

apps को update करते रहें। Data breaches को रोकने के लिए यह भी जरूरी है कि आप credit monitoring services और breach alert tools का इस्तेमाल करें। Safe online practices अपनाकर आप अपने personal data को cyber criminals से सुरक्षित रख सकते हैं और digital world में confidently navigate कर सकते हैं।

8.4. Data Backup और Recovery

Data backup और **recovery** किसी भी व्यक्ति या व्यवसाय के लिए डिजिटल सुरक्षा की दृष्टि से बेहद महत्वपूर्ण हैं। Cyber attacks, accidental deletions, hardware failures, या natural disasters के कारण आपके important files और personal data का loss हो सकता है। ऐसी स्थिति में, अगर आपके पास backup नहीं है, तो data permanently खो सकता है। Data backup आपकी information को सुरक्षित रखने और आवश्यकता पड़ने पर उसे recover करने की प्रक्रिया है।

इस section में हम **data backup** और **recovery** के महत्वपूर्ण तरीकों पर चर्चा करेंगे, जो आपकी files और information को सुरक्षित रखने में मदद करेंगे।

Data Backup क्या है?

Data backup वह प्रक्रिया है जिसमें आपकी files, documents, और अन्य important information की एक copy किसी दूसरे location पर securely store की जाती है। Backup का उद्देश्य यह है कि अगर आपका original data किसी कारणवश corrupt, delete, या चोरी हो जाता है, तो आप backup से उसे recover कर सकें।

Data Recovery क्या है?

Data recovery वह प्रक्रिया है जिसके जरिए आप lost, corrupt, या inaccessible data को recover कर सकते हैं। Data recovery tools और methods का इस्तेमाल करके आप accidentally deleted files, ransomware attacks, या system crashes के बाद भी अपनी information वापस प्राप्त कर सकते हैं।

Data Backup के महत्वपूर्ण प्रकार

1. **Local Backup (Local Storage) :** Local backup में आपकी data files को external hard drive, USB drive, या किसी अन्य physical storage device में store किया जाता है। यह एक convenient तरीका है, क्योंकि आप अपने backup को offline भी access कर सकते हैं।
    - **Example**: External hard drive में weekly basis पर अपनी important files का backup लेना, ताकि data loss होने पर आप इसे आसानी से restore कर सकें।
2. **Cloud Backup :** Cloud backup में आपकी files को remote cloud servers पर securely store किया जाता है। यह एक सुरक्षित और accessible तरीका है, क्योंकि आपका data कहीं से भी, किसी भी device से access किया जा सकता है। Cloud backup का सबसे बड़ा फायदा यह है किं अगर आपका physical device damage हो जाए, तब भी आपका data सुरक्षित रहता है।
    - **Example**: Google Drive, Dropbox, iCloud, और OneDrive जैसे cloud services का उपयोग करके आप अपने documents, photos, और videos को securely store कर सकते हैं।
3. **Incremental और Differential Backup :** Incremental backup में केवल उन files का backup लिया जाता है, जिनमें

last backup के बाद changes किए गए हैं। यह storage space और time बचाता है। **Differential backup** में सभी changed files का backup लिया जाता है, लेकिन यह incremental से ज्यादा storage space लेता है।

- **Example**: अगर आप daily backups ले रहे हैं, तो आप केवल changes हुई files का incremental backup ले सकते हैं, ताकि पूरी files को बार-बार store न करना पड़े।

4. **Offsite Backup :** Offsite backup में आपका data एक अलग geographic location में store किया जाता है। यह method खासतौर पर businesses के लिए उपयोगी होता है, जहां data loss या disaster recovery के लिए redundancy सुनिश्चित की जाती है।
    - **Example**: आपके physical storage के अलावा data का copy किसी दूसरे शहर या region में रखे गए servers पर store किया जाए, जिससे किसी प्राकृतिक आपदा की स्थिति में data सुरक्षित रहे।

Data Backup और Recovery के फायदे

1. **Data Loss से Protection :** Regular backups आपकी files और important data को accidental deletions, hardware failures, और cyber attacks से बचाने में मदद करते हैं। अगर original data किसी कारणवश corrupt हो जाए, तो आप backup से उसे आसानी से recover कर सकते हैं।
2. **Ransomware Attacks से बचाव :** अगर आपके पास updated backups मौजूद हैं, तो ransomware attacks के

बाद भी आप अपने data को आसानी से recover कर सकते हैं, बिना cyber criminals को फिरौती देने की आवश्यकता के।

3. **Financial और Time Saving :** Backup और recovery systems आपके financial और समय की बचत करते हैं, क्योंकि data loss के बाद recovery processes expensive और time-consuming हो सकते हैं। Proper backup के साथ, recovery fast और efficient हो जाती है।

4. **Peace of Mind :** जब आपके पास secure backups होते हैं, तो आपको यह चिंता नहीं रहती कि आपका data permanently खो सकता है। Backup और recovery solutions का इस्तेमाल करके आप सुरक्षित रूप से अपनी digital assets का प्रबंधन कर सकते हैं।

Data Backup और Recovery के Best Practices

1. **Regular Backups लें :** Regular backups ensure करते हैं कि अगर आपका original data कभी lost या corrupt हो जाए, तो आप बिना ज्यादा loss के उसे restore कर सकते हैं। यह जरूरी है कि आप अपने data को weekly या monthly basis पर backup करें।

    - **Best Practice**: Critical data (जैसे financial records, important documents) का daily backup लें और अन्य data का weekly या monthly backup करें। Backup schedule को automated करने के लिए backup software का उपयोग करें।

2. **Cloud Backup Enable करें :** Local backups के अलावा, हमेशा एक cloud backup option भी रखें। Cloud backup आपकी files को किसी भी natural disaster या hardware failure से सुरक्षित रखता है, क्योंकि data remote servers पर stored होता है।

   - **Best Practice**: Google Drive, Dropbox, या iCloud जैसी trusted cloud storage services का उपयोग करें। Automatic cloud backup को enable रखें, ताकि आपके files automatic रूप से backup हो जाएं।

3. **Encrypted Backup रखें :** Backup करते समय यह सुनिश्चित करें कि आपका data encrypted हो। Encryption से आपका data unauthorized access से सुरक्षित रहता है और backup files को चोरी होने पर भी पढ़ा नहीं जा सकता।

   - **Best Practice**: Backup files को encrypt करने के लिए **VeraCrypt** या **BitLocker** जैसे encryption tools का उपयोग करें। Cloud backup के लिए ऐसी services का उपयोग करें, जो data encryption प्रदान करती हैं।

4. **Multiple Backup Locations का Use करें :** सिर्फ एक backup location पर निर्भर रहने की बजाय multiple locations पर backup रखें। इससे अगर एक location पर data corrupt हो जाए या unavailable हो, तो दूसरी location पर stored backup से आप अपनी information को recover कर सकते हैं।

   - **Best Practice**: अपने data का एक copy external hard drive पर और दूसरा copy cloud storage पर रखें।

5. **Backup Integrity Check करें :** सिर्फ backup लेना ही काफी नहीं है; यह भी सुनिश्चित करें कि backup files corrupt नहीं हैं और restore करने योग्य हैं। Regularly अपने backup files की integrity check करें।

    - **Best Practice**: हर महीने backup integrity check करें और restore process को test करें, ताकि आपको surety हो कि data recovery के समय आपकी files सही तरीके से restore हो सकती हैं।

6. **Disaster Recovery Plan बनाएं :** Disaster recovery plan एक structured approach है, जिसमें यह तय किया जाता है कि data loss होने की स्थिति में recovery कैसे की जाएगी। यह plan यह सुनिश्चित करता है कि critical files जल्दी और efficiently recover हो सकें।

    - **Best Practice**: अपने business या personal use के लिए एक detailed disaster recovery plan बनाएं, जिसमें recovery tools, responsible persons, और steps शामिल हों।

7. **Versioning Enable करें :** कुछ backup solutions versioning प्रदान करते हैं, जिसमें हर file के multiple versions का backup लिया जाता है। यह feature तब उपयोगी होता है जब आपको किसी specific file का older version restore करना हो।

    - **Best Practice**: Dropbox, Google Drive, और OneDrive जैसी services में file versioning enable करें, ताकि आप accidental changes को undo कर सकें।

Data Recovery के लिए Tools

1. **EaseUS Data Recovery Wizard :** EaseUS एक powerful data recovery tool है, जो accidentally deleted files, formatted drives, और lost partitions से data recover करने की सुविधा देता है। यह personal और business use दोनों के लिए एक भरोसेमंद tool है।

2. **Recuva :** Recuva एक free data recovery tool है, जो आपके hard drive, USB drives, और memory cards से deleted files recover करने में मदद करता है। यह accidentally deleted files को recover करने के लिए आसान और उपयोगी tool है।

3. **Disk Drill :** Disk Drill एक professional data recovery tool है, जो Windows और Mac दोनों platforms के लिए उपलब्ध है। यह formatted drives और lost partitions से data recover कर सकता है।

4. **Acronis True Image :** Acronis एक advanced backup और recovery tool है, जो आपके data की comprehensive backup और fast recovery प्रदान करता है। यह खासतौर पर businesses के लिए उपयोगी है, क्योंकि यह एक complete disaster recovery solution प्रदान करता है।

Data backup और **recovery** digital security के लिए अनिवार्य हैं। Regularly अपने important files का backup लें और multiple locations पर store करें। Local backups के साथ-साथ cloud backup को भी अपनाएं और backup files को

encrypted रखें। सही tools और methods का उपयोग करके आप अपने data को सुरक्षित रख सकते हैं और किसी भी emergency में उसे आसानी से recover कर सकते हैं। Data loss से बचाव के लिए proactive रहना और effective backup strategies का पालन करना ही सबसे अच्छा तरीका है।

8.5. Digital Footprint Management

Digital footprint वह trail है जो आप online platforms पर interact करते समय छोड़ते हैं। इसमें आपके social media posts, websites पर की गई visits, comments, likes, और shared content शामिल होते हैं। आज के समय में, आपका digital footprint आपके online reputation और personal data की सुरक्षा दोनों पर महत्वपूर्ण प्रभाव डाल सकता है। Cyber criminals आपके digital footprint का उपयोग करके आपकी personal information तक पहुंच सकते हैं, जिससे आपकी identity, privacy, और security को खतरा हो सकता है।

इस section में हम **digital footprint management** की आवश्यकता, इसके risks, और इसे सुरक्षित रखने के best practices पर चर्चा करेंगे।

Digital Footprint क्या है?

Digital footprint का मतलब है आपकी online presence और activities का वह रिकॉर्ड, जो websites, apps, और social media platforms पर interact करते समय बनता है। इसे दो categories में बांटा जा सकता है:

1. **Active Digital Footprint**: जब आप जानबूझकर online information share करते हैं, जैसे कि social media posts, comments, या messages, उसे आपका active digital footprint कहा जाता है।

2. **Passive Digital Footprint**: Passive footprint तब बनता है जब आपकी information बिना आपकी जानकारी के collect की जाती है, जैसे कि आपकी website visits, IP addresses, cookies, और online browsing history।

Digital Footprint क्यों Manage करना जरूरी है?

1. **Privacy Protection :** आपका digital footprint cyber criminals के लिए एक valuable asset है। वे आपकी online activities और data का दुरुपयोग करके आपकी personal information चुरा सकते हैं, identity theft कर सकते हैं, और financial fraud कर सकते हैं। इसलिए, अपने digital footprint को manage करना बेहद जरूरी है ताकि आपकी privacy सुरक्षित रहे।

2. **Online Reputation Management :** आपका digital footprint आपके online reputation को निर्धारित करता है। आजकल employers, recruiters, और educational institutions भी आपके digital footprint को check करते हैं। अगर आपने किसी platform पर inappropriate या sensitive content share किया है, तो इसका negative impact आपके career और social image पर पड़ सकता है।

3. **Data Breach Risks को कम करना :** जब आप uncontrolled digital footprint छोड़ते हैं, तो cyber criminals के लिए आपकी sensitive information तक पहुंचना आसान हो जाता है। इससे data breaches का खतरा बढ़ जाता है और आपकी

personal और financial information compromise हो सकती है।

Digital Footprint Management के Best Practices

1. **Privacy Settings को Customize करें :** हर social media platform और website पर privacy settings मौजूद होते हैं। यह जरूरी है कि आप अपनी **privacy settings** को customize करें ताकि आपकी information केवल trusted contacts के साथ ही share हो।

    - **Best Practice**: Facebook, Instagram, X, और LinkedIn जैसी websites पर अपनी privacy settings को check करें और उन्हें strict (private) levels पर सेट करें। Location sharing को disable करें और third-party apps की access को restrict करें।

2. **Online Information को सोच-समझकर Share करें :** कोई भी personal information (जैसे address, phone number, email ID) online share करने से पहले सोचें। जितनी ज्यादा जानकारी आप online share करेंगे, उतना ही आपका digital footprint बढ़ेगा और cyber criminals के लिए आपकी personal information तक पहुंचना आसान हो जाएगा।

    - **Best Practice**: Public forums, social media, और websites पर केवल जरूरी जानकारी ही share करें। अपने profiles को regularly review करें और unnecessary personal details को delete करें।

3. **Search Engine Results को Regularly Monitor करें :** यह जरूरी है कि आप अपने बारे में publicly available information को search engines के जरिए monitor करते रहें। इससे आप जान पाएंगे कि आपके बारे में online कौन-सी information publicly available है और अगर कोई inappropriate content है, तो आप उसे delete या manage कर सकते हैं।

    - **Best Practice**: अपने नाम से Google search करें और देखें कि search results में आपके बारे में क्या-क्या information दिख रही है। अगर आपको कोई ऐसा content मिलता है जो आप नहीं चाहते कि publicly accessible हो, तो आप उसे remove करने के लिए concerned website से संपर्क कर सकते हैं।

4. **Cookies और Tracking Technologies से बचें :** Websites और apps आपकी online activities को track करने के लिए **cookies** और **tracking technologies** का इस्तेमाल करती हैं। इससे आपकी browsing history और preferences third-party advertisers तक पहुंच सकती हैं।

    - **Best Practice**: जब भी आप किसी website पर जाएं, तो cookie preferences को customize करें और unnecessary cookies को disable करें। साथ ही, अपने browser में tracking prevention और ad blockers enable करें। Firefox और Brave जैसे browsers privacy protection features के लिए बेहतर होते हैं।

5. **Social Media Posts और Content Regularly Review करें :** Social media पर पुराने posts और shared content को समय-समय पर review करें और अनावश्यक या inappropriate content को delete करें। यह खासतौर पर तब जरूरी होता है जब आप किसी career move या major life event की तैयारी कर रहे होते हैं।

    - **Best Practice**: Facebook, Instagram, और X पर "Activity Log" या "Your Posts" features का उपयोग करके पुराने posts और shared content को review करें और जरूरत पड़ने पर उन्हें delete या archive करें।

6. **Deactivate और Delete Unused Accounts :** अगर आपने किसी website या platform पर account बनाया है लेकिन अब उसका उपयोग नहीं करते, तो उसे deactivate या delete कर दें। ये inactive accounts cyber criminals के लिए एक आसान target होते हैं और आपकी personal information तक unauthorized access की संभावना बढ़ाते हैं।

    - **Best Practice**: Regularly अपने unused accounts को identify करें और उन्हें deactivate या permanently delete करें।

7. **Email और Communication Preferences को Manage करें :** जब भी आप किसी website पर register करते हैं, तो वह आपकी email ID collect कर लेता है और आपको newsletters, promotional emails भेज सकता है। यह आपकी digital footprint को बढ़ा देता है।

- **Best Practice**: Websites और apps पर sign up करने से पहले email preferences को check करें। जहां जरूरी न हो, वहां newsletters के लिए subscribe न करें। Unwanted emails से बचने के लिए spam filters का उपयोग करें।

8. **Use VPN for Browsing : Virtual Private Network (VPN)** का इस्तेमाल करके आप अपनी online browsing को private रख सकते हैं। VPN आपकी real IP address को mask करता है और आपकी browsing activity को encrypted करता है, जिससे आपकी digital footprint track करना मुश्किल हो जाता है।

    - **Best Practice**: Public Wi-Fi networks पर browsing करते समय हमेशा VPN का उपयोग करें, ताकि आपका digital footprint सुरक्षित रहे और आपकी online activities private रहें।

Cambridge Analytica Scandal (2018)

2018 में **Cambridge Analytica scandal** ने पूरी दुनिया को यह सोचने पर मजबूर कर दिया कि कैसे लोगों का **digital footprint** उनके खिलाफ इस्तेमाल किया जा सकता है। इस scandal में Facebook users का personal data बिना उनकी जानकारी के collect किया गया और उसे राजनीतिक प्रचार में इस्तेमाल किया गया। इस घटना ने online privacy की सुरक्षा और digital footprint management की आवश्यकता को उजागर किया।

Digital footprint management आज के समय में आपकी online privacy और security के लिए अत्यंत आवश्यक है। अपने digital activities पर ध्यान देना, privacy settings को customize करना, और unnecessary accounts और content को delete करना digital footprint को effectively manage करने के महत्वपूर्ण steps हैं। Safe online practices और privacy tools का इस्तेमाल करके आप अपने digital footprint को control में रख सकते हैं और cyber threats से अपनी personal information की सुरक्षा सुनिश्चित कर सकते हैं।

8.6. Identity Theft Protection Tools

Identity theft एक ऐसा cyber crime है जिसमें cyber criminals आपकी personal information, जैसे कि नाम, address, social security number, bank account details, या credit card information चुराकर उसका दुरुपयोग करते हैं। इस stolen identity का इस्तेमाल financial fraud, unauthorized purchases, और loan applications जैसी गतिविधियों के लिए किया जाता है। **Identity theft protection tools** का उपयोग करके आप अपनी identity की सुरक्षा कर सकते हैं और cyber criminals के प्रयासों को नाकाम कर सकते हैं।

इस section में हम **identity theft protection tools** के बारे में चर्चा करेंगे, जो आपकी personal और financial information की सुरक्षा के लिए जरूरी हैं।

Identity Theft क्या है और इसके सामान्य प्रकार

Identity theft तब होता है जब कोई cyber criminal आपकी personal information चुराकर उसका दुरुपयोग करता है। Identity theft के कई प्रकार हो सकते हैं:

1. **Financial Identity Theft :** Financial identity theft में cyber criminals आपकी financial information जैसे credit card details, bank account numbers, और loan information का दुरुपयोग करके unauthorized purchases या transactions करते हैं।

2. **Medical Identity Theft :** Medical identity theft तब होता है जब कोई आपकी insurance details या health-related personal information का उपयोग करके medical services या prescriptions प्राप्त करता है।

3. **Criminal Identity Theft :** Criminal identity theft में cyber criminal आपकी identity का उपयोग करके illegal activities को अंजाम देता है और law enforcement agencies को आपकी पहचान गलत तरीके से प्रस्तुत करता है।

4. **Tax Identity Theft :** Tax identity theft तब होता है जब कोई आपकी personal information का उपयोग करके tax refunds claim करता है या tax fraud करता है।

Identity Theft Protection के लिए Tools

Identity theft से बचने के लिए कई तरह के tools उपलब्ध हैं, जो आपकी personal और financial information की सुरक्षा करते हैं। ये tools आपको alert करते हैं अगर आपकी information किसी भी unauthorized activity में उपयोग की जा रही हो। आइए जानते हैं कुछ प्रमुख identity theft protection tools के बारे में:

1. **Credit Monitoring Services : Credit monitoring services** आपके credit score और financial activity को real-time में monitor करती हैं। ये services आपको तुरंत alert करती हैं जब भी कोई suspicious activity, जैसे unauthorized loan applications या new credit card requests, आपकी identity से जुड़े होते हैं।

- **Best Tools**:
  - **Experian**: Experian आपको आपकी credit reports और scores को monitor करने की सुविधा देता है। यह suspicious activities का पता लगाने और समय पर alert भेजने के लिए उपयोगी है।
  - **Equifax**: Equifax identity theft protection के साथ credit monitoring प्रदान करता है और आपको real-time alerts भेजता है।
  - **TransUnion**: TransUnion एक और प्रमुख credit monitoring service है, जो आपको unauthorized credit activity से सुरक्षित रखती है।

2. **Identity Theft Protection Software : Identity theft protection software** आपकी personal information को online databases और dark web पर monitor करता है। अगर आपकी information कहीं भी unauthorized रूप से use हो रही हो, तो ये tools आपको alert भेजते हैं।

   - **Best Tools**:
     - **LifeLock**: LifeLock आपकी personal information को monitor करता है और अगर आपकी identity से कोई unauthorized transactions होती हैं, तो यह तुरंत आपको alert भेजता है। साथ ही, यह insurance coverage और recovery services भी प्रदान करता है।

- **IdentityForce**: IdentityForce आपको credit monitoring, dark web monitoring, और identity theft insurance जैसी सुविधाएं प्रदान करता है। यह एक comprehensive identity theft protection solution है।
- **IDShield**: IDShield आपकी identity को dark web से लेकर financial transactions तक monitor करता है और real-time में alerts भेजता है। यह financial fraud और identity theft से आपकी सुरक्षा के लिए एक बेहतरीन tool है।

3. **Password Managers : Password managers** आपकी online accounts को secure रखने के लिए एक महत्वपूर्ण tool है। यह tool आपके सभी accounts के लिए strong और unique passwords generate करता है और उन्हें securely store करता है। इससे cyber criminals के लिए आपकी identity को hack करना मुश्किल हो जाता है।

    - **Best Tools**:
        - **LastPass**: LastPass आपके passwords को securely manage करता है और हर account के लिए strong और unique passwords generate करता है।
        - **Dashlane**: Dashlane एक और popular password manager है, जो secure password storage के साथ-साथ dark web monitoring जैसी सुविधाएं भी प्रदान करता है।

- **1Password**: 1Password एक trusted password manager है, जो आपकी personal और financial accounts के लिए एक extra security layer प्रदान करता है।

4. **Two-Factor Authentication (2FA) Apps : Two-factor authentication (2FA)** एक अतिरिक्त सुरक्षा परत है, जो आपके accounts को unauthorized access से बचाता है। 2FA apps आपके accounts पर login के लिए एक extra verification step जोड़ते हैं, जिससे cyber criminals के लिए आपकी identity तक पहुंचना मुश्किल हो जाता है।

   - **Best Tools**:
     - **Google Authenticator**: Google Authenticator एक widely-used 2FA app है, जो आपके accounts की सुरक्षा के लिए time-based one-time passwords (TOTP) generate करता है।
     - **Authy**: Authy एक और effective 2FA app है, जो आपके multiple devices पर sync होता है और आपके accounts की security बढ़ाता है।
     - **Microsoft Authenticator**: Microsoft Authenticator भी एक भरोसेमंद 2FA app है, जो आपके accounts के लिए multi-factor authentication प्रदान करता है।

5. **Dark Web Monitoring Tools :** Dark web पर आपकी personal information के misuse को track करने के लिए **dark web monitoring tools** का उपयोग किया जाता है। ये

tools आपको alert करते हैं अगर आपकी information जैसे कि email addresses, passwords, या financial details dark web पर बेची जा रही हों।

- **Best Tools**:
  - **Have I Been Pwned**: यह एक free tool है, जो आपको यह बताता है कि आपकी email address या passwords किसी data breach में लीक हुए हैं या नहीं।
  - **SpyCloud**: SpyCloud एक advanced dark web monitoring tool है, जो आपकी identity की safety के लिए real-time alerts प्रदान करता है।

6. **Virtual Private Network (VPN) :** Virtual Private Network का उपयोग करके आप अपनी online activities को encrypt कर सकते हैं और cyber criminals से बचा सकते हैं। VPN आपकी real IP address को hide करता है और आपके internet traffic को private रखता है। इससे आपकी personal और financial information सुरक्षित रहती है।

- **Best Tools**:
  - **NordVPN**: NordVPN एक high-speed और secure VPN service है, जो आपके internet activities को encrypt करके आपको cyber threats से बचाता है।
  - **ExpressVPN**: ExpressVPN एक और popular VPN है, जो आपकी online identity को सुरक्षित रखता है और आपकी browsing activities को private बनाता है।

- **CyberGhost**: CyberGhost VPN आपकी online security के लिए best options में से एक है, जो आपको public Wi-Fi networks पर भी सुरक्षित रखता है।

7. **Credit Freeze और Fraud Alerts : Credit freeze** एक ऐसी सुविधा है, जो आपकी credit report को unauthorized access से सुरक्षित करती है। जब आप credit freeze enable करते हैं, तो कोई भी credit agency आपकी report को access नहीं कर सकता है, जिससे cyber criminals के लिए new credit accounts open करना मुश्किल हो जाता है। **Fraud alerts** भी आपको unauthorized credit activity के बारे में alert करती हैं।

    - **Best Practice**: अगर आपको लगता है कि आपकी identity compromise हो गई है, तो तुरंत credit freeze enable करें और fraud alert services का उपयोग करें।

Equifax Data Breach (2017)

2017 में **Equifax data breach** ने करीब 147 मिलियन लोगों की personal information को expose कर दिया, जिसमें social security numbers, birthdates, और addresses शामिल थे। इस data breach ने हजारों लोगों को identity theft का शिकार बनाया। इस घटना ने identity theft protection की आवश्यकता को रेखांकित किया और यह बताया कि credit monitoring और identity protection tools का उपयोग कितना जरूरी है।[2]

Identity theft protection tools आपकी online identity और personal information की सुरक्षा के लिए

अत्यंत महत्वपूर्ण हैं। Credit monitoring services, password managers, dark web monitoring tools, और two-factor authentication जैसी सुविधाओं का उपयोग करके आप cyber criminals से अपनी identity को सुरक्षित रख सकते हैं। Regularly अपने financial activities को monitor करें और हमेशा strong security practices को अपनाएं। Safe online habits और advanced protection tools का उपयोग करके आप identity theft के खतरे से बच सकते हैं।

अध्याय 8: Personal Data की सुरक्षा - Summary

अध्याय 8 में हमने **Personal Data की सुरक्षा** पर चर्चा की है, जो आज के डिजिटल युग में अत्यंत महत्वपूर्ण है। Personal data cyber criminals के लिए एक बड़ा लक्ष्य है, और अगर इसे सुरक्षित नहीं रखा जाता, तो यह identity theft, financial fraud, और अन्य cyber crimes का कारण बन सकता है। इस अध्याय में हमने personal data को सुरक्षित रखने के तरीकों और tools के बारे में जानकारी दी है, ताकि आप cyber threats से बच सकें और अपनी online identity को सुरक्षित रख सकें।

1. **Social Media Privacy और Settings :** Social media पर अपनी privacy settings को manage करना बेहद जरूरी है ताकि आपकी personal information केवल trusted लोगों के साथ ही साझा हो। Social media पर कोई भी sensitive information जैसे address, phone number, या financial details share करने से बचें और regularly अपनी posts और account activity को review करें।

2. **Fake Social Profiles Frauds :** Fake profiles के जरिए cyber criminals दूसरों की पहचान चुराकर financial fraud और phishing scams को अंजाम देते हैं। ऐसे fraudulent profiles से बचने के लिए friend requests को carefully approve करें और suspicious profiles को report करें।

3. **Personal Data Leak से बचाव :** Personal data leak से बचने के लिए strong passwords, multi-factor authentication (MFA), और encrypted websites का

उपयोग करें। Phishing attempts से सतर्क रहें और secure networks पर ही sensitive data साझा करें।

4. **Data Backup और Recovery :** Regularly data backup करना आपकी महत्वपूर्ण files और information को accidental deletion, cyber attacks, और hardware failures से बचाने में मदद करता है। Cloud backup और local storage का उपयोग करके आप अपने data को सुरक्षित रख सकते हैं और जरूरत पड़ने पर उसे आसानी से recover कर सकते हैं।

5. **Digital Footprint Management :** आपका digital footprint आपके online reputation और privacy को प्रभावित करता है। Social media पर सावधानी से जानकारी साझा करें, unused accounts को delete करें, और अपने online activities को manage करें ताकि आपका digital footprint cyber criminals से सुरक्षित रहे।

6. **Identity Theft Protection Tools :** Identity theft से बचने के लिए credit monitoring services, password managers, और dark web monitoring tools का उपयोग करें। ये tools आपकी personal और financial information की सुरक्षा करते हैं और किसी भी suspicious activity के बारे में real-time alerts भेजते हैं।

Referance Link

[1] https://en.wikipedia.org/wiki/Facebook%E2%80%93Cambridge_Analytica_data_scandal

[2] https://en.wikipedia.org/wiki/2017_Equifax_data_breach

Chapter 8 Checklist: Personal Data की सुरक्षा

No.	Questions	Yes (हाँ)	No (नहीं)
1	क्या आपने अपनी social media privacy settings को customize किया है?		
2	क्या आप suspicious friend requests को accept करने से पहले carefully check करते हैं?		
3	क्या आप strong और unique passwords का उपयोग करते हैं?		
4	क्या आप multi-factor authentication (MFA) enable करते हैं?		
5	क्या आप regular data backups लेते हैं और उन्हें encrypted रखते हैं?		
6	क्या आप अपनी online activities को monitor करते हैं और unnecessary digital footprint को manage करते हैं?		

No.	Questions	Yes (हाँ)	No (नहीं)
7	क्या आपने dark web monitoring tools का उपयोग करके अपनी personal information को check किया है?		
8	क्या आप public Wi-Fi networks पर sensitive data शेयर करने से बचते हैं?		
9	क्या आपने unused social media और अन्य accounts को delete किया है?		
10	क्या आपने identity theft protection services का उपयोग पता है?		

अध्याय 9

Cyber security for Businesses

Cyber security आज के समय में किसी भी business की सबसे महत्वपूर्ण आवश्यकताओं में से एक है। Technology के तेजी से विकास और digital platforms पर बढ़ती निर्भरता ने businesses को cyber threats के प्रति अधिक संवेदनशील बना दिया है। चाहे small businesses हों या large enterprises, सभी को अपने digital assets, customer data, और operational infrastructure की सुरक्षा सुनिश्चित करनी होगी।

इस अध्याय में हम **businesses** के लिए जरूरी cyber security practices और tools पर चर्चा करेंगे, ताकि वे अपने operations को cyber threats से सुरक्षित रख सकें और data breaches, financial fraud, और अन्य cyber attacks से बच सकें।

क्यों जरूरी है Businesses के लिए Cyber security?

1. **Customer Data Protection :** Businesses के पास अपने customers का confidential data, जैसे नाम, address, phone numbers, और financial details होते हैं। अगर यह data cyber criminals के हाथों में चला जाता है, तो यह ना केवल customers के लिए नुकसानदायक हो सकता है, बल्कि

business की reputation और credibility पर भी गहरा असर डालता है।

2. **Financial Loss Prevention :** Cyber attacks businesses को भारी financial loss की ओर धकेल सकते हैं। Unauthorized transactions, ransomware attacks, और phishing scams से businesses के accounts और financial systems को compromise किया जा सकता है, जिससे उन्हें नुकसान उठाना पड़ता है।

3. **Legal Compliance :** कई countries में data protection कानून और regulations मौजूद हैं, जिनका businesses को पालन करना होता है। Cyber security सुनिश्चित करके businesses इन legal compliances का पालन कर सकते हैं और regulatory fines से बच सकते हैं।

4. **Operational Continuity :** एक सफल cyber attack से businesses की operations बाधित हो सकती हैं, जिससे productivity पर असर पड़ सकता है और financial losses हो सकते हैं। Effective cyber security practices businesses को ऐसे नुकसान से बचाकर उनकी operational continuity सुनिश्चित करती हैं।

9.1. Small Businesses के लिए Security

Small businesses आज के समय में तेजी से digital platforms को अपनाकर अपने operations को बढ़ा रहे हैं। हालांकि, छोटे businesses के पास अक्सर बड़े enterprises जैसी resources या budgets नहीं होते हैं, इसलिए वे cyber criminals के लिए soft targets बन जाते हैं। **Cyber security** के मजबूत उपायों को अपनाकर छोटे businesses अपने data, customers की जानकारी, और operations को cyber threats से बचा सकते हैं।

इस section में हम उन key security practices पर चर्चा करेंगे, जो छोटे businesses के लिए critical हैं और उन्हें सुरक्षित digital environment बनाने में मदद करेंगे।

Small Businesses के लिए Cyber Threats क्यों बढ़ रहे हैं?

1. **Limited Security Resources :** छोटे businesses के पास अक्सर IT security के लिए dedicated resources या full-time cyber security professionals नहीं होते। इस कारण से वे cyber criminals के लिए आसान target बन जाते हैं।

2. **Phishing और Ransomware Attacks :** छोटे businesses पर cyber criminals phishing attacks, ransomware, और social engineering के जरिए हमला करते हैं। Phishing emails के जरिए business owners और employees को धोखा देकर confidential information चुराई जाती है।

3. **Third-Party Vendors का उपयोग :** छोटे businesses अक्सर third-party services का उपयोग करते हैं। अगर कोई third-party service provider secure नहीं है, तो cyber criminals उनके माध्यम से small businesses तक पहुंच सकते हैं और उनके data को compromise कर सकते हैं।

4. **Lack of Security Awareness :** छोटे businesses में employees को cyber security की समझ और training की कमी हो सकती है, जिससे वे phishing attacks या other social engineering tactics का शिकार बन सकते हैं। इस कारण से business का confidential data जोखिम में आ सकता है।

Small Businesses के लिए जरूरी Security Measures

1. **Strong Password Policies लागू करें :** छोटे businesses में अक्सर employees अपने काम को तेजी से पूरा करने के लिए weak passwords का उपयोग करते हैं, जिससे cyber criminals के लिए systems तक unauthorized access प्राप्त करना आसान हो जाता है।

   - **Best Practice**:
     - हर employee strong और unique passwords का उपयोग करें। Passwords में letters, numbers, और special characters का combination होना चाहिए।
     - Regularly passwords को update करने की policy लागू करें और password managers का उपयोग करें, जैसे **LastPass** या **1Password**।

    - Multi-factor authentication (MFA) enable करें ताकि unauthorized access से बचा जा सके।

2. **Data Backup और Encryption :** छोटे businesses को अपने critical data की सुरक्षा सुनिश्चित करने के लिए regular backups और data encryption का उपयोग करना चाहिए। अगर कोई cyber attack होता है, तो encrypted data और backups से business जल्दी recover हो सकता है।

    - **Best Practice**:
        - Cloud और local दोनों जगह पर regular data backups लें।
        - Data encryption tools का उपयोग करें, जैसे **VeraCrypt** या **BitLocker**, ताकि sensitive data unauthorized access से सुरक्षित रहे।

3. **Firewall और Antivirus Software Install करें : Firewall** और **antivirus software** cyber criminals को business networks में प्रवेश करने से रोकते हैं। Firewall malicious traffic को block करता है, जबकि antivirus system को viruses, spyware, और other malicious software से बचाता है।

    - **Best Practice**:
        - हर device पर updated antivirus software install करें, जैसे **Norton** या **Bitdefender**।
        - Network की सुरक्षा के लिए firewall का उपयोग करें और regularly firewall logs को review करें।

4. **Phishing Awareness और Employee Training :** छोटे businesses में employees के लिए **phishing awareness** और cyber security training sessions आयोजित करना जरूरी है। Phishing attacks और social engineering से बचने के लिए employees को training दी जानी चाहिए।

   - **Best Practice**:
     - Employees को suspicious emails, links, और attachments को पहचानने की training दें।
     - Business systems में कोई भी बदलाव करने से पहले proper verification करें।
     - Training में regularly cyber security updates और जागरूकता programs शामिल करें।

5. **Third-Party Vendors की Security Audit करें :** छोटे businesses अक्सर third-party vendors के साथ काम करते हैं, जैसे cloud storage providers, payment gateways, और software developers। यह जरूरी है कि business सुनिश्चित करें कि इनके security standards मजबूत हैं, ताकि कोई vulnerability ना हो।

   - **Best Practice**:
     - हर third-party vendor की security policies और compliance protocols की जांच करें।
     - केवल उन vendors के साथ काम करें जो strong cyber security measures का पालन करते हैं।

6. **Access Control Policies लागू करें :** छोटे businesses को यह सुनिश्चित करना चाहिए कि केवल authorized employees को ही sensitive systems और data तक पहुंच हो। Access control policies लागू करके आप systems को unauthorized access से बचा सकते हैं।

    - **Best Practice**:
        - Role-based access control (RBAC) policies implement करें ताकि हर employee को केवल उतनी ही access मिले जितनी उसकी जरूरत है।
        - Regularly access logs को review करें और unnecessary access permissions को revoke करें।

7. **Software और Applications को Regularly Update करें :** पुराने और outdated software में vulnerabilities होती हैं, जिन्हें cyber criminals exploit कर सकते हैं। इसलिए यह जरूरी है कि business अपने सभी systems, applications, और software को regularly update करता रहे।

    - **Best Practice**:
        - Automated software updates enable करें ताकि सभी devices पर latest security patches installed रहें।
        - Operating systems, web browsers, और business software को हमेशा up-to-date रखें।

8. **Cyber Insurance का उपयोग करें : Cyber insurance** छोटे businesses के लिए एक अच्छा विकल्प हो सकता है। अगर business को cyber attack या data breach का सामना करना पड़े, तो cyber insurance financial नुकसान की भरपाई कर सकता है।

   - **Best Practice**:
     - अपने business के लिए एक appropriate cyber insurance policy को चुनें, जो financial losses, data breaches, और cyber attacks से cover करती हो।

9.2. Enterprise-Level Security Solutions

जैसे-जैसे **enterprises** का विस्तार होता है और वे digital platforms पर अपनी गतिविधियों को बढ़ाते हैं, वैसे-वैसे उनकी सुरक्षा संबंधी जरूरतें भी बढ़ती जाती हैं। **Enterprise-level security solutions** उन complex systems, large data volumes, और multi-location operations को सुरक्षित रखने के लिए design किए जाते हैं, जो बड़े enterprises का हिस्सा होते हैं। Cyber criminals अक्सर enterprises को बड़े लक्ष्य के रूप में देखते हैं क्योंकि उनका data मूल्यवान होता है और उनकी systems को compromise करने से गंभीर operational और financial नुकसान हो सकता है।

इस section में हम **enterprise-level security solutions** के key components और strategies पर चर्चा करेंगे, जो large organizations के लिए जरूरी होते हैं।

Enterprises के लिए Cyber security की जरूरत क्यों है?

1. **Massive Data Volume और Sensitivity :** Enterprises के पास हजारों customers, clients, और partners की sensitive information होती है। इस data में financial records, personal information, और intellectual property शामिल हो सकते हैं। Cyber criminals इस information को target करके data breaches, identity theft, और financial fraud को अंजाम दे सकते हैं।

2. **Advanced Persistent Threats (APTs) :** Enterprises को अक्सर Advanced Persistent Threats (APTs) का सामना करना पड़ता है। ये sophisticated attacks होते हैं, जो

लंबे समय तक networks के अंदर रहकर sensitive data को चोरी करने का प्रयास करते हैं।

3. **Regulatory Compliance :** Enterprises को विभिन्न global और local data protection regulations जैसे **GDPR**, **HIPAA**, और **SOX** जैसे कानूनों और प्रावधानों का पालन करना होता है। Compliance का पालन न करने पर भारी जुर्माने और legal penalties का सामना करना पड़ सकता है।

4. **Global Operations और Distributed Workforce :** Enterprises global level पर काम करते हैं, जिनकी teams और branches कई अलग-अलग locations में होती हैं। इस distributed structure में data और communication की सुरक्षा को सुनिश्चित करना एक चुनौती हो सकती है।

Enterprise-Level Cyber security के फायदे

1. **Data Protection और Privacy Compliance** : Enterprises की sensitive information की सुरक्षा सुनिश्चित करके regulatory compliance को बनाए रखना संभव होता है। Enterprises **GDPR, HIPAA**, और अन्य data protection कानून का पालन करते हुए customer data को सुरक्षित रखते हैं।

2. **Operational Continuity और Disaster Recovery** : Advanced security solutions के साथ enterprises किसी भी cyber attack या natural disaster के बाद जल्दी recover कर सकते हैं और operational continuity को बनाए रख सकते हैं।

3. **Brand Reputation और Customer Trust** : Enterprises जो robust cyber security solutions का उपयोग करते हैं, वे अपने customers का विश्वास जीतते हैं। Data breaches और security failures से बचने से business की reputation को मजबूत बनाए रखने में मदद मिलती है।

4. **Financial Loss Prevention** : Cyber attacks और data breaches enterprises के लिए बड़े financial losses का कारण बन सकते हैं। Enterprise-level security solutions अपनाकर organizations financial fraud, unauthorized access, और ransom demands से बच सकते हैं।

Enterprise-Level Security Solutions के Key Components

1. **Network Security और Firewalls** : Enterprises को एक multi-layered **network security architecture** की जरूरत होती है, जो internal networks और external threats के बीच एक barrier के रूप में काम करे। Firewalls enterprises के लिए एक महत्वपूर्ण सुरक्षा परत हैं, जो unauthorized access और malicious traffic को block करती हैं।

   - **Best Practice**:
     - **Next-Generation Firewalls (NGFWs)** का उपयोग करें, जो traditional firewalls से ज्यादा advanced features, जैसे application जागरूकता,

deep packet inspection, और integrated threat intelligence प्रदान करती हैं।

- Firewalls के साथ intrusion detection और prevention systems (IDPS) भी implement करें, ताकि suspicious activities को तुरंत detect और रोकने में मदद मिले।

2. **Endpoint Security** : Enterprises के पास हजारों devices (जैसे laptops, mobile phones, और desktops) होते हैं, जिन्हें endpoint security solutions के जरिए secure किया जाता है। Endpoint security हर device को cyber threats से सुरक्षित रखने के लिए designed होती है।

   - **Best Practice**:
     - Advanced endpoint detection and response (EDR) solutions implement करें, जो हर endpoint को real-time में monitor करते हैं और malicious activities का तुरंत पता लगाते हैं।
     - Endpoint protection platforms (EPP) का उपयोग करें, जैसे Symantec Endpoint Protection या CrowdStrike Falcon।

3. **Data Encryption और Secure Communication** : Enterprises को अपने sensitive data की सुरक्षा के लिए encryption का उपयोग करना चाहिए। Encryption ensures करता है कि unauthorized individuals encrypted data को पढ़ या समझ नहीं सकते।

- **Best Practice**:
    - End-to-end encryption (E2EE) का उपयोग करें, ताकि data transmission के दौरान कोई भी data को intercept न कर सके।
    - Emails, instant messaging, और file sharing systems के लिए encryption tools का उपयोग करें, जैसे ProtonMail, Signal, **और** Threema
    - Cloud storage में stored data को भी encrypted रखें।

4. **Identity और Access Management (IAM)** : Large enterprises में कई employees, partners, और contractors होते हैं, जिन्हें systems और resources तक controlled access की जरूरत होती है। Identity और Access Management (IAM) policies और tools का उपयोग करके enterprises सुनिश्चित करते हैं कि सही व्यक्ति को सही resources तक पहुंच मिले।

    - **Best Practice**:
        - Multi-factor authentication (MFA) हर user के लिए enable करें, ताकि unauthorized access के जोखिम को कम किया जा सके।
        - Role-based access control (RBAC) policies implement करें, ताकि users को उनकी job roles के आधार पर limited access मिले।

- Privileged Access Management (PAM) tools का उपयोग करें, जैसे CyberArk **या** BeyondTrust, ताकि high-level access को monitor और control किया जा सके।

5. **Intrusion Detection और Prevention Systems (IDPS)** : **Intrusion Detection and Prevention Systems (IDPS)** real-time में networks और systems को monitor करते हैं और unauthorized access attempts को detect और block करने में मदद करते हैं। IDPS cyber attacks को शुरू होने से पहले रोकने का एक powerful tool है।

   - **Best Practice**:
     - Enterprises को hybrid IDPS implement करना चाहिए, जिसमें network-based और host-based detection capabilities शामिल हों।
     - Regularly IDPS logs को review करें और किसी भी suspicious activity का तुरंत action लें।

6. **Security Information और Event Management (SIEM)** : **SIEM systems** enterprises को उनके entire network के security data को एक centralized system में collect, analyze, और respond करने की सुविधा देते हैं। SIEM tools real-time alerts और incident response capabilities के साथ security breaches को रोकने में मदद करते हैं।

- **Best Practice**:
  - SIEM tools का उपयोग करें, जैसे Splunk, IBM QRadar, या ArcSight, ताकि multiple data sources से logs collect किए जा सकें और centralized dashboard से security events को manage किया जा सके।
  - Automated threat detection और response capabilities का उपयोग करें ताकि human error के risks कम हों।

7. **Cloud Security Solutions** : Enterprises तेजी से cloud platforms का उपयोग कर रहे हैं, इसलिए उन्हें cloud security को प्राथमिकता देनी चाहिए। Cloud services का उपयोग करने वाले enterprises को data और applications को secure करने के लिए cloud-native security tools और strategies का उपयोग करना चाहिए।

   - **Best Practice**:
     - Cloud Access Security Brokers (CASBs) का उपयोग करें, जो cloud services के उपयोग को monitor करते हैं और policy enforcement के साथ data security सुनिश्चित करते हैं।
     - Public cloud environments (जैसे AWS, Azure, और Google Cloud) के लिए security configurations को regular audit करें और encryption व multi-factor authentication का उपयोग करें।

8. **Disaster Recovery और Business Continuity Plans**: Enterprises को cyber attacks, natural disasters, और operational disruptions से बचाने के लिए एक मजबूत disaster recovery **और** business continuity plan की जरूरत होती है। यह plan critical business functions को जल्दी से restore करने और data को recover करने में मदद करता है।

    - **Best Practice**:
        - Regularly data backups लें और एक secure offsite location में store करें।
        - Automated disaster recovery solutions और failover systems implement करें ताकि downtime minimize हो सके।
        - Regularly business continuity drills और tests आयोजित करें।

Enterprise-Level Security Solutions के कुछ Tools

1. **Palo Alto Networks** : Palo Alto Networks enterprises के लिए एक comprehensive network security platform प्रदान करता है, जो firewalls, advanced threat detection, और cloud security solutions उपलब्ध कराता है।

2. **Cisco SecureX** : Cisco SecureX एक integrated security platform है, जो enterprises के लिए advanced

threat intelligence, incident response, और security automation solutions प्रदान करता है।

3. **Splunk Enterprise Security** : Splunk एक leading SIEM tool है, जो enterprises को real-time threat detection, security monitoring, और incident management में मदद करता है। यह tool large-scale enterprises के लिए ideal है।

4. **McAfee MVISION Cloud** : McAfee MVISION Cloud enterprises को उनके cloud environments (जैसे AWS, Azure, और Google Cloud) को secure करने में मदद करता है। यह tool data protection, threat detection, और compliance management की सुविधाएं प्रदान करता है।

5. **Fortinet** : Fortinet enterprises के लिए next-generation firewalls, endpoint protection, और cloud security solutions प्रदान करता है। यह tool enterprises के लिए एक multi-layered security architecture बनाने में मदद करता है।

इसके अलावा आप भी स्वयं थोडा research करके अच्छे tools पता कर सकते है

9.3. Employee Training for Cyber security

Employees किसी भी organization की पहली defense line होते हैं, और अगर वे cyber security risks के बारे में जागरूक नहीं हैं, तो cyber criminals के लिए organization के systems को compromise करना आसान हो सकता है। **Employee training for cyber security** एक अनिवार्य पहलू है, जिससे organizations अपने workforce को cyber threats से बचने और secure online practices को अपनाने के लिए तैयार कर सकती हैं।

इस section में हम **cyber security employee training** के महत्व, key topics, और best practices पर चर्चा करेंगे, ताकि organizations अपने employees को cyber-aware बना सकें और उनके द्वारा होने वाले potential security risks को minimize कर सकें।

Employee Cyber security Training की जरूरत क्यों है?

1. **Phishing और Social Engineering Threats से बचाव :** Cyber criminals अक्सर employees को phishing emails या social engineering attacks के जरिए target करते हैं। अगर employees को इन tactics के बारे में सही जानकारी नहीं है, तो वे आसानी से sensitive data, passwords, या financial information को leak कर सकते हैं।

2. **Insider Threats को कम करना :** कई बार cyber threats अंदर से, यानी किसी negligent या malicious employee द्वारा हो सकते हैं। Cyber security training के जरिए यह सुनिश्चित किया जा सकता है कि employees safe practices

को अपनाएं और किसी भी suspicious activity को तुरंत report करें।

3. **Compliance और Regulatory Requirements** : Data protection और cyber security कानून जैसे **GDPR**, **HIPAA**, और **PCI DSS** के तहत organizations को यह सुनिश्चित करना होता है कि उनके employees इन regulations के अनुरूप काम कर रहे हैं। Training से employees को compliance standards का पालन करने में मदद मिलती है।

4. **Business Continuity और Reputation की सुरक्षा** : अगर कोई employee inadvertently एक malware या phishing link पर क्लिक कर देता है, तो यह entire network को compromise कर सकता है, जिससे operations प्रभावित होते हैं और business की reputation को नुकसान हो सकता है। Effective training इन risks को कम करने में मदद करती है।

Employee Training for Cyber security के फायदे

1. **Cyber Threats से बचाव** : Well-trained employees cyber threats और phishing attempts को जल्दी पहचान सकते हैं, जिससे cyber attacks का जोखिम कम हो जाता है। Training से employees suspicious activities और links को avoid करना सीखते हैं।

2. **Organizational Compliance** : Effective employee training organizations को data protection regulations और cyber security standards का पालन

करने में मदद करती है। यह organizations को fines और legal issues से बचाती है।

3. **Enhanced Incident Response** : जब employees को पता होता है कि किसी suspicious activity को कैसे report करना है, तो incidents का तेजी से response किया जा सकता है। इससे data breaches और cyber attacks को early stages में ही रोकने में मदद मिलती है।

4. **Organizational Culture का सुधार** : जब cyber security training एक regular practice बन जाती है, तो एक security-first culture का निर्माण होता है। यह पूरी organization को एक secure और responsible digital environment में काम करने के लिए प्रोत्साहित करता है।

Cyber security Training के Key Topics

1. **Phishing और Social Engineering Attacks को पहचानना** : Employees को यह सिखाना जरूरी है कि वे phishing emails, fraudulent links, और suspicious attachments को पहचान सकें। Training में real-world examples और phishing simulations का उपयोग करके employees को prepare किया जा सकता है।

   - **Best Practice**: Regular phishing simulation exercises आयोजित करें ताकि employees real-time में पहचान कर सकें कि किस तरह के emails suspicious होते हैं।

2. **Strong Password Practices** : Employees को **strong और unique passwords** चुनने के बारे में जागरूक करना आवश्यक है। Passwords में uppercase, lowercase letters, numbers, और special characters का combination होना चाहिए। उन्हें password managers का उपयोग करना भी सिखाया जाना चाहिए।

    - **Best Practice**: Employees को हर account के लिए अलग passwords का उपयोग करने की सलाह दें और उन्हें multi-factor authentication (MFA) enable करने के लिए प्रोत्साहित करें।

3. **Data Protection और Encryption** : Employees को यह सिखाया जाना चाहिए कि sensitive data को कैसे सुरक्षित रखना है और उसे unauthorized access से कैसे बचाना है। Data encryption tools का उपयोग करने और secure file sharing के बारे में जानकारी देना training का एक महत्वपूर्ण हिस्सा होना चाहिए।

    - **Best Practice**: Data encryption policies को लागू करें और ensure करें कि employees encrypted communication tools का उपयोग कर रहे हैं।

4. **Secure Internet और Wi-Fi Usage** : Employees को यह सिखाना जरूरी है कि वे public Wi-Fi networks पर कोई भी sensitive information share न करें। उन्हें VPNs (Virtual Private Networks) का उपयोग करने के लिए प्रोत्साहित करना चाहिए ताकि उनका internet traffic encrypted रहे।

- **Best Practice**: Ensure करें कि employees remote working के दौरान secure networks का उपयोग करें और VPNs enable रखें।

5. **Device Security और Endpoint Protection** : Employees को यह सिखाना जरूरी है कि वे अपने devices (जैसे laptops, smartphones) को secure रखें। इसमें firewalls, antivirus software, और regular updates को enable करना शामिल है। साथ ही, उन्हें strong screen lock और biometric authentication methods का उपयोग करना चाहिए।

   - **Best Practice**: Devices पर automatic updates enable करें और ensure करें कि हर employee अपने device पर antivirus और firewall का उपयोग कर रहा हो।

6. **Incident Reporting और Response** : Employees को यह सिखाना जरूरी है कि अगर उन्हें किसी suspicious activity का पता चले, तो उसे तुरंत IT या security team को report करें। सही reporting और incident response से potential breaches को रोकने में मदद मिलती है।

   - **Best Practice**: A clear incident reporting procedure तैयार करें और ensure करें कि employees को पता हो कि किसी suspicious activity के बारे में किसे और कैसे सूचित करना है।

7. **Access Control और Privileged Information Handling** : Employees को यह सिखाया जाना चाहिए कि

उन्हें अपने roles और responsibilities के आधार पर ही data और systems तक access मिलनी चाहिए। उन्हें यह भी सिखाया जाना चाहिए कि sensitive information को कैसे handle और store किया जाना चाहिए।

- **Best Practice**: Role-based access control (RBAC) policies लागू करें और ensure करें कि केवल authorized employees को ही sensitive systems तक access हो।

Cyber security Training के Best Practices

1. **Regular और Updated Training Sessions आयोजित करें :** Cyber threats लगातार evolve होते रहते हैं, इसलिए यह जरूरी है कि employee training भी regular intervals पर update होती रहे। Training में current threats और latest security practices को शामिल करना चाहिए।

   - **Best Practice**: हर 6 महीने या साल में एक बार regular cyber security training sessions आयोजित करें।

2. **Interactive और Engaging Training Modules तैयार करें :** Training को interactive और engaging बनाना जरूरी है, ताकि employees इसे boring न समझें। Real-life examples, quizzes, और simulations का उपयोग करके training को प्रभावी बनाया जा सकता है।

   - **Best Practice**: Gamification और scenario-based training methods का उपयोग करें ताकि employees सीखने में अधिक रुचि लें।

3. **Phishing Simulations और Cyber security Drills** : Phishing simulation exercises और cyber security drills real-time में employees की readiness को test करने में मदद करती हैं। इससे employees यह जान पाते हैं कि वे cyber attacks का किस तरह से सामना कर सकते हैं।

    - **Best Practice**: Regular phishing simulations का आयोजन करें और देखे कि employees उन्हें पहचानने में कितने सक्षम हैं।

4. **Clear Cyber security Policies और Guidelines दें** : Organizations को clear cyber security policies और guidelines तैयार करनी चाहिए, जो हर employee को समझ में आएं। Policies को आसानी से accessible और regularly updated करना चाहिए।

    - **Best Practice**: हर employee को cyber security policy handbook प्रदान करें और ensure करें कि वह इसे समझता है।

5. **Leadership और Management की Involvement**: Cyber security सिर्फ IT या security team की जिम्मेदारी नहीं है; leadership और management को भी इसमें actively participate करना चाहिए। जब top-level management cyber security को प्राथमिकता देती है, तो entire organization इसे गंभीरता से लेती है।

- **Best Practice**: Leadership टीम भी training में actively शामिल हो और cyber security को strategic priority के रूप में promote करें।

Employee training for cyber security किसी भी organization की comprehensive security strategy का एक महत्वपूर्ण हिस्सा है। Phishing awareness, data protection, और secure internet practices जैसे key topics पर regular और interactive training sessions आयोजित करके organizations अपने workforce को cyber threats से effectively निपटने के लिए तैयार कर सकते हैं। जब employees cyber-aware होते हैं, तो पूरी organization का security posture मजबूत हो जाता है और cyber attacks के risks को कम किया जा सकता है।

9.4. Data Loss Prevention (DLP)

Data Loss Prevention (DLP) एक ऐसा strategy और set of tools है, जिसका उद्देश्य organizations के sensitive data को unauthorized access, accidental deletion, या cyber threats से बचाना है। DLP solutions इस बात को सुनिश्चित करते हैं कि sensitive information (जैसे कि financial data, customer records, intellectual property) सही तरीके से handle हो और केवल authorized users तक ही पहुंचे। **Data breaches** और **data leaks** के बढ़ते खतरे को देखते हुए, हर business के लिए DLP solutions को implement करना बेहद जरूरी हो गया है।

इस section में हम **Data Loss Prevention (DLP)** के महत्व, कार्यप्रणाली, और best practices पर चर्चा करेंगे, ताकि organizations अपने sensitive data को सुरक्षित रख सकें।

Data Loss Prevention (DLP) क्यों जरूरी है?

1. **Sensitive Data की सुरक्षा** : हर organization के पास confidential data होता है, जैसे कि financial records, customer information, trade secrets, और intellectual property। अगर यह data unauthorized individuals तक पहुंच जाता है, तो इससे business को भारी financial और reputational नुकसान हो सकता है।

2. **Regulatory Compliance** : कई industries को data protection regulations जैसे **GDPR**, **HIPAA**, और **PCI DSS** का पालन करना होता है। DLP solutions यह सुनिश्चित

करते हैं कि organizations की data handling policies इन regulations के अनुरूप हों और किसी भी compliance violation से बचा जा सके।

3. **Insider Threats का Risk** : Data loss न केवल external cyber attacks से होता है, बल्कि कई बार insider threats, negligent employees, या malicious actors भी data breaches का कारण बन सकते हैं। DLP solutions insiders द्वारा data के misuse को भी रोकने में मदद करते हैं।

4. **Accidental Data Loss से बचाव :** कई बार employees या third-party partners द्वारा गलती से sensitive data को leak या delete कर दिया जाता है। DLP tools accidental data loss के risks को कम करने और organizations को critical data की सुरक्षा सुनिश्चित करने में मदद करते हैं।

DLP Solutions कैसे काम करते हैं?

Data Loss Prevention (DLP) solutions तीन प्रमुख तरीकों से काम करते हैं:

1. **Data in Use** : यह वह data है, जिसे employees और systems actively access या process कर रहे होते हैं। DLP solutions इस बात को सुनिश्चित करते हैं कि जब data किसी application या system के माध्यम से use हो रहा हो, तो unauthorized access न हो। यह tools sensitive data को detect कर सकते हैं और इसे unauthorized users द्वारा access करने से रोक सकते हैं।

2. **Data in Motion** : Data in motion वह data है, जो network के माध्यम से transfer हो रहा होता है, जैसे emails, file transfers, या instant messaging। DLP solutions network traffic को monitor करते हैं और unauthorized या insecure communication channels के जरिए sensitive data के leakage को रोकते हैं।

3. **Data at Rest** : Data at rest वह data है, जो stored होता है, जैसे databases, file servers, cloud storage, या hard drives पर। DLP solutions इस stored data को classify करते हैं और unauthorized access या data deletion से इसे सुरक्षित रखते हैं।

DLP Solutions के Types

1. **Network DLP** : Network DLP, solutions network के माध्यम से जाने वाले data को monitor और analyze करते हैं। ये tools unauthorized data transfers, data breaches, और unsecure communication को रोकने में मदद करते हैं।

   - **Example**: अगर कोई employee किसी external email address पर sensitive document भेजने की कोशिश करता है, तो network DLP उसे detect और block कर देगा।

2. **Endpoint DLP** : Endpoint DLP solutions सीधे endpoints (जैसे laptops, desktops, mobile devices) पर काम करते हैं। ये tools ensure करते हैं कि endpoints

से कोई भी unauthorized data access, transfer, या deletion न हो सके।

- **Example**: अगर कोई employee USB drive में sensitive data को copy करने की कोशिश करता है, तो endpoint DLP उसे block कर देगा।

3. **Cloud DLP** : आज के समय में businesses तेजी से cloud platforms का उपयोग कर रही हैं, इसलिए cloud DLP solutions का महत्व बढ़ गया है। ये solutions ensure करते हैं कि cloud storage और cloud-based applications में stored data secure रहे और केवल authorized users ही इसे access कर सकें।

    - **Example**: अगर कोई employee unauthorized cloud storage platform पर sensitive files upload करता है, तो cloud DLP उसे detect और prevent करेगा।

4. **Email DLP** : Email DLP, solutions emails में भेजे जाने वाले sensitive data को monitor करते हैं। अगर कोई sensitive information किसी unencrypted या unauthorized email के जरिए भेजी जा रही हो, तो DLP solutions उसे block कर सकते हैं।

    - **Example**: अगर कोई email attachment में confidential business data भेजने की कोशिश की जा रही है, तो email DLP इसे detect और block करेगा।

DLP के Best Practices

1. **Data Classification और Categorization** : DLP implementation से पहले organizations को अपने data को classify और categorize करना चाहिए, ताकि यह समझा जा सके कि कौन-सा data sensitive है और कौन-सा data publically accessible हो सकता है।

    - **Best Practice**: Data classification tools का उपयोग करें और sensitive data को classify करें, जैसे financial records, customer data, intellectual property आदि। Data को high, medium, और low sensitivity categories में विभाजित करें, ताकि DLP policies को अधिक प्रभावी ढंग से लागू किया जा सके।

2. **Access Control Policies को Enforce करें** : Data loss से बचने के लिए यह जरूरी है कि केवल authorized employees और systems को ही sensitive data तक पहुंच प्राप्त हो। Role-based access control (RBAC) और least privilege principle को लागू करके organizations यह सुनिश्चित कर सकते हैं कि केवल वही users data को access करें जिनकी वास्तव में जरूरत है।

    - **Best Practice**: Ensure करें कि sensitive data तक पहुंचने वाले हर user और system के लिए multi-factor authentication (MFA) enable हो। Access logs को regularly monitor और review करें।

3. **DLP Policies को Customizable और Scalable बनाएं** : हर organization के business processes और security

needs अलग-अलग होते हैं। इसलिए DLP policies को business-specific बनाना जरूरी है। DLP solutions को इस तरह customize करना चाहिए कि वे specific industries, data types, और organizational structures के अनुरूप हों।

- **Best Practice**: DLP policies को continuously monitor और update करें, ताकि वे evolving cyber threats और organizational changes के अनुकूल रह सकें। Ensure करें कि policies scalable हों, ताकि business के growth के साथ उन्हें आसानी से expand किया जा सके।

4. **Regular Employee Training आयोजित करें :** Employees द्वारा गलती से data leaks या breaches हो सकते हैं, इसलिए यह जरूरी है कि उन्हें DLP policies और data protection practices की जानकारी हो। Regular training sessions और awareness programs आयोजित करके organizations अपने workforce को data loss prevention के बारे में जागरूक कर सकते हैं।

   - **Best Practice**: Phishing simulations, secure file handling techniques, और DLP policy compliance के बारे में regular training आयोजित करें। Ensure करें कि employees जानते हों कि sensitive data के साथ कैसे काम करना है।

5. **Monitoring और Incident Response Plan तैयार करें :** DLP solutions को effectively implement करने के लिए

organizations को monitoring और incident response processes तैयार करने चाहिए। DLP tools द्वारा detect की गई suspicious activities पर जल्दी से action लेना जरूरी है ताकि किसी भी potential data loss को रोका जा सके।

- **Best Practice**: A well-defined incident response plan तैयार करें, जिसमें हर possible data loss scenario को handle करने के steps और responsible team members शामिल हों। Ensure करें कि monitoring tools real-time में alerts भेजते हैं और incidents का तुरंत action लिया जाता है।

6. **Data Encryption Implement करें :** Data encryption DLP का एक महत्वपूर्ण हिस्सा है, जो sensitive data को unauthorized access से बचाने में मदद करता है। चाहे data in transit हो (network पर transfer हो रहा हो) या data at rest (storage में हो), encryption सुनिश्चित करता है कि केवल authorized users ही data को decrypt कर सकें।

   - **Best Practice**: Email communications, file transfers, और cloud storage जैसे सभी critical processes में encryption policies को enforce करें। TLS (Transport Layer Security) और AES (Advanced Encryption Standard) जैसे strong encryption methods का उपयोग करें।

7. **Endpoint और Device Management** : Employees अपने personal devices (BYOD) या remote locations से काम कर सकते हैं, जिससे data loss का खतरा बढ़ जाता

है। Endpoint management tools ensure करते हैं कि employees द्वारा उपयोग किए जा रहे हर device पर DLP policies लागू हों और sensitive data loss के risks कम किए जा सकें।

- **Best Practice**: Endpoint protection platforms (EPP) implement करें और ensure करें कि हर device जो corporate network से जुड़ा हो, encryption, antivirus, और DLP policies के तहत हो।

8. **Regular Audits और Compliance Checks करें :** Data loss prevention के लिए regular audits और compliance checks करना बेहद जरूरी है। ये audits यह सुनिश्चित करते हैं कि DLP policies सही से लागू हो रही हैं और किसी भी प्रकार का breach या data leakage न हो।

    - **Best Practice**: External और internal audits को regular intervals पर आयोजित करें। DLP policy compliance सुनिश्चित करने के लिए automated compliance management tools का उपयोग करें।

9.5. Incident Response Planning

Incident response planning एक structured और systematic process है, जिसका उद्देश्य किसी cyber attack, data breach, या अन्य security incident के बाद जल्दी और effectively respond करना होता है। एक effective **incident response plan (IRP)** organizations को किसी भी security incident को early stages में detect करने, उसे contain करने, और minimize damage करने में मदद करता है। इसके अलावा, यह plan future incidents को रोकने के लिए corrective actions को भी define करता है।

इस section में हम **incident response planning** के key components, phases, और best practices पर चर्चा करेंगे, ताकि organizations अपने cyber security framework को मजबूत कर सकें और incidents को efficiently manage कर सकें।

Incident Response Planning क्यों जरूरी है?

1. **Damage Minimization** : किसी भी security incident के दौरान quick और effective response का उद्देश्य नुकसान को कम करना होता है। अगर organization के पास well-defined incident response plan नहीं है, तो attacks का impact बढ़ सकता है, जिससे data loss, financial loss, और reputational damage हो सकता है।

2. **Regulatory Compliance** : कई industries में regulatory frameworks जैसे **GDPR**, **HIPAA**, और **PCI**

DSS के तहत यह जरूरी होता है कि organizations के पास एक formal incident response plan हो। Compliance के लिए यह जरूरी है कि organizations security incidents का timely और documented तरीके से response दें।

3. **Business Continuity** : एक effective incident response plan यह सुनिश्चित करता है कि किसी भी cyber attack या security incident के बाद business operations जल्दी से resume हो सकें। यह downtime को कम करने में मदद करता है और productivity पर कम से कम असर डालता है।

4. **Reputational Damage से बचाव :** किसी भी security incident के बाद अगर organization की response capabilities कमजोर होती हैं, तो इसका सीधा असर उसकी reputation पर पड़ता है। एक organized और timely incident response यह सुनिश्चित करता है कि customers और stakeholders का trust बना रहे।

Incident Response Plan के Key Components

1. **Incident Response Team (IRT)** :Incident response का first step एक well-structured **Incident Response Team (IRT)** तैयार करना होता है। इस team में IT security professionals, legal advisors, HR, और PR जैसे key departments के लोग शामिल होते हैं। यह team किसी भी incident को identify, analyze, और respond करने के लिए जिम्मेदार होती है।

- **Best Practice**:
  - हर incident के बाद forensic analysis के जरिए attack vector, timeline, और impact को document करें।
  - Documentation को compliance और auditing purposes के लिए maintain करें।

6. **Communication Plan** : Incident के दौरान internal और external stakeholders को सही तरीके से communicate करना जरूरी होता है। Internal communication employees, management, और response team के बीच होती है, जबकि external communication customers, regulatory bodies, और media के साथ की जाती है।

   - **Best Practice**: एक well-defined communication protocol तैयार करें। External communication के लिए PR और legal टीम की मदद लें ताकि सही messaging deliver की जा सके।

7. **Post-Incident Review और Lessons Learned** : Incident response के बाद यह जरूरी है कि organizations post-incident review करें और यह analyze करें कि response process में कौन-कौन से improvements किए जा सकते हैं। Lessons learned से future incidents के लिए preparedness बढ़ाई जा सकती है।

   - **Best Practice**: हर incident के बाद एक post-mortem session आयोजित करें, जिसमें response strategy, strengths, और areas of improvement पर चर्चा की जाए। इस information को future planning और training programs में integrate करें।

Incident Response Planning Phases

Incident response planning में छह महत्वपूर्ण phases होते हैं:

1. **Preparation** : इस phase में organization incident response के लिए necessary tools, technologies, और procedures को ready करता है। यह phase incident response team को establish करने, training देने, और incident detection systems को setup करने पर केंद्रित होता है।

2. **Identification** : Identification phase में incident को detect और confirm किया जाता है। यह phase suspicious activity की पहचान करने और यह निर्धारित करने पर आधारित होता है कि क्या यह actual security incident है या false positive।

3. **Containment** : Containment का उद्देश्य damage को minimize करना और incident को फैलने से रोकना होता है। इस phase में infected systems को isolate किया जाता है और malicious activities को contain किया जाता है, ताकि बाकी network सुरक्षित रहे।

4. **Eradication** : Eradication phase में threat या attack vector को पूरी तरह से remove किया जाता है। इसमें malicious code, malware, या unauthorized users को systems से delete किया जाता है।

5. **Recovery** : Recovery phase में systems को clean version से restore किया जाता है और normal business operations फिर से शुरू किए जाते हैं। इस phase में यह भी ensure किया जाता है कि restored systems पूरी तरह से secure हैं और कोई residual threat नहीं है।

6. **Lessons Learned** : Incident response के बाद, lessons learned phase में incident की पूरी analysis की जाती है और यह determine किया जाता है कि भविष्य में ऐसी incidents को रोकने के लिए क्या improvements किए जा सकते हैं।

Incident Response Tools

1. **Splunk** : Splunk एक leading SIEM tool है, जो real-time threat detection, incident response automation, और detailed reporting के लिए enterprises द्वारा इस्तेमाल किया जाता है।

2. **IBM Qradar** : IBM QRadar एक advanced incident response platform है, जो automated incident management, playbooks, और forensic analysis जैसी सुविधाएं प्रदान करता है।

3. **Microsoft Sentinel** : Microsoft Sentinel एक क्लाउड-नेटिव एसआईईएम और एसओएआर टूल है जो उन्नत खतरे की खुफिया जानकारी, विश्लेषण और स्वचालित घटना प्रतिक्रिया क्षमताएं प्रदान करता है।

4. **Cortex XSOAR** : Cortex XSOAR एक SOAR (Security Orchestration, Automation, and Response) platform है, जो automated incident response workflows और playbooks के जरिए security teams को efficiency बढ़ाने में मदद करता है।

9.6. Regulatory Compliance

Regulatory compliance का मतलब है उन कानून, regulations, और standards का पालन करना, जो organizations पर उनके data protection, privacy, और security practices को सुनिश्चित करने के लिए लागू होते हैं। हर industry में अलग-अलग data protection regulations होते हैं, जिनका उद्देश्य customers और users की sensitive information की सुरक्षा करना होता है। **Cyber security regulatory compliance** यह सुनिश्चित करता है कि organizations न केवल अपने data और systems को सुरक्षित रखें, बल्कि legal और financial penalties से भी बचें।

इस section में हम **regulatory compliance** के महत्व, प्रमुख compliance frameworks, और best practices पर चर्चा करेंगे, ताकि organizations अपने cyber security framework को मजबूत कर सकें और आवश्यक legal requirements को पूरा कर सकें।

Regulatory Compliance क्यों जरूरी है?

1. **Data Protection और Privacy** : Regulatory compliance यह सुनिश्चित करता है कि organizations customer data की सुरक्षा के लिए सही measures अपनाएं। इससे unauthorized access, data breaches, और identity theft के risks कम होते हैं।

2. **Legal और Financial Penalties से बचाव :** अगर कोई organization regulatory compliance का पालन नहीं

करता, तो उसे भारी financial penalties का सामना करना पड़ सकता है। कई देशों और industries में data protection regulations का उल्लंघन करने पर जुर्माने और कानूनी कार्रवाई का खतरा रहता है।

3. **Customer Trust और Reputation की सुरक्षा :** Compliance का पालन करके organizations अपने customers और partners का trust जीतते हैं। जब customers को पता होता है कि उनका data secure है और organization legal standards का पालन कर रहा है, तो उनकी loyalty और confidence बढ़ता है।

4. **Global Operations और Cross-Border Transactions के लिए जरूरी :** कई organizations global level पर operate करती हैं और अलग-अलग देशों के customers के साथ transactions करती हैं। ऐसे में international data protection कानून और cross-border data transfer regulations का पालन करना जरूरी हो जाता है। Compliance global operations के smooth functioning को सुनिश्चित करता है।

Regulatory Compliance के फायदे

1. **Legal Penalties से बचाव :** Regulatory compliance का पालन करके organizations भारी financial fines और legal action से बच सकते हैं। Data breaches और compliance violations के कारण जुर्मानों से बचना महत्वपूर्ण होता है।

2. **Customer Trust में वृद्धि :** जब organizations यह सुनिश्चित करते हैं कि वे legal data protection standards का पालन कर रहे हैं, तो customers का trust बढ़ता है। Compliance का पालन customer loyalty को मजबूत करने में मदद करता है।

3. **Global Operations में Smooth Functioning** : Regulatory compliance global businesses के लिए critical होता है, खासकर cross-border data transfers के मामले में। Compliance का पालन global operations के smooth और legally compliant functioning को सुनिश्चित करता है।

4. **Reputational Risk का Management** : Compliance का पालन न करने से organizations की reputation को बड़ा नुकसान हो सकता है। एक well-managed compliance strategy organizations की reputation और brand image की सुरक्षा में मदद करती है।

अध्याय 9: Cyber security for Businesses

Summary

अध्याय 9 में हमने business organizations के लिए जरूरी cyber security solutions और strategies पर चर्चा की। यह अध्याय बताता है कि कैसे small businesses से लेकर large enterprises तक अपनी cyber security को मजबूत बना सकते हैं। खासतौर पर, हमने चर्चा की कि businesses को किस तरह से cyber threats से बचाव के लिए सही security practices और tools को implement करना चाहिए।

1. **Small Businesses के लिए Security** : छोटे businesses को phishing attacks, data breaches, और insider threats से बचाने के लिए strong password policies, data encryption, और employee training को लागू करना चाहिए। Endpoint security और firewalls जैसे basic security tools का उपयोग जरूरी है।

2. **Enterprise-Level Security Solutions** : Large enterprises के लिए multi-layered security architecture का होना जरूरी है, जिसमें firewalls, endpoint detection, encryption, और identity access management (IAM) जैसे components शामिल हों। SIEM tools और incident response solutions से enterprises अपने complex operations को सुरक्षित रख सकते हैं।

3. **Employee Training for Cyber security** : Employees अक्सर cyber criminals के target होते हैं, इसलिए उनके लिए

regular cyber security training आयोजित करना जरूरी है। Training से phishing awareness, secure password practices, और incident reporting processes को बेहतर बनाया जा सकता है।

4. **Data Loss Prevention (DLP)** : DLP solutions organizations को sensitive data की सुरक्षा करने में मदद करते हैं। DLP policies के तहत network monitoring, endpoint security, और email encryption जरूरी हैं। Data classification, access control, और employee training DLP का महत्वपूर्ण हिस्सा हैं।

5. **Incident Response Planning** : एक well-structured incident response plan businesses को किसी भी cyber attack के दौरान जल्दी और effectively respond करने में मदद करता है। इसमें incident detection, containment, eradication, और recovery phases शामिल होते हैं। Post-incident reviews से future planning को और बेहतर बनाया जा सकता है।

6. **Regulatory Compliance** : हर business को GDPR, HIPAA, PCI DSS, और SOX जैसी data protection और privacy regulations का पालन करना जरूरी होता है। Compliance audits, employee training, और incident response plans regulatory requirements को पूरा करने में मदद करते हैं। Data encryption, retention policies, और continuous monitoring से businesses compliance का पालन सुनिश्चित कर सकते हैं।

Chapter 9 Checklist: Business Cyber security Solutions इन प्रश्नों के उत्तर देकर अपने ज्ञान और सतर्कता की जाँच करें

No.	Questions	Yes (हाँ)	No (नहीं)
1	क्या आपने अपने business के लिए strong password policies और data encryption implement किया है?		
2	क्या आपके enterprise systems में multi-layered security architecture implement किया गया है?		
3	क्या आपके employees को regular cyber security training दी जाती है?		
4	क्या आप phishing simulations और employee awareness programs का संचालन करते हैं?		
5	क्या आपके business में Data Loss Prevention (DLP) policies implement की गई हैं?		

No.	Questions	Yes (हाँ)	No (नहीं)
6	क्या आपके पास एक structured incident response plan मौजूद है?		
7	क्या आपके business systems में SIEM और EDR tools के जरिए continuous monitoring की जाती है?		
8	क्या आप regulatory compliance audits को regular intervals पर conduct करते हैं?		
9	क्या आपकी टीम में कोई PCI DSS, GDPR, HIPAA जैसी compliance का जानकार हैं?		
10	क्या आपने sensitive data के लिए access control और encryption methods implement किए हैं?		

अध्याय 10

Cyber security Laws और Government Initiatives

Cyber security कानून और government initiatives का उद्देश्य देश के digital infrastructure को cyber threats से बचाना और एक secure cyberspace सुनिश्चित करना है। जैसे-जैसे technology का विकास हो रहा है, वैसे-वैसे cyber criminals के methods भी तेजी से बदल रहे हैं। इसलिए, सरकारें और regulatory bodies नए-नए कानून और policies बना रही हैं, ताकि citizens और businesses को cyber risks से बचाया जा सके।

इस अध्याय में हम भारत और दुनिया भर में लागू cyber security laws और सरकार द्वारा उठाए गए initiatives पर चर्चा करेंगे, जो digital security को मजबूत बनाने के लिए बनाए गए हैं।

Cyber security Laws क्यों जरूरी हैं?

1. **Data Protection और Privacy** : Cyber security laws का मुख्य उद्देश्य citizens के personal और financial data की सुरक्षा करना है। यह सुनिश्चित किया जाता है कि organizations और businesses उचित safeguards अपनाएं, ताकि sensitive information cyber criminals के हाथों में न जाए।

2. **Cyber crime का निवारण** : Laws और regulations cyber crime को रोकने और उसे नियंत्रित करने में मदद करते हैं। इसके तहत hackers, identity thieves, और अन्य cyber criminals के खिलाफ legal actions लिए जाते हैं, जिससे कानून व्यवस्था बनी रहती है।

3. **Digital Economy की सुरक्षा** : जैसे-जैसे digital transactions और online activities बढ़ रही हैं, cyber security laws का महत्व और बढ़ता जा रहा है। ये laws यह सुनिश्चित करते हैं कि businesses, financial institutions, और consumers एक सुरक्षित environment में interact कर सकें।

4. **International Cooperation** : Cyber threats अक्सर international boundaries को पार कर जाते हैं। Global और regional cyber security laws अंतर्राष्ट्रीय सहयोग सुनिश्चित करते हैं, ताकि cyber criminals को पकड़ने और सजा देने में सहयोग किया जा सके।

10.1. Global Cyber security Regulations

Global level पर cyber threats के बढ़ते खतरों को देखते हुए, कई देशों ने अपने cyber security regulations और frameworks बनाए हैं, जिनका उद्देश्य sensitive data की सुरक्षा करना और cyber crime से लड़ना है। **Global cyber security regulations** यह सुनिश्चित करते हैं कि personal information और business data को हर jurisdiction में सुरक्षित रखा जा सके।

इस section में हम **major global cyber security regulations** पर चर्चा करेंगे, जो worldwide लागू हैं और international businesses और governments के लिए अनिवार्य हैं।

1. General Data Protection Regulation (GDPR) – यूरोपियन यूनियन

General Data Protection Regulation (GDPR) यूरोपियन यूनियन (EU) की एक comprehensive data protection law है, जो 2018 में लागू हुई। इसका उद्देश्य personal data की सुरक्षा और privacy को ensure करना है, और यह किसी भी organization पर लागू होता है, जो EU के नागरिकों का data process करता है, चाहे वह organization EU के अंदर हो या बाहर। GDPR को अब तक का सबसे कठोर data protection law माना जाता है।

- **मुख्य बिंदु:**
  - **Consent Requirement**: Personal data को process करने के लिए users का explicit consent जरूरी होता है।
  - **Right to Access**: Data subjects को उनके personal data तक पहुंचने और उसे correct या delete करने का अधिकार है।
  - **Data Breach Notifications**: Data breaches की स्थिति में 72 घंटे के अंदर relevant authorities और affected individuals को notify करना अनिवार्य है।

- **Penalties**: GDPR का उल्लंघन करने पर organizations को 20 मिलियन यूरो तक या उनकी annual global turnover का 4% तक का जुर्माना भरना पड़ सकता है, जो भी अधिक हो।

- **Importance for Businesses**:
- GDPR यह सुनिश्चित करता है कि businesses अपने customers के data को securely store और process करें। Businesses को अपनी data processing practices को transparent और compliant बनाना जरूरी है। इसके अलावा, GDPR ने **privacy by design** और **privacy by default** जैसे concepts को introduce किया, ताकि products और services की development के समय से ही data protection को प्राथमिकता दी जा सके।

2. California Consumer Privacy Act (CCPA) – संयुक्त राज्य अमेरिका

California Consumer Privacy Act (CCPA), 2020 में लागू हुआ, United States का सबसे प्रमुख data protection कानून है, जो California के residents के personal data की सुरक्षा के लिए बनाया गया है। यह कानून दुनिया के किसी भी organization पर लागू होता है, जो California residents के data को process करता है।

- **मुख्य बिंदु**:
    - **Right to Know**: California residents को यह जानने का अधिकार है कि businesses उनके personal data को कैसे collect और use कर रहे हैं।

- **Right to Delete**: Users को उनके personal data को delete करने का अधिकार दिया गया है।
- **Opt-Out of Sale**: Users अपने data को third parties को sell करने से रोक सकते हैं।
- **Penalties**: CCPA का उल्लंघन करने पर businesses को $2,500 से $7,500 प्रति violation का जुर्माना लग सकता है।

- **Importance for Businesses**:
- CCPA businesses को उनकी data collection और usage practices में transparency और accountability सुनिश्चित करने के लिए मजबूर करता है। Businesses को यह सुनिश्चित करना होता है कि वे data breaches से बचने के लिए उचित सुरक्षा measures अपनाएं और users को उनके data पर control दें।

3. Personal Information Protection Law (PIPL) – चीन

चीन ने 2021 में **Personal Information Protection Law (PIPL)** को लागू किया, जो चीन के नागरिकों के personal data की सुरक्षा सुनिश्चित करता है। यह law GDPR की तरह ही है, लेकिन इसमें Chinese jurisdiction-specific provisions हैं।

- **मुख्य बिंदु**:
  - **Consent Requirement**: Personal data को collect और process करने के लिए clear और informed consent अनिवार्य है।

- **Data Localization**: Sensitive personal information को China के बाहर transfer करने से पहले local storage जरूरी है।
- **Data Subject Rights**: Users को उनके personal data को access, correct, और delete करने का अधिकार है।
- **Penalties**: Non-compliance पर businesses को उनकी annual turnover का 5% तक का जुर्माना भरना पड़ सकता है, या उनका business license revoke किया जा सकता है।

- **Importance for Businesses**:
- PIPL international businesses को मजबूर करता है कि वे Chinese data protection laws का पालन करें, खासकर अगर वे Chinese citizens का data collect या process करते हैं। इसके साथ ही, businesses को data transfer regulations और data localization requirements का पालन करना जरूरी होता है।

4. NIST Cyber security Framework – संयुक्त राज्य अमेरिका

National Institute of Standards and Technology (NIST) का **Cyber security Framework** एक widely adopted guideline है, जिसे US-based organizations के लिए design किया गया है, लेकिन इसे worldwide businesses द्वारा भी अपनाया जाता है। यह framework किसी भी specific law

का पालन नहीं करता, बल्कि best practices और standards पर आधारित है, जो businesses को cyber risks से बचने में मदद करते हैं।

- **मुख्य बिंदु**:
    - **Identify**: Businesses को यह समझने की आवश्यकता होती है कि कौन-कौन से assets critical हैं और उन्हें cyber threats से सुरक्षित रखना है।
    - **Protect**: Appropriate safeguards का उपयोग करके businesses को अपने critical assets और data को सुरक्षित रखना होता है।
    - **Detect**: Cyber threats को real-time में detect करने के लिए monitoring और alerting systems का उपयोग करना।
    - **Respond**: जब कोई cyber attack हो जाए, तो उसका response देने के लिए structured और planned approach का पालन करें।
    - **Recover**: Attacks के बाद systems को restore और normal operations को resume करने के लिए एक plan तैयार करें।
- **Importance for Businesses**:
- NIST framework यह सुनिश्चित करता है कि businesses एक structured और standardized तरीके से अपने cyber risks का management कर सकें। यह खासकर critical

infrastructure industries में ज्यादा महत्वपूर्ण है, जैसे healthcare, finance, और energy sectors।

5. Cyber security Act – सिंगापुर

सिंगापुर ने 2018 में **Cyber security Act** को लागू किया, जो देश के critical information infrastructure (CII) को cyber threats से सुरक्षित रखने के लिए बनाया गया है। यह act industries जैसे banking, energy, healthcare, और transportation sectors में लागू होता है, जो national infrastructure का हिस्सा हैं।

- **मुख्य बिंदु:**
  - **CII Owners के लिए Obligations**: Critical infrastructure के operators को regular cyber security audits और risk assessments कराने की आवश्यकता होती है।
  - **Incident Reporting**: CII operators को cyber security incidents की reporting करना जरूरी है।
  - **Regulatory Authority**: Government को cyber threats की जांच और 대응 करने का अधिकार दिया गया है।
  - **Penalties**: Non-compliance पर fines और operations को halt करने जैसी actions ली जा सकती हैं।
- **Importance for Businesses**:
- सिंगापुर का Cyber security Act businesses को national security के लिए critical cyber infrastructure की सुरक्षा

सुनिश्चित करने के लिए बाध्य करता है। यह businesses को cyber resilience और security measures को मजबूत बनाने के लिए प्रेरित करता है।

Global cyber security regulations यह सुनिश्चित करते हैं कि businesses international और local laws का पालन करें और अपने customers के data की सुरक्षा को प्राथमिकता दें। GDPR, CCPA, PIPL, और NIST जैसे regulations worldwide businesses के लिए standards और guidelines सेट करते हैं, ताकि वे cyber risks से बच सकें और regulatory compliance सुनिश्चित कर सकें। जैसे-जैसे cyber threats evolve हो रहे हैं, वैसे-वैसे नए data protection laws भी implement किए जा रहे हैं, जो भविष्य की cyber security challenges से निपटने में मदद करेंगे।

10.2. भारत में Cyber security कानून

भारत में **cyber security** से जुड़े कानूनों और नियमों का उद्देश्य देश के digital infrastructure, businesses, और नागरिकों को cyber threats से सुरक्षित रखना है। जैसे-जैसे भारत डिजिटल युग की ओर तेजी से बढ़ रहा है, वैसे-वैसे cyber crimes की संख्या भी बढ़ रही है। इसे देखते हुए भारत सरकार ने कई cyber security laws और initiatives को लागू किया है, जिनका उद्देश्य national security और data protection को सुनिश्चित करना है।

इस section में हम भारत में मौजूद प्रमुख **cyber security कानूनों**, उनकी विशेषताओं और उनके महत्व पर चर्चा करेंगे।

1. Information Technology Act, 2000 (IT Act)

भारत में cyber laws का प्रमुख framework Information Technology Act, 2000 है, जिसे भारत की पहली comprehensive cyber law के रूप में माना जाता है। IT Act का उद्देश्य electronic commerce, digital signatures, और cyber crime से जुड़े मामलों को नियंत्रित करना है। यह act cyber criminals के खिलाफ कठोर सजा और penalties प्रदान करता है।

- **Key Provisions**:
  - **Unauthorized Access और Hacking**: Section 43 और 66 के तहत unauthorized access, hacking, और data theft को punishable offenses माना गया है।
  - **Personal Data Protection**: Section 43A के तहत organizations के लिए personal information की

protection सुनिश्चित करना अनिवार्य है। अगर data breach होता है, तो organizations को जिम्मेदार ठहराया जा सकता है।

- **Cyber Terrorism**: Section 66F के तहत cyber terrorism को recognize किया गया है, और इसके लिए life imprisonment की सजा का प्रावधान है।
- **Digital Signatures**: IT Act digital contracts और signatures को legally recognized बनाता है, जो electronic commerce को promote करता है।
- **Interception और Monitoring**: Section 69 के तहत government को internet traffic और communications को monitor करने और intercept करने का अधिकार है, अगर national security से संबंधित कोई खतरा हो।

- **Importance**:
- IT Act भारत में cyber crime से निपटने और citizens के digital data की सुरक्षा सुनिश्चित करने के लिए मुख्य कानूनी framework प्रदान करता है। इस कानून ने digital commerce और e-governance को कानूनी मान्यता देने में महत्वपूर्ण भूमिका निभाई है।

2. Information Technology (Amendment) Act, 2008

IT (Amendment) Act, 2008 मूल IT Act 2000 का संशोधन है, जिसे evolving cyber threats और नए प्रकार के cyber crimes

जैसे phishing, identity theft, और child pornography को address करने के लिए लागू किया गया था। इस amendment ने cyber offenses से संबंधित कई नए provisions को शामिल किया।

- **Key Provisions**:
    - **Phishing और Identity Theft**: IT Amendment Act phishing, identity theft, और fraud को punishable offenses बनाता है।
    - **Cyber Terrorism**: Act के तहत cyber terrorism और national security के against cyber activities के लिए सख्त सजा का प्रावधान है।
    - **Data Protection and Privacy**: Companies के लिए data protection policies को implement करना और sensitive personal data की सुरक्षा सुनिश्चित करना जरूरी है।
    - **Corporate Liability**: अगर किसी company द्वारा data breach होता है या adequate security measures का पालन नहीं किया जाता, तो वह जुर्माना या compensation देने के लिए liable होगी।
- **Importance**:
- IT Amendment Act ने भारत के cyber laws को और मजबूत बनाया है और कई नए cyber crimes को criminalize किया है। यह businesses को cyber security measures adopt करने के लिए बाध्य करता है और cyber threats को रोकने में महत्वपूर्ण भूमिका निभाता है।

3. Personal Data Protection Bill (PDPB)

Personal Data Protection Bill (PDPB), 2019, भारत का प्रस्तावित data protection कानून है, जिसे GDPR की तर्ज पर design किया गया है। यह bill अब तक कानून नहीं बना है, लेकिन यह लागू होने पर भारत में data protection के क्षेत्र में एक बड़ा कदम होगा। इसका उद्देश्य citizens के personal data को सुरक्षित रखना और उसकी processing के लिए accountability और transparency को बढ़ावा देना है।

- **मुख्य बिंदु:**
    - **Consent Requirement**: Personal data की processing के लिए clear और informed consent अनिवार्य होगा।
    - **Data Subject Rights**: Data subjects को उनके personal data को access, correct, और delete करने का अधिकार होगा।
    - **Data Breach Notification**: Data breach होने की स्थिति में data subjects और data protection authority को notify करना अनिवार्य होगा।
    - **Cross-Border Data Transfer**: Bill में cross-border data transfers के लिए specific rules और guidelines दिए गए हैं।
    - **Data Protection Authority**: PDPB के तहत एक स्वतंत्र data protection authority (DPA) की स्थापना की जाएगी, जो इन regulations को enforce करेगी।

- **Importance**:
- PDPB भारतीय citizens के personal data की protection को सुनिश्चित करने के लिए बनाया गया है। यह bill businesses और organizations को data privacy और security के मामलों में अधिक accountable बनाता है और GDPR जैसे global standards के अनुरूप है।

4. National Cyber Security Policy, 2013

National Cyber Security Policy (NCSP), 2013, भारत सरकार द्वारा cyber threats से निपटने और देश के digital infrastructure को सुरक्षित रखने के लिए जारी की गई एक comprehensive policy है। इसका उद्देश्य critical information infrastructure (CII) की सुरक्षा और cyber threats के खिलाफ एक unified response framework तैयार करना है।

- **Key Objectives**:
  - **Critical Information Infrastructure (CII) की सुरक्षा**: Policy का मुख्य लक्ष्य national security से जुड़े CII की सुरक्षा सुनिश्चित करना है।
  - **Public-Private Partnerships**: Cyber security के क्षेत्र में public-private partnerships को बढ़ावा देना।
  - **Cyber security Workforce Development**: Cyber security professionals की training और development के लिए initiatives को बढ़ावा देना।

  - **Cyber security Awareness**: Cyber hygiene practices और cyber security awareness programs के जरिए citizens को जागरूक बनाना।
  - **Incident Response**: Effective incident response strategies तैयार करना, ताकि किसी भी cyber incident के समय तुरंत action लिया जा सके।

- **Importance**:
- National Cyber Security Policy, 2013, भारत के cyber defenses को मजबूत बनाने के लिए एक strategic roadmap है। यह national security के लिए critical infrastructure की सुरक्षा सुनिश्चित करने और cyber threats से निपटने के लिए एक unified approach प्रदान करती है।

5. Indian Computer Emergency Response Team (CERT-In)

CERT-In भारत की national nodal agency है, जो cyber incidents की prevention, detection, और response के लिए जिम्मेदार है। यह agency भारत में cyber security से जुड़े सभी issues को manage करती है और national cyber security strategies को लागू करती है। CERT-In का मुख्य उद्देश्य देश के cyberspace की सुरक्षा सुनिश्चित करना है।

- **Key Responsibilities**:
  - **Cyber Incidents पर Response**: CERT-In भारत में होने वाले सभी cyber incidents की monitoring और response के लिए जिम्मेदार है।

- **Advisories और Guidelines जारी करना**: CERT-In समय-समय पर cyber threats से निपटने के लिए advisories और guidelines जारी करती है।
- **Cyber security Training Programs**: CERT-In cyber जागरूकता बढ़ाने के लिए government और private sector के लिए training programs आयोजित करती है।
- **Incident Reporting और Coordination**: यह agency cyber incidents की reporting और response के लिए अन्य government agencies और international bodies के साथ coordinate करती है।

- **Importance**:
- CERT-In भारत की cyber security infrastructure का एक महत्वपूर्ण pillar है। यह agency cyber incidents को efficiently manage करने और देश की cyber security को मजबूत बनाने में अहम भूमिका निभाती है।

6. Cyber crime Reporting Portal और Cyber Laws के Enforcement

भारत सरकार ने citizens को cyber crimes की reporting के लिए एक dedicated **Cyber crime Reporting Portal** शुरू किया है। यह platform cyber crimes जैसे cyber frauds, harassment, और identity theft की online reporting की सुविधा प्रदान करता है। इसके अलावा, कई राज्यों में cyber crime cells और dedicated cyber police stations बनाए गए हैं, जो cyber crimes की जांच और enforcement के लिए जिम्मेदार हैं।

- **मुख्य बिंदु**:
    - **Online Complaint Registration**: Citizens online platform के जरिए cyber crime complaints दर्ज कर सकते हैं।
    - **Specialized Cyber crime Units**: कई राज्यों में cyber crime units और police stations की स्थापना की गई है, जो cyber-related cases को effectively handle करते हैं।
    - **Women और Child-related Cyber Crimes**: Special provisions महिलाओं और बच्चों से जुड़े cyber crimes जैसे harassment, stalking, और child pornography के मामलों के लिए बनाए गए हैं।
- **Importance**:
- Cyber crime Reporting Portal ने cyber crimes की reporting और investigation को simplified किया है। यह citizens को उनके cyber rights के प्रति aware करने और cyber threats से effectively निपटने में महत्वपूर्ण भूमिका निभाता है।

विशेष बात : केंद्रीय गृह मंत्री अमित शाह जी के एक अनुसार अगले पांच वर्षों में भारत में 5,000 साइबर कमांडो तैयार किए जाएंगे, जो बढ़ते साइबर खतरों का मुकाबला करेंगे। ये कमांडो IT इंफ्रास्ट्रक्चर सुरक्षा, डिजिटल फॉरेंसिक और साइबर घटनाओं के लिए जिम्मेदार

होंगे। उन्होंने राष्ट्रीय सुरक्षा में साइबर सुरक्षा के महत्व को रेखांकित किया। इस पहल के तहत संदिग्ध बैंक खातों के लिए एक केंद्रीय संदिग्ध रजिस्ट्री और "समन्वय" और "साइबर फ्रॉड मिटिगेशन सेंटर" नामक नए प्लेटफॉर्म भी शुरू किए गए हैं।

10.3. CERT-IN और अन्य सरकारी प्रयास

भारत में cyber threats के बढ़ते खतरे को देखते हुए, सरकार ने **CERT-In** (Indian Computer Emergency Response Team) जैसी प्रमुख agencies का गठन किया है, जिसका उद्देश्य cyber incidents की monitoring और response करना है। इसके अलावा, सरकार ने कई अन्य initiatives और platforms शुरू किए हैं, जो देश की cyber security को मजबूत बनाने के लिए design किए गए हैं।

इस section में हम **CERT-In** के कार्यों और अन्य सरकारी प्रयासों पर चर्चा करेंगे, जो cyber threats से निपटने के लिए महत्वपूर्ण हैं।

1. CERT-In (Indian Computer Emergency Response Team) https://www.cert-in.org.in/

CERT-In भारत की national nodal agency है, जो cyber incidents से निपटने और उन्हें रोकने के लिए जिम्मेदार है। 2004 में स्थापित, CERT-In का मुख्य उद्देश्य देश के cyberspace को सुरक्षित रखना और विभिन्न cyber threats से national security की रक्षा करना है। यह agency cyber incidents की detection, prevention, और mitigation में अहम भूमिका निभाती है।

- **Key Responsibilities**:
  - **Incident Response**: CERT-In cyber incidents जैसे hacking attempts, phishing attacks, और malware infections की response और mitigation करता है।

   - **Advisories जारी करना**: CERT-In नियमित रूप से cyber threats और vulnerabilities से संबंधित advisories जारी करता है, ताकि organizations और citizens सतर्क रहें।
   - **Cyber security Guidelines**: CERT-In industries और businesses के लिए cyber security policies और best practices के बारे में guidelines प्रदान करता है।
   - **Cyber security Drills और Exercises**: Agency समय-समय पर national level पर cyber defense drills और simulations आयोजित करता है, ताकि critical sectors की readiness सुनिश्चित की जा सके।
   - **Collaboration with International Agencies**: CERT-In अन्य देशों के cyber security agencies और international bodies के साथ collaboration करता है, ताकि global cyber threats से निपटने के लिए information sharing की जा सके।
- **Importance**:
- CERT-In ने भारत की cyber security infrastructure को मजबूत बनाने और national level पर cyber threats का सामना करने में महत्वपूर्ण भूमिका निभाई है। यह agency national crisis management में भी अहम योगदान देती है, खासकर critical infrastructure और defense sectors की सुरक्षा के मामले में।

2. Cyber Swachhta Kendra (Botnet Cleaning and Malware Analysis Center) https://www.csk.gov.in/

Cyber Swachhta Kendra भारत सरकार का एक प्रमुख initiative है, जिसका उद्देश्य malware और botnet infections से भारतीय नागरिकों और businesses को बचाना है। इस केंद्र का मुख्य उद्देश्य infected systems की सफाई के लिए tools और guidelines प्रदान करना है। इसे **Ministry of Electronics and Information Technology (MeitY)** द्वारा 2017 में शुरू किया गया था।

- **मुख्य बिंदु:**
    - **Botnet और Malware Cleaning Tools**: Cyber Swachhta Kendra infected devices को clean करने के लिए free tools प्रदान करता है।
    - **Public Awareness**: यह platform citizens को cyber hygiene practices के बारे में जागरूक करता है और उन्हें malware और botnet threats से बचाने के लिए best practices प्रदान करता है।
    - **Regular Updates**: Cyber Swachhta Kendra नियमित रूप से security updates और malware removal tools प्रदान करता है, ताकि users अपने devices को सुरक्षित रख सकें।
- **Importance**:
- यह initiative खासकर individual users और small businesses के लिए बेहद फायदेमंद है, जो sophisticated cyber attacks से आसानी से प्रभावित हो सकते हैं। Cyber

Swachhta Kendra ने भारत में cyber hygiene को बढ़ावा देने और internet users को malware threats से बचाने में अहम भूमिका निभाई है।

3. National Critical Information Infrastructure Protection Centre (NCIIPC) https://nciipc.gov.in/

National Critical Information Infrastructure Protection Centre (NCIIPC) का गठन critical information infrastructure (CII) की सुरक्षा के लिए किया गया है, जो national security के लिए महत्वपूर्ण है। NCIIPC का उद्देश्य national infrastructure sectors जैसे energy, banking, defense, और transportation की सुरक्षा सुनिश्चित करना है।

- **Key Objectives**:
  - **CII की सुरक्षा**: NCIIPC national security से जुड़े sectors की digital systems की सुरक्षा सुनिश्चित करता है।
  - **Threat Intelligence Sharing**: NCIIPC national और international threat intelligence agencies के साथ information share करता है, ताकि CII पर किसी भी संभावित खतरे को रोका जा सके।
  - **Cyber security Drills**: यह agency CII sectors के लिए cyber security drills और simulations आयोजित करता है, ताकि उनकी readiness और resilience बढ़ाई जा सके।

- **Importance**:
- NCIIPC भारत के critical infrastructure की सुरक्षा सुनिश्चित करने में महत्वपूर्ण भूमिका निभाता है। यह agency national security के लिए महत्वपूर्ण infrastructure की cyber defenses को मजबूत बनाने के लिए काम करता है।

4. Cyber crime Reporting Portal

भारत सरकार ने cyber crimes की reporting के लिए एक dedicated **Cyber crime Reporting Portal** शुरू किया है, जो citizens को online frauds, harassment, और identity theft जैसी समस्याओं की शिकायत दर्ज करने में मदद करता है। यह portal विशेष रूप से महिलाओं और बच्चों से जुड़े cyber crimes की शिकायतों को ध्यान में रखता है।

- **मुख्य बिंदु**:
  - **Online Complaint Filing**: Citizens cyber frauds, cyberbullying, और अन्य cyber crimes की complaints ऑनलाइन दर्ज कर सकते हैं।
  - **Women और Child-related Cyber Crimes**: Portal महिलाओं और बच्चों से संबंधित cyber crimes के लिए खास provisions और शिकायत दर्ज करने की सुविधा प्रदान करता है।
  - **Awareness Campaigns**: Government इस portal के माध्यम से cyber crime awareness campaigns भी चलाती है, ताकि citizens को उनके cyber rights और cyber hygiene के बारे में जानकारी दी जा सके।

- **Importance**:
- यह portal citizens को एक centralized platform प्रदान करता है, जहां से वे cyber crimes की शिकायतें दर्ज कर सकते हैं। इससे cyber crime की reporting आसान हो गई है, और सरकार तेजी से response कर पाती है।

5. Cyber Surakshit Bharat Initiative : https://www.meity.gov.in/writereaddata/files/Cyber-Surakshit-Bharat-Brochure.pdf

Cyber Surakshit Bharat initiative **Ministry of Electronics and Information Technology (MeitY)** द्वारा शुरू किया गया एक अभियान है, जिसका उद्देश्य key government officials और organizations को cyber threats से बचाने के लिए cyber security awareness programs और training प्रदान करना है।

- **Key Objectives**:
    - **Cyber security Awareness**: Government departments और organizations के लिए cyber awareness training और workshops आयोजित करना।
    - **Secure Digital India**: Digital India initiative के तहत secure digital infrastructure का निर्माण और cyber resilience को बढ़ावा देना।
    - **Public-Private Partnership**: Public और private sectors के बीच collaboration करके cyber security practices को मजबूत बनाना।

- **Importance**:
- यह initiative देश के government sectors और key industries के cyber defenses को मजबूत बनाने के लिए शुरू किया गया है। यह program देश में cyber security जागरूकता बढ़ाने और best practices को लागू करने में सहायक है।

भारत में **CERT-In** और अन्य सरकारी प्रयासों ने देश के cyber security infrastructure को मजबूत बनाने और citizens, businesses, और critical infrastructure को cyber threats से बचाने में अहम भूमिका निभाई है। चाहे CERT-In की active incident response हो या Cyber Swachhta Kendra की malware protection services, ये initiatives cyber threats से national security और economy की रक्षा करने में महत्वपूर्ण हैं।

जैसे-जैसे cyber threats बढ़ रहे हैं, वैसे-वैसे सरकार और agencies cyber security को मजबूत करने के लिए नए-नए कदम उठा रही हैं, जिससे भारत का cyberspace सुरक्षित और resilient बना रहे।

10.4. Cyber Crime Reporting

आज के digital युग में **cyber crimes** की संख्या तेजी से बढ़ रही है। Phishing, identity theft, cyberbullying, online fraud, और अन्य cyber crimes से निपटने के लिए सरकारों ने कई reporting platforms और initiatives शुरू किए हैं। Cyber crimes की reporting का उद्देश्य नागरिकों और businesses को सुरक्षित environment प्रदान करना और cyber criminals के खिलाफ कानूनी कार्रवाई सुनिश्चित करना है।

इस section में हम भारत और दुनिया भर में **cyber crime reporting platforms** और उनके महत्व पर चर्चा करेंगे।

1. भारत का National Cyber Crime Reporting Portal : https://cybercrime.gov.in/

भारत में **National Cyber Crime Reporting Portal** को Ministry of Home Affairs द्वारा शुरू किया गया है, जिसका उद्देश्य नागरिकों को cyber crimes की online शिकायत दर्ज करने की सुविधा प्रदान करना है। यह portal खासतौर पर cyber frauds, cyber harassment, और identity theft से जुड़े मामलों के लिए design किया गया है।

- **मुख्य बिंदु:**
    - **Online Complaint Registration**: नागरिक online माध्यम से cyber crimes की शिकायत दर्ज कर सकते हैं, जैसे कि online frauds, hacking attempts, और cyberbullying।

- **Women और Child-related Complaints**: महिलाओं और बच्चों से संबंधित cyber crimes की रिपोर्टिंग के लिए विशेष provisions उपलब्ध हैं।
- **Tracking और Status Updates**: Users अपनी complaints की status को online track कर सकते हैं और updates प्राप्त कर सकते हैं।
- **Anonymous Reporting**: कुछ मामलों में anonymous reporting की सुविधा भी उपलब्ध है, खासकर sensitive cases जैसे harassment और cyberstalking के लिए।

- **Importance**:
- इस portal ने cyber crimes की reporting को सरल और accessible बना दिया है। नागरिकों को अब physical police stations में जाकर शिकायत दर्ज करने की आवश्यकता नहीं है, वे online माध्यम से भी अपने cases दर्ज कर सकते हैं। यह platform cyber crime investigation के लिए एक centralized system प्रदान करता है, जिससे law enforcement agencies तेजी से action ले सकती हैं।

2. Police Cyber Crime Cells

भारत के कई राज्यों में विशेष **Cyber Crime Cells** स्थापित किए गए हैं, जो cyber crimes की जांच और prosecution के लिए जिम्मेदार हैं। ये cells local और national level पर cyber threats से निपटने के लिए कार्य करते हैं। Police cyber crime cells खासकर online financial frauds, data breaches, और cyber harassment के मामलों को handle करते हैं।

- मुख्य बिंदु:
    - **Specialized Units**: Cyber crime cells में trained professionals और forensic experts होते हैं, जो cyber crimes की जांच में महारत रखते हैं।
    - **Digital Forensics**: Cyber crime cells digital forensics का उपयोग करके cyber attacks के sources का पता लगाते हैं और electronic evidence को collect करते हैं।
    - **Quick Response**: Cyber crimes की जांच और कार्रवाई को तेज करने के लिए dedicated cyber crime teams काम करती हैं।
    - **Legal Support**: Cyber crime cells कानूनी सहायता भी प्रदान करते हैं, जिससे cyber criminals के खिलाफ कठोर कानूनी कार्रवाई की जा सके।
- **Importance**:
- Cyber crime cells ने cyber threats से निपटने के लिए एक महत्वपूर्ण कदम उठाया है। इन cells की expertise और quick response capabilities ने cyber crimes के खिलाफ investigation और prosecution को बेहतर बनाया है।

3. Interpol और International Reporting Systems

International cyber crime से निपटने के लिए **Interpol** और अन्य international law enforcement agencies भी cyber crimes की reporting और investigation में अहम भूमिका निभाती हैं। Interpol का **Cyber crime Programme** global level पर cyber crimes की जांच और information sharing को बढ़ावा देता है।

- **मुख्य बिंदु**:
  - **Global Coordination**: Interpol का cyber crime division विभिन्न देशों के बीच coordination सुनिश्चित करता है, ताकि cross-border cyber crimes की जांच में तेजी लाई जा सके।
  - **Cyber crime Reporting**: Interpol ने एक global cyber crime reporting system तैयार किया है, जो law enforcement agencies को cyber incidents की reporting और investigation में मदद करता है।
  - **Cyber crime Investigations**: Interpol advanced forensic tools और threat intelligence का उपयोग करके cyber attacks के sources का पता लगाता है।
  - **Cyber crime Threat Intelligence**: Interpol नियमित रूप से global cyber threats पर reports और advisories जारी करता है, जिससे countries अपने defenses को मजबूत कर सकें।
- **Importance**:
- Interpol और international cyber crime reporting platforms cross-border cyber threats से निपटने के लिए जरूरी हैं। Cyber criminals अक्सर international boundaries को cross करते हैं, इसलिए global coordination cyber crime investigation के लिए critical है।

4. Online Fraud Reporting और Financial Institutions

Online frauds जैसे credit/debit card frauds, phishing attacks, और UPI frauds के बढ़ते मामलों को देखते हुए, कई financial institutions और government agencies ने dedicated fraud reporting systems शुरू किए हैं।

- **मुख्य बिंदु:**
    - **Fraud Detection और Alerts**: Financial institutions अपने customers को suspicious transactions के बारे में alerts भेजते हैं, जिससे potential frauds को रोका जा सके।
    - **Dedicated Helplines**: Banks और financial institutions ने fraud reporting के लिए toll-free helplines और online reporting systems शुरू किए हैं।
    - **Quick Action**: Financial institutions suspicious transactions पर तुरंत action लेते हैं और users के accounts को सुरक्षित रखते हैं।
    - **Government Initiatives**: RBI और अन्य financial regulatory bodies ने online fraud reporting के लिए special guidelines जारी की हैं, जिससे financial fraud victims को जल्दी से न्याय मिल सके।

- **Importance**:
- Online frauds के बढ़ते मामलों के बीच, यह reporting systems users को fraud से बचाने और उनके पैसे की सुरक्षा सुनिश्चित करने में मदद करते हैं। Quick response और fraud detection systems financial security को मजबूत बनाते हैं।

5. Cyber crime Reporting Platforms का भविष्य

जैसे-जैसे cyber threats बढ़ रहे हैं, वैसे-वैसे cyber crime reporting platforms भी sophisticated होते जा रहे हैं। नए innovations जैसे AI-powered threat detection और blockchain-based reporting systems cyber crime reporting के भविष्य को reshape कर सकते हैं।

- **Future Trends**:
    - **AI-Driven Reporting Systems**: AI-powered platforms cyber threats को automatically detect और classify कर सकते हैं, जिससे cyber crime investigation और भी तेज हो जाएगी।
    - **Blockchain-Based Reporting**: Blockchain technology का उपयोग cyber crime reporting में किया जा सकता है, जिससे secure और tamper-proof complaint systems तैयार किए जा सकते हैं।
    - **International Cyber crime Networks**: Global cyber crime reporting systems से countries के बीच

better coordination हो सकेगा, जिससे cross-border cyber criminals को पकड़ना आसान हो जाएगा।

Cyber crime reporting का उद्देश्य नागरिकों और businesses को एक सुरक्षित digital environment प्रदान करना है। National और international level पर स्थापित cyber crime reporting platforms ने cyber threats से निपटने और cyber criminals के खिलाफ कानूनी कार्रवाई सुनिश्चित करने में महत्वपूर्ण भूमिका निभाई है। जैसे-जैसे cyber threats evolve हो रहे हैं, वैसे-वैसे reporting systems को भी और अधिक advanced और accessible बनाने की जरूरत है, ताकि cyber crimes का तेजी से निवारण किया जा सके।

10.5. Future of Cyber security Laws

जैसे-जैसे technology और digital transformation तेजी से बढ़ रहे हैं, वैसे-वैसे **cyber security laws** का विकास भी जरूरी हो गया है। भविष्य में cyber threats और complex attacks के चलते cyber security laws को और अधिक comprehensive, flexible, और globally harmonized होने की आवश्यकता होगी। **Cyber laws** का उद्देश्य न केवल सुरक्षा सुनिश्चित करना होगा, बल्कि emerging technologies जैसे AI, IoT, और blockchain से जुड़े risks को भी address करना होगा।

इस section में हम **cyber security laws के भविष्य** और उनके संभावित बदलावों पर चर्चा करेंगे।

1. Emerging Technologies और Cyber security Laws

भविष्य में emerging technologies जैसे **artificial intelligence (AI)**, **Internet of Things (IoT)**, और **blockchain** के widespread adoption के चलते cyber laws को इन technologies से जुड़े specific risks को address करने की जरूरत होगी।

- **AI और Machine Learning**: AI-based attacks जैसे deepfakes और automated hacking tools से निपटने के लिए specialized laws की जरूरत होगी।
- **IoT Security**: IoT devices की सुरक्षा के लिए data protection और device integrity से जुड़े कठोर laws को लागू करना जरूरी होगा, क्योंकि IoT networks के बढ़ते इस्तेमाल से नए vulnerabilities पैदा हो रहे हैं।

- **Blockchain Regulations**: Blockchain technology decentralized platforms की वजह से traditional laws को challenge कर सकती है। भविष्य में blockchain-based systems के security risks से निपटने के लिए नए data privacy और transaction security laws की जरूरत होगी।
- **Importance**: Emerging technologies के साथ new attack vectors भी आ रहे हैं। इन technologies से जुड़े security frameworks और legal standards सुनिश्चित करेंगे कि cyber threats का सामना प्रभावी तरीके से किया जा सके।

2. Privacy और Data Protection के Global Standards

Privacy और data protection को लेकर दुनिया भर में discussions हो रहे हैं। ऐसे में भविष्य में **GDPR** जैसे global standards को अपनाने की मांग और बढ़ेगी। Data sovereignty, cross-border data transfers, और personal data की protection पर unified global standards की जरूरत होगी।

- **Key Focus Areas**:
    - **Personal Data Sovereignty**: Countries अपने citizens के data पर control बनाए रखने के लिए laws लागू करेंगे।
    - **Unified Global Frameworks**: भविष्य में GDPR जैसे global data protection laws का अनुसरण किया जाएगा, जो एक universal framework प्रदान करेंगे।

  - **Cross-Border Data Transfers**: International data transfers से जुड़े risks को minimize करने के लिए strict legal guidelines की जरूरत होगी।

- **Importance**: जैसे-जैसे businesses और individuals global digital platforms का इस्तेमाल करेंगे, unified data protection standards सुनिश्चित करेंगे कि personal information secure और privacy protected हो।

3. Regulation of Cyber Warfare और State-Sponsored Cyber Attacks

भविष्य में cyber warfare और state-sponsored cyber attacks को रोकने के लिए नए international laws की जरूरत होगी। Governments और international bodies के बीच coordination और legal frameworks तय करना जरूरी होगा, ताकि cyber warfare के खतरों से निपटा जा सके।

- **Key Focus Areas**:
  - **Cyber Warfare Laws**: State-sponsored attacks को रोकने और regulate करने के लिए dedicated cyber warfare treaties और agreements की जरूरत होगी।
  - **International Cooperation**: Countries को international bodies जैसे **United Nations** और **Interpol** के साथ मिलकर cyber warfare laws को implement करने की आवश्यकता होगी।
  - **Legal Consequences**: State-sponsored attacks के लिए कठोर दंड और legal actions तय करने होंगे।

- **Importance**: Cyber warfare भविष्य में national security के लिए एक बड़ा खतरा बन सकता है। इससे निपटने के लिए international cooperation और legal frameworks की आवश्यकता होगी।

4. Stronger Penalties और Compliance Requirements

जैसे-जैसे cyber attacks की sophistication बढ़ रही है, वैसे-वैसे legal penalties को भी कठोर बनाने की जरूरत होगी। भविष्य के cyber security laws में compliance requirements को enforce करना और non-compliance के लिए कठोर दंड तय करना जरूरी होगा।

- **Key Focus Areas**:
  - **Compliance Audits**: Businesses के लिए regular cyber security audits और certifications अनिवार्य हो सकते हैं।
  - **Penalties for Data Breaches**: Non-compliance और data breaches के लिए financial penalties और criminal actions तय किए जा सकते हैं।
  - **Risk Management**: Businesses को cyber risk management frameworks को follow करना अनिवार्य हो सकता है, ताकि attacks के risks को minimize किया जा सके।

- **Importance**: कड़े penalties और compliance requirements businesses और organizations को cyber security के प्रति और अधिक जिम्मेदार बनाएंगे।

5. AI और Automation in Law Enforcement

भविष्य में **AI और automation** का उपयोग cyber laws के enforcement में भी किया जा सकता है। Automated systems cyber crime detection, investigation, और reporting को और तेज और accurate बना सकते हैं।

- **Key Focus Areas**:
  - **AI-Driven Threat Detection**: AI-powered systems real-time में cyber threats को detect और neutralize करने के लिए legal frameworks का पालन करेंगे।
  - **Automated Investigation Systems**: Law enforcement agencies AI tools का उपयोग करके cyber crime investigation को automate कर सकते हैं।
  - **Smart Contracts और Blockchain-Based Compliance**: Blockchain technology के साथ AI-powered compliance systems cyber laws के पालन को verify कर सकते हैं।
- **Importance**: AI और automation भविष्य के cyber law enforcement में efficiency और accuracy लाएंगे, जिससे cyber threats से निपटना आसान होगा।

Future of cyber security laws उन evolving cyber threats से निपटने के लिए अधिक flexible, sophisticated, और technology-driven होंगे। Emerging technologies, AI-powered attacks, और global cooperation की जरूरत के बीच, cyber laws को नए paradigms के साथ adapt करना होगा। Unified global frameworks, stricter compliance, और AI-driven enforcement से cyber security laws और मजबूत होंगे, जिससे digital world में सुरक्षा सुनिश्चित हो सकेगी।

अध्याय 10: Cyber security Laws और Government Initiatives Summary

इस अध्याय में global और भारतीय cyber security कानूनों, सरकारी प्रयासों, और भविष्य में cyber laws के संभावित बदलावों पर चर्चा की गई है:

1. **Global Cyber security Regulations** (10.1) में GDPR, CCPA जैसे global standards पर चर्चा की गई है, जो data protection और privacy को प्राथमिकता देते हैं।
2. **भारत में Cyber security कानून** (10.2) जैसे IT Act 2000 और Personal Data Protection Bill पर जोर दिया गया है, जो cyber crimes और data protection के लिए महत्वपूर्ण हैं।
3. **CERT-In और अन्य सरकारी प्रयास** (10.3) में CERT-In, Cyber Swachhta Kendra जैसे initiatives को शामिल किया गया है, जो cyber incidents को manage और respond करते हैं।
4. **Cyber Crime Reporting** (10.4) नागरिकों के लिए national और international स्तर पर reporting platforms की चर्चा करता है, जैसे National Cyber Crime Reporting Portal।
5. **Future of Cyber security Laws** (10.5) में emerging technologies जैसे AI, IoT के साथ जुड़े legal challenges और stronger penalties के महत्व पर प्रकाश डाला गया है।

Chapter 10 Checklist : इन प्रश्नों के उत्तर देकर अपने ज्ञान और सतर्कता की जाँच करें

No.	Questions	Yes (हाँ)	No (नहीं)
1	क्या आपकी organization emerging technologies से जुड़े cyber risks को address करने के लिए तैयार है?		
2	क्या आपने global data protection standards (जैसे GDPR) को अपने systems में implement किया है?		
3	क्या आपकी organization cyber warfare और state-sponsored attacks से बचाव के लिए strategies तैयार कर रही है?		
4	क्या आप stricter compliance और penalties को लेकर updated हैं?		

No.	Questions	Yes (हाँ)	No (नहीं)
5	क्या आपकी organization AI-driven law enforcement और compliance frameworks के लिए तैयार है?		
6	क्या आप IoT, AI, और blockchain-based systems से जुड़े cyber risks को पहचानते हैं?		
7	क्या आपकी organization के पास advanced cyber security auditing और monitoring tools हैं?		
8	क्या आपके cyber laws international guidelines और treaties के अनुरूप हैं?		
9	क्या आपकी company AI और automation-driven law enforcement को adopt कर रही है?		

No.	Questions	Yes (हाँ)	No (नहीं)
10	क्या आपकी organization ने AI-driven threat detection और reporting systems को implement किया है?		

Bonus Chapter

आम भारतीय की Cyber Security रणनीति

भारत में एक आम व्यक्ति के लिए cyber threats से खुद को सुरक्षित रखना बेहद जरूरी है। नीचे दिए गए guidelines एक non-technical व्यक्ति को cyber attacks से बचाने में मदद करेंगे। यह सरल, step-by-step planning है जिसे कोई भी आसानी से समझ सकता है और follow कर सकता है।

1. Personal Security के लिए जरूरी कदम

- **Strong Passwords बनाएं**: अपने हर online account के लिए मजबूत और unique passwords का उपयोग करें। Password में uppercase, lowercase letters, numbers, और symbols का मिश्रण रखें।
    - Example: "P@ssw0rd2024"
- **Two-Factor Authentication (2FA) का उपयोग करें**: Passwords के साथ 2FA enable करें, ताकि login attempts के लिए एक extra security layer हो।

- **Regular Updates**: अपने devices (mobile, laptop) और software को हमेशा updated रखें। Security patches आपकी protection को बेहतर बनाते हैं।
- **Password Manager का इस्तेमाल करें**: यदि आप कई passwords याद नहीं रख सकते, तो trusted password manager app का उपयोग करें।
- **Devices को Lock रखें**: अपने mobile और computer में हमेशा strong PIN या fingerprint/face lock का उपयोग करें।

2. Social Media का सही उपयोग

- **Privacy Settings Adjust करें**: अपने social media accounts की privacy settings को check करें और ensure करें कि केवल trusted लोग ही आपकी details और posts देख सकते हैं।
- **Personal Information Share न करें**: Social media पर अपनी personal information जैसे address, phone number, या financial details कभी भी share न करें।
- **Friend Requests सावधानी से स्वीकार करें**: अनजान लोगों से आने वाली friend requests को avoid करें। Scammers अक्सर social media पर fake profiles बनाकर लोगों को धोखा देते हैं।
- **Sensitive Topics से बचें**: Cyber threats का खतरा उन लोगों पर ज्यादा होता है जो sensitive topics पर discussions

में involve होते हैं। अपनी online presence को neutral और safe रखें।

- **Phishing Links से सावधान रहें**: Social media messages में मिलने वाले suspicious links पर कभी भी क्लिक न करें। ये आपके personal details को चुराने के लिए हो सकते हैं।

3. Scam Calls और Emails को पहचानें

- **Unsolicited Calls से सावधान रहें**: अगर आपको कोई अनजानी company या व्यक्ति call करके financial information मांगता है या instant decisions लेने के लिए pressurize करता है, तो call को तुरंत काट दें। यह एक scam हो सकता है।
- **Banks और Government से Fraud Alerts**: Banks या government departments कभी भी phone या email के जरिए आपकी personal details (OTP, passwords) नहीं मांगते। अगर कोई ऐसा करे, तो यह scam है।
- **Phishing Emails**: Emails में मिलने वाले suspicious attachments और links को avoid करें। Official sources से ही messages पर भरोसा करें और हमेशा sender का email address check करें।
- **OTP Fraud से बचें**: अगर आपको किसी अनजाने transaction के लिए OTP प्राप्त होता है, तो उसे किसी के साथ share न करें। यह एक cyber fraud हो सकता है।
- **Report Fraud**: Scam calls या phishing emails मिलने पर उन्हें तुरंत संबंधित authorities को report करें।

4. सही Browsing Habits अपनाएं

- **Secure Websites का उपयोग करें**: जब भी आप कोई website access करें, तो सुनिश्चित करें कि website का URL "https://" से शुरू हो रहा है। यह secure connection का संकेत होता है।
- **Public Wi-Fi से बचें**: Public Wi-Fi networks (जैसे railway stations, cafes) पर banking या sensitive काम avoid करें। अगर public Wi-Fi use करना जरूरी हो, तो VPN (Virtual Private Network) का उपयोग करें।
- **Pop-Ups से सावधान रहें**: Websites पर आने वाले pop-ups पर बिना सोचे-समझे क्लिक न करें। ये malicious हो सकते हैं और virus या malware आपके device में download कर सकते हैं।
- **Incognito Mode का उपयोग करें**: Browsing के दौरान अपनी privacy को secure रखने के लिए incognito mode का उपयोग करें। यह आपकी browsing history को safe रखता है।
- **Downloads से सावधान रहें**: Untrusted websites से software, apps या media files download न करें। यह आपके device को malware से संक्रमित कर सकता है।

5. सही Apps चुनें

- **Trusted Sources से ही Apps Install करें**: केवल Google Play Store या Apple App Store जैसे official platforms से ही apps download करें। Third-party websites से apps download करने से malware का खतरा हो सकता है।

- **App Permissions Check करें**: Apps install करने से पहले उनकी permissions को check करें। अगर app अनावश्यक data तक access मांग रही है, तो उसे install न करें।
- **App Reviews और Ratings पर ध्यान दें**: Apps download करने से पहले user reviews और ratings को जरूर check करें। Low ratings और negative reviews वाले apps को avoid करें।
- **Antivirus का उपयोग करें**: अपने mobile और computer में antivirus software का उपयोग करें जो real-time protection प्रदान करता है। Regular scans से आपका device safe रहेगा।

6. Cyber Threat का सामना कैसे करें?

- **Panic न करें**: अगर आपको किसी cyber threat का सामना करना पड़े, तो घबराएं नहीं। Calm रहें और सही steps उठाएं।
- **Devices को Disconnect करें**: अगर आपका device compromised हो गया है (hack या virus), तो उसे तुरंत internet या Wi-Fi से disconnect करें।
- **Antivirus Scan करें**: अपने device पर तुरंत antivirus या malware removal tool से scan चलाएं।
- **Passwords Change करें**: अगर आपका account hacked हो गया है, तो तुरंत passwords change करें और साथ ही 2FA enable करें।

- **Cyber Crime Report करें**: अगर आप cyber fraud का शिकार हुए हैं, तो तुरंत National Cyber Crime Reporting Portal (www.cybercrime.gov.in) पर report करें।
- **Banking Fraud**: अगर आपका bank account या credit card fraud हुआ है, तो तुरंत अपनी bank को notify करें और concerned authorities को भी सूचित करें।

Conclusion: अपने आप को सुरक्षित रखना जरूरी है

आज के digital युग में cyber threats से खुद को बचाना हर व्यक्ति की जिम्मेदारी है। ऊपर दिए गए guidelines का पालन करके आप अपने online presence को secure रख सकते हैं और cyber criminals से बच सकते हैं। याद रखें कि सुरक्षा के लिए सतर्क रहना ही सबसे बड़ा हथियार है। हर छोटे कदम से आप बड़ी cyber attacks से सुरक्षित रह सकते हैं।

Cyber security से जुड़े महत्वपूर्ण शब्दों की सूची

1. **Antivirus**: एक सॉफ्टवेयर जो वायरस और मालवेयर को पहचान कर हटाता है।
2. **Authentication**: किसी यूजर या डिवाइस की पहचान को सत्यापित करने की प्रक्रिया।
3. **Botnet**: कंप्यूटरों का ऐसा नेटवर्क जिसे साइबर अपराधी हमले के लिए इस्तेमाल करते हैं।
4. **Cyberattack**: किसी कंप्यूटर सिस्टम या नेटवर्क पर जानबूझकर किया गया हमला।
5. **Data Breach**: जब किसी के संवेदनशील डेटा तक बिना अनुमति पहुंच बना ली जाती है।
6. **Encryption**: डेटा को कोड में बदलने की प्रक्रिया जिससे सिर्फ सही व्यक्ति ही इसे पढ़ सके।
7. **Firewall**: एक सुरक्षा प्रणाली जो नेटवर्क के आने-जाने वाले डेटा की निगरानी करती है।

8. **Malware**: ऐसा सॉफ्टवेयर जो आपके सिस्टम को नुकसान पहुंचाने के लिए बनाया गया हो।

9. **Phishing**: एक धोखाधड़ी जिसमें ईमेल या संदेशों के जरिए लोगों को धोखा देकर निजी जानकारी प्राप्त की जाती है।

10. **Ransomware**: एक मालवेयर जो आपके डेटा को लॉक कर फिरौती की मांग करता है।

11. **Social Engineering**: एक तरीका जिसमें साइबर अपराधी लोगों को धोखे में डालकर उनसे संवेदनशील जानकारी प्राप्त करते हैं।

12. **Spyware**: ऐसा सॉफ्टवेयर जो आपकी जानकारी के बिना आपकी गतिविधियों की निगरानी करता है।

13. **Trojan Horse**: एक मालवेयर जो वैध सॉफ़्टवेयर जैसा दिखता है, लेकिन इसके भीतर हानिकारक कोड होता है।

14. **VPN (Virtual Private Network)**: एक उपकरण जो आपकी इंटरनेट गतिविधियों को सुरक्षित और गोपनीय रखता है।

15. **Vulnerability**: किसी सिस्टम की वह कमजोरी जिसका फायदा उठाकर साइबर अपराधी हमला कर सकते हैं।

16. **Worm**: एक मालवेयर जो खुद को फैलाता है और अन्य कंप्यूटरों को भी संक्रमित करता है।

17. **Zero-Day Attack**: एक ऐसा हमला जो सॉफ़्टवेयर की किसी नई कमजोरी का फायदा उठाकर किया जाता है, जिसके बारे में पहले से कोई समाधान मौजूद नहीं होता।

18. **Brute Force Attack**: एक तरीका जिसमें बार-बार अलग-अलग पासवर्ड का उपयोग करके किसी अकाउंट को एक्सेस करने की कोशिश की जाती है।

19. **DDoS (Distributed Denial of Service)**: ऐसा हमला जिसमें किसी वेबसाइट या नेटवर्क को भारी मात्रा में ट्रैफिक भेजकर डाउन कर दिया जाता है।

20. **Keylogger**: एक ऐसा मालवेयर जो आपके कीबोर्ड पर टाइप की गई हर जानकारी को रिकॉर्ड करता है।

21. **Patch**: किसी सॉफ्टवेयर या सिस्टम की कमजोरियों को ठीक करने के लिए जारी किया गया अपडेट।

22. **Penetration Testing**: सुरक्षा प्रणाली की जांच करने के लिए जानबूझकर किए गए साइबर हमलों की नकल।

23. **Rootkit**: एक प्रकार का मालवेयर जो कंप्यूटर के ऑपरेटिंग सिस्टम में गहरे छिपकर काम करता है और इसकी पहचान करना मुश्किल होता है।

24. **Sandboxing**: एक तकनीक जिसका उपयोग संदिग्ध फाइलों को एक सुरक्षित वातावरण में चलाने के लिए किया जाता है, ताकि असली सिस्टम सुरक्षित रहे।

25. **SQL Injection**: एक साइबर हमला जिसमें वेबसाइट के डाटाबेस में अनधिकृत डेटा डालकर उसकी जानकारी चुराई जाती है।

26. **Two-Factor Authentication (2FA)**: सुरक्षा की एक अतिरिक्त परत जिसमें पासवर्ड के अलावा एक और वेरिफिकेशन की आवश्यकता होती है।

27. **White Hat Hacker**: ऐसे एथिकल हैकर्स जो सिस्टम की कमजोरियों को पहचानकर उन्हें ठीक करने में मदद करते हैं।

28. **Zero Trust**: एक सुरक्षा मॉडल जो हर डिवाइस और यूजर की पहचान को बार-बार सत्यापित करता है, चाहे वे नेटवर्क के अंदर हों या बाहर।

29. **Pharming**: यह एक साइबर हमला है जिसमें उपयोगकर्ता को नकली वेबसाइट पर ले जाया जाता है, जहां से उनकी संवेदनशील जानकारी चोरी हो सकती है, जैसे पासवर्ड या बैंक डिटेल्स।

30. **Rogue Software**: ऐसा सॉफ़्टवेयर जो वैध एंटीवायरस या सुरक्षा सॉफ़्टवेयर की तरह दिखता है, लेकिन वास्तव में यह सिस्टम में मालवेयर डालने के लिए बनाया गया होता है।

लेखक का परिचय

डॉ. ऋषि आचार्य, आईआईएम जम्मू के एक Executive Aluminus, Augmented Reality में पीएचडी के साथ मार्केटिंग स्नातक, भारत के एक प्रसिद्ध मार्केटिंग कोच, सलाहकार और शिक्षक हैं। अपने शैक्षणिक पदभार के साथ साथ डॉ. आचार्य online marketing , sales, branding और growth hacking के क्षेत्र में गहरी समझ रखते है और उनके लेख और किताबें इन विषयों पर भी काफी लोकप्रिय है | अपनी पुस्तकों में वे पाठकों को भारी शब्दजाल में उलझाये बिना सीधे मुद्दे पर आकर काम की बातें बताते है। डॉ आचार्य देश की कई कंपनियों के साइबर सिक्योरिटी सलाहकार के रूप में भी काम कर रहे है|

मार्केटिंग कंसल्टेंसी और शिक्षा नेतृत्व में कई प्रशंसाओं के साथ, डॉ. आचार्य को उनकी सलाह और स्पष्ट, कार्यान्वयन योग्य सलाह के लिए जाना जाता है। वे भारतीय अध्यात्म के एक शौकीन पाठक और बेहद जिज्ञासु इंसान है और उन्हें भारतीय लोक संगीत की धुनों और आध्यात्मिक स्थानों के ज्ञान से प्रेरणा मिलती है।

एक mentor के रूप में, डॉ. आचार्य अपने मित्रों को स्पष्टता प्रदान करते हैं, उन्हें उनके सवालों को समझकर आगे बढने की एक लम्बी रणनीति प्रदान करते है ।

कई पुस्तकों के लेखन के बाद भी उनकी लेखन यात्रा की लगातार लोकप्रिय बनी हुई है लेकिन अपने अनुभव के साथ लोगों के मार्गदर्शन और ज्ञान प्रसार के प्रति उनकी प्रतिबद्धता दृढ़ है।

Surprise Gift: 15-Minute Free Consultancy

आपकी cyber security को और भी बेहतर बनाने के लिए, हम आपके लिए एक खास मौका लेकर आए हैं। आप मेरी टीम से एक **free 15-minute video call consultation** कर सकते हैं। इस कॉल में आप अपनी digital सुरक्षा से जुड़ी किसी भी समस्या पर चर्चा कर सकते हैं और practical solutions पा सकते हैं।

इस सुविधा का लाभ कैसे उठाएं:

मेरी वेबसाइट https://ramentoring.in/ पर जाकर consultation form भरें।

हमारी टीम आपकी अपॉइंटमेंट को confirm करेगी।

हम आपको एक वीडियो कॉल लिंक भेजेंगे।

यह आपका पहला कदम है साइबर हमलों से सुरक्षित भविष्य की ओर!

www.ingramcontent.com/pod-product-compliance
Lightning Source LLC
LaVergne TN
LVHW041137150826
845673LV00001B/23

* 9 7 9 8 8 9 5 8 8 3 8 6 0 *